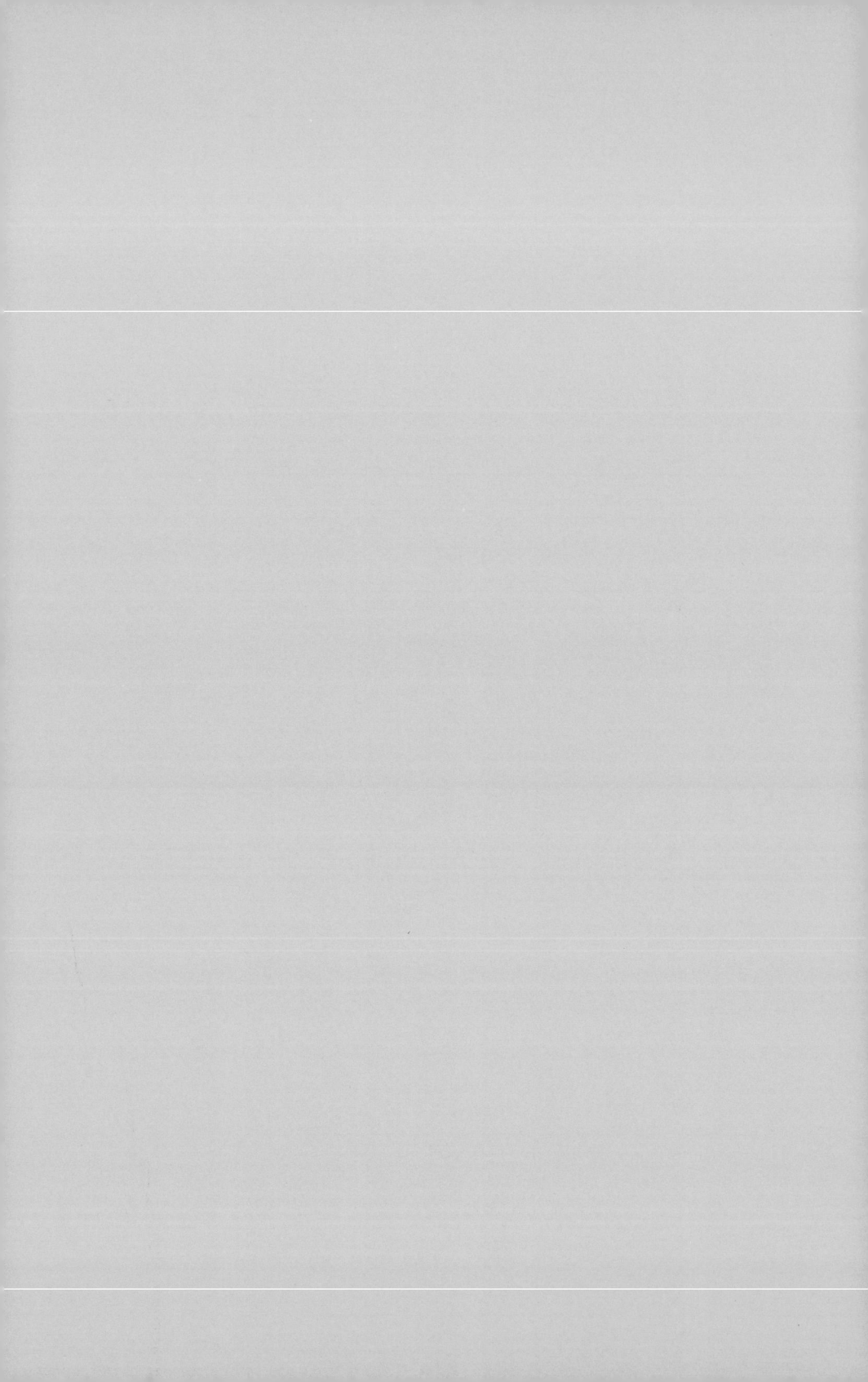

한국경제사

차례

머리말

    한국경제사는 오래전부터 쓰고 싶었던 주제로 관심을 갖고 자료를 모아 왔다. 몇 년 전 베트남 젊은이들에게 한국 경제의 발전 과정을 강의하게 되면서 집필에 대한 욕구가 더 커졌다. 시중에 나와 있는 한국경제사 관련 책에는 두 가지 큰 문제가 있었다. 하나는 대부분 진영 논리에서 자유롭지 못하다는 것이고, 더 큰 문제는 너무 옛날 이야기만 한다는 것이다. 2024년에 발간된 어떤 한국경제사 책의 내용이 조선후기와 일제강점기에 절반 이상이 할애되어 있고, 진짜 한국 경제 이야기는 길어야 1997년 금융위기 때까지를 겨우 포함하는 정도이다. 어쩌면 가까운 시대 이야기를 자세히 하다 보면, 반박하는 사람이 많아 자기 맘대로 말하기 어려워서일지 모른다.

    역사는 과거와 현재와의 끊임없는 대화란 말이 있듯이, 사람들은 역사를 통해 현재에 대해 더 깊이 이해하고, 미래의 방향을 잡는 데 도움을 받는다. 이렇게 보면 먼 과거보다 가까운 과거에 더 의미가 있을 수도 있다. 1960~1970년대의 굶주림 탈출과 산업화, 1980~1990년대의 물가안정과 흑자기조 달성, 1990년대 말의 IMF 금융위기 극복, 2000년대 초반의 짧은 번영과 같은 한국 경제의 모습은 이미 역사가 되었다. 그리고 2010년 이후 한국 경제의 주춤거림과 불안도 곧 역사가 될 것이다. 저자는 1960년대 이후에 대한 기억이 아직 생생하고, 한국 경제의 현장에서 일하며 그 현장을 직접 접했던 사람으로 당시 변화의 모습을 기록으로 남겨야 한다는 의무감이 생겼다. 또한 우리는 엄청 험난한 세상을 사신 부모님 세대보다는 운 좋게 굶주림부터 과소비까지 직접 경험한 세대에 속한다.

이 책은 한국 경제가 본격적으로 발전하기 시작한 1961년부터, 이재명 정부가 들어선 2025년까지를 주 대상으로 하고, 1960년 이전은 조선 후기부터 간단히 다루었다. 신뢰할 수 있는 통계 분석을 최우선으로 하고, 통계가 없는 경우 건전한 경제 상식을 바탕으로 중립적 시각에서 서술하려 노력했다. 한국에서 좌우의 균형을 유지하는 중립적 자세는 잡기도 어렵지만, 어렵게 잡아도 비판만 많고 지지해 줄 사람도 드물다. 그래서 한국에서는 어느 한쪽 진영에 서는 것이 모든 면에서 편하다. 그렇지만 험난하고 욕먹기 쉬운 중립적인 길을 찾아가며 이 책을 썼다.

제1장은 1960년 이전으로, 1700년대와 1800년대의 조선 후기, 일제강점기, 광복부터 4·19 혁명까지 3개 시대로 나누어 살펴보았다. 1700년대와 1800년대에 대한 학자들의 연구 결과는 꽤 있지만, 신뢰할 만한 통계가 부족해 아주 간단히 다루었다. 일제강점기는 이용할 수 있는

통계가 조금 늘었지만 신뢰성의 문제가 해결되지 않아 조심스러웠으며, 광복 이후 4·19까지는 6·25 전쟁이 포함된 극심한 혼란기로 정치 사회적으로는 다사다난했음에도 경제에 초점을 맞추어 짧게 다루었다. 결국 제1장은 조선의 망국, 식민지 지배, 광복과 분단, 건국과 6·25 전쟁, 독재 극복 등의 대사건을 포함하고 있는 복잡하고 중요한 시기이지만, 현재 경제와의 관계가 적다고 보아 간략히 기술했다.

제2장은 1961년부터 1979년까지로, 한국 경제가 기적과 같이 도약에 성공하여 국민이 굶주림과 헐벗음에서 벗어날 수 있었던 시기였다. 1950년대 말 1960년대 초의 한국은 일제강점기인 1930년대 말보다 경제수준이 낮았을 가능성이 크고, 동남아시아 국가들보다 못살았던 세계 최빈국 중 하나였다. 이런 한국이 1962년에 시작한 제1차 경제개발계획을 통해 번영의 기초를 만들었다. 금융, 조세 등 현재의 경제 시스템도 이때 기본 틀을 거의 갖추었다. 경제개발계획의 주요 내용과 특징, 운용 방법 등을 살펴보고, 한국 경제가 이때 도약에 성공한 이유와 부작용 등을 포함하여 1961~1979년의 한국 경제에 대한 전반적인 평가를 해 보았다.

제3장은 1980년부터 1996년까지로, 한국 경제가 엄청난 정치·사회·경제적인 혼란을 딛고, 물가안정과 경상수지 흑자기조 달성과 함께 다시 고성장을 한 시기였다. 1961~1979년간 한국 경제는 성장했지만 후유증으로 높은 물가 상승과 경상수지 적자 누적으로 자립 경제와는 거리가 있었다. 1980년대 초반에 성장보다 더 어려울 수 있는 물가안정을 이룬 과정과 1990년대에 들어 물가안정 기조가 흔들리고 경상수지

가 다시 적자로 전환된 상황을 점검해 보았다. 그리고 이때 시행된 금융실명제와 한국의 지하경제를 별도로 설명했다.

제4장은 1997년부터 2007년까지로, 한국 경제가 경제의 6·25라고도 불리는 IMF 금융위기에 빠졌다가 빠른 극복 후 짧은 번영을 누렸던 시기였다. 한국 경제는 기업의 과잉투자 등 경제개발 정책의 후유증으로 인해 1997년 금융위기를 맞았고 IMF 등으로부터 구제금융을 받았지만, 국민의 헌신적인 노력 덕에 빠르게 위기에서 벗어났다. 1997년 금융위기의 전개 과정과 원인, 극복 정책 등을 알아보고, 금융위기가 한국 경제에 미친 영향 등을 평가해 보았다. 그리고 금융위기 극복 후 찾아온 짧은 기간의 번영에 대해 살펴보고, 이때부터 아주 심각해진 한국의 부동산 문제를 따로 점검해 보았다.

제5장은 2008년부터 2025까지로, 한국 경제가 선진국의 초입에서 장기간 주춤거리고 사람들이 미래를 불안해하는 시기였다. 2008년 미국에서 불거진 세계 금융위기의 내용과 더불어 2025년까지 세계와 한국 경제에 어떻게 영향을 미치고 있는지 먼저 살펴보았다. 그리고 한국 경제의 주춤거림과 함께 2008년 이후 출범한 이명박·박근혜·문재인·윤석열·이재명 정부 등 다섯 정부의 업적을 비판적으로 설명했다. 여기에 더해 한국 경제와 사회의 오랜 난제인 소득 불평등의 구조와 특수성, 완화 방안 등을 개략적으로 조망해 보았다.

마지막에는 에필로그로 한국 경제의 현 상태를 종합적으로 점검해 보고, 한국이 다시 일어나 일류국가가 되기 위해 해결해야 할 과제를 간단히 제시해 보았다. 역사를 거울로 삼아 현재의 문제를 고민해 본 것이다. 한국의 바람직한 성장 방식, 불평등 완화, 조세 등 불공정한 제도 개선, 비싼 집값과 사교육비 문제, 농업과 농촌에 대한 획기적 지원 방안 등의 여러 주제를 짧게 다루었다. 평소에 늘 하던 이야기를 모은 것이다. 에필로그뿐 아니라 이 책의 여러 부분이 필자의 다른 책이나 칼럼 등과 중복된다. 같은 저자의 같은 생각이려니 하고 독자들이 너그러이 봐 주길 바란다.

이 책은 2025년까지의 한국경제사이다. 조선이나 일제강점기 경제, 원조로 버틴 한국 경제의 이야기가 아니고, 1961년부터 스스로 만들어 온 우리 경제에 대한 평가이다. 의욕은 많았지만 빠지거나 충분히 다루지 못한 부분이 있고, 관련 인물이 생존해 있어 반론이 많을 수 있다. 이 책에 대해 다른 생각을 가진 분들의 질책과 비판을 겸허히 받아들이려 한다. 그리고 이것이 한국 경제를 위한 건설적 토론으로 이어졌으면 한다. 이러한 여러 의견을 바탕으로 책을 계속 수정 보완해 나갈 수 있으면 더욱 좋겠다.

아직 부족함이 많은 책이지만 여러 사람의 도움으로 책을 완성할 수 있었다. 특히 이름을 드러내지 않고 한국 경제의 여러 통계를 구축해 놓은 분들께 가장 큰 신세를 진 듯하다. 개인적으로는 오랜 친구인 박동철 작가가 주경야독으로 바쁜 와중에도 초고를 꼼꼼히 읽고 책의 완성도를 높이는 데 유용한 조언을 해 주었다. 송현경제연구소 동료들과 한국 경제에 대해 토론하는 과정에서 많은 인사이트를 얻었으며, 특히 장광수 박사는 원고의 오류 수정과 통계 정리에 큰 도움을 주었다. 박이락 대표와 배재수·이용회 박사, 친구인 최윤재 박사 등의 의견도 유익혔다. 또한 한국은행의 옛 동료이며, 아시아개발은행에서 오래 근무했던 김철기 번역가는 이 책을 영어로 번역하는 과정에서 중요한 오류를 바로잡아 주었고, 제4장의 짧은 번영에 대한 의미 있는 학술적 의견을 주었다. 마지막으로 출판 시장의 상황이 어려움에도 불구하고 필자의 책을 흔쾌히 내 주신 한울엠플러스(주)의 김종수 사장과 출간하기까지 실무에서 많은 노력을 기울여 준 배소영 팀장 등 한울 직원들에게도 깊은 사의를 표한다.

2026년 4월, 도고산 자락에서

정대영

1

1960년대 이전

1. 조선 말기: 1700년대와 1800년대

도입

1700년대는 세계사에서 아주 특별한 시기로, 어떤 사람들은 위대한 18세기라고 부르기도 한다. 유럽과 미국에서는 지금 우리가 사는 이 시대 번영의 두 가지 기초인 시장경제와 민주주의의 기반이 마련되는 때였다. 1775년경 영국의 제임스 와트와 조지 스티븐슨 등의 기술자들이 증기기관의 실용화에 성공했다. 이때부터 인간은 자신의 육체와 부리는 동물의 한계를 넘어설 수 있게 되었다. 즉 과거에는 사람이나 동물의 힘으로는 움직일 수 없던 무거운 것을 다룰 수 있게 되었고, 말보다 빨리 이동할 수 있게 되었다. 이것이 제1차 산업혁명과 자본주의 경제의 기폭제가 되었다. 또한 1776년에는 애덤 스미스의 국부론이 발간되어 시장경제와 자본주의의 지침서로서 자본주의 경제 현상에 대해 이해하기가 쉬워졌다. 1776년 7월에는 미국 독립선언이 있었고, 1789년에는 프랑스 혁명이 일어났다. 전제주의, 봉건주의, 식민주의를 반대하는 민주주의와 공화정이 확산되는 계기가 되었다.

1700년대는 중국도 특별했다. 당시 중국은 여진족이라는 만주의 소수민족이 세운 청나라였지만, 강희제, 옹정제, 건륭제로 이어지면서 중국의 최전성기를 누렸다. 특히 강희제는 천고일제, 즉 중국 역사상 최고의 황제라 불리기도 한다. 이때 중국은 영토를 확장하고, 문화를 고양시키고, 국민의 살림살이를 크게 개선시키는 등 번영의 시대를 열었다. 또한 중국은 선교사들을 통해 수학, 천문, 건축 등 서양의 앞선 문물을 적극 받아들이는 개방 국가의 면모도 보였다. 1700년대의 중국은 이후의 몰락을 조금도 상상할 수 없었던 황금시대를 누렸다.

조선은 영조와 정조의 부흥기로 1600년대 전후의 전쟁과 대기근을 벗어나 백성의 삶이 개선되었다. 그러나 당시 조선의 주류 선비들은 청나라를 오랑캐(여진족)의 나라라고 하면서, 조선이 진짜 중국이라는 이상한 자존심(소중화)에 빠져 있었다. 조선은 부유한 나라 옆에 있다는 혜택을 보지 못하고 국가 도약의 기회를 놓쳐 버렸다. 그러나 이때 조선에도 다양한 개혁의 움직임은 있었다. 소수지만 훗날 실학자라 불리는 개혁적 지식인들의 활동, 새로운 사상인 서학을 바탕으로 한 국가 개조의 움직임, 서학에 전통 사상을 접목하여 나라를 바꾸려는 시도 등도 있었다. 이러한 움직임은 세력화 부족, 기득권층의 교묘한 저항 등으로 실현되지 못했다. 조선도 당시에는 중국과 같이 몰락의 길을 걸으리라 예상하지 못했겠지만, 100여 년 뒤 중국보다 더 심한 망국의 길로 접어들었다.

1800년대는 1700년대에 축적된 힘의 차이에 의해 세상이 크게 변하는 시기였다. 산업혁명과 기술 발전으로 경제력과 무력이 앞선 서양 세력은 세계 전체로 침투해 들어갔다. 대항해 시대 또는 제국주의 시대라 불리기도 하며, 제1차 세계화의 시대라 볼 수도 있다. 이때는 힘의 논리가 세상을 지배하는 시대로 강한 국가끼리 친구가 되어 약소국을 나누어 지배했다. 서양 국가들은 가치보다 경제력과 무력을 바탕으로 세계의 지배 국가가 되었지만, 가끔은 기독교와 민주주의로 포장하는 경우도 있었다. 중국, 조선, 일본 등 동아시아 국가들도 엄청난 충격을 받았다. 동아시아 각국의 운명이 뒤바뀌기도 하면서 지금까지 그 영향이 이어지고 있다.

먼저 중국은 청나라가 멸망하고 서구에 의해 반식민지화되었다. 이후 일본의 침략에 의한 중일전쟁, 국민당과 공산당의 국공내전 등으로 큰 고통을 겪었다. 그러나 고통을 이겨 내고, 2025년에는 세계 제2의 경제대국으로 성장하여 미국과 패권 다툼을 하고 있다. 중국의 특별한 점은 과거 역사와 달리 청나라라는 큰 제국이 멸망한 후에도 나라가 분열되지 않고 넓은 영토 그대로인 채 중화인민공화국으로 이어졌다는 것이다. 중국의 과거 역사를 보면 제국이 멸망한 후에는 나라가 여러 소국으로 분열되고 대립하는 시기를 오래 거치는 경우가 많았다. 하상주라 불리는 고대국가 이후에는 춘추전국시대가 있었고, 진 왕조와 한 왕조 다음에는 삼국 시대와 남북조 시대가 있었다. 수나라와 당나라가 망한 이후에는 오대십국으로 분열되었었다. 그러나 명과 청 왕조의 멸망 이후에는 분열 시기가 아주 짧았다. 이는 어쩌면 외세 침략에 대한 대응 과정에서 내부 단합이 우선되었기 때문인지도 모른다.

다음으로 일본은 1500년대부터 네덜란드 등 서양 국가와 교류는 있었지만 본격적인 개항은 1854년 3월 미국에 의해 이루어졌다. 이어 1866년에는 메이지 유신이라는 엄청난 자체 혁신이 있었다. 일본은 개항과 자체 혁신이 절묘하게 어울려 빠른 근대화에 성공했다. 이를 바탕으로 잠시 동아시아의 패권 국가를 자처하고, 아시아 여러 나라를 식민지로 삼아 제국주의적 번영을 누렸다. 그러나 섣부른 태평양 전쟁 도발로 1945년 원폭 투하라는 비극을 당하고 패망했다. 이후 냉전 체제와 한국전쟁의 기회를 잘 활용하여 빠르게 경제를 재부흥시켰으나, 1990년대부터 장기간 주춤거리고 있다. 1866년의 유신과 같은 자체 혁신이 없었기 때문인 듯하다.

조선은 지리적 위치와 집권 세력의 잘못된 판단 등으로 쇄국이 장기화되었다. 1876년에 겨우 일본과의 강화도 조약(조일수호조규)으로 개항이 이루어졌다. 조선은 개항이 늦은 데다 동학농민운동, 갑신정변 등 몇 번의 자체 개혁 노력도 무산되면서 망국의 길로 접어들었다. 청일전쟁과 러일전쟁에서 승리한 일본에 1905년 외교권을 빼앗기고 1910년에는 합병되었다. 한국[1]은 1945년 8월 제2차 세계대전 종전으로 해방되었으나, 나라가 남북으로 분단되었다. 남북이 각각 별도의 정부를 수립했고, 6·25라는 동족상잔의 전쟁을 겪었다. 민족의 엄청난 수난기였다. 2025년 기준 분단된 남한은 큰 번영을 누리고 있으나, 북한 주민은 독재와 빈곤의 고통에서 벗어나지 못하고 있다. 이와 함께 남북 대립과 전쟁 위협이 심해지고 통일은 멀어지고 있다.

과거가 쌓여 현재가 되고, 현재의 선택이 미래를 좌우한다. 조선 말기부터 일제강점기, 해방과 남북 분단, 6·25 전쟁, 이승만 정부 시절까지 나라는 힘들었고 많은 국민이 고생했다. 이때의 어려움이 지금 우리에게 영향을 미치고 있을 것이다. 또한 1961년부터 우리 스스로의 노

---

1 1919년 상하이 임시정부 시절 대한민국이 국호로 정해졌다. 이때부터는 한국이라는 말을 쓸 수 있을 것 같다.

력에 의해 경제발전을 이루기 시작해 다수 국민이 굶주림과 헐벗음에서 벗어날 수 있었다. 이 이후의 경제 상황과 주요 정책 등은 지금의 한국 경제에 더 많은 영향을 미쳤다.

1700~1800년대의 조선 경제 개관

조선 경제는 조(토지세), 용(부역), 조(공물)와 같은 기본적 조세제도, 과전법, 직전법, 관수관급제와 같은 토지제도의 큰 틀에 대해 많이 알려져 있다. 그러나 좀 더 구체적으로 들어가 보면 토지에 대한 과세의 핵심이라 볼 수 있는 양전제도, 즉 과세기준 농지의 조사 방식마저 불분명하고 이견이 많다. 여기에다 세수 총액, 가구별 부담액, 단위 면적당 수확량 등과 같이 사람들의 경제활동과 관련된 부분은 거의 알려져 있지 않다. 이는 조선에 『실록』, 『승정원일기』 등과 같은 공식적 기록물은 많지만 경제에 관한 내용이 상대적으로 적은 데다, 토지 측정과 도량형 단위 등이 통일되지 못한 것이 큰 원인인 듯하다. 여기에다 학자들의 조선 후기에 대한 연구도 백성의 경제생활보다는 자본주의 맹아론이나 불균등 발전론, 자본주의와 봉건주의 생산양식 등과 같은 경제 이념과 관계되는 주제에 관심이 더 컸기 때문일 수도 있다.

여기서는 조선 시대부터 지금까지 관행적으로 많이 쓰이는 토지 측정 단위인 '마지기'와 '결'에 대해 알아보자. 1마지기는 2025년 기준 200평(3.3m²)으로 거의 통일되어 사용되고 있지만, 조선 시대에는 지역에 따라 논이냐 밭이냐에 따라 100평에서 300평으로 크게 차이가 났다. 1

마지기는 1말²의 벼(곡식) 씨를 뿌릴 수 있는 면적을 의미하며, 토지 비옥도가 높은 곳일수록 1마지기의 면적이 작아졌기 때문이다. 마지기보다 큰 단위인 한섬지기는 벼(곡식) 한섬, 즉 20말을 씨로 뿌릴 수 있는 면적이다. 그러나 조선 시대 전답 관리나 조세 부과, 관리들의 녹봉 등에는 파종 면적이 아닌 수확량을 기준으로 한 결부제³가 주로 사용되었다. 1결은 알곡이 붙은 볏짚 100부(짐), 즉 등짐 100개 분량의 볏짚이 수확되는 논밭의 면적을 의미했다. 토지의 면적인 '마지기'도 부정확했지만 조세 부과 기준인 '결'이나 '부'는 손대중 눈짐작에 가까운 측정 단위였다. 이 때문에 조선 백성 생활의 거의 전부라 할 수 있는 토지제도와 조세 행정이 불투명하고 자의적이어서 관리들의 농단이 많았다.

조선은 중앙집권적 왕조 국가이고, 폐쇄적 농업 국가였다. 기본적으로 국토와 백성은 왕의 개인 재산으로 여겨졌다. 왕권을 견제하기 위해 신권을 중시하는 세력도 있었지만 신권도 사대부의 전유물이고 일반 백성과는 무관한 일이었다. 가끔 왕이나 관리가 백성이 정치의 근본이라는 이야기는 했지만 말뿐이고, 지금의 수권재민과는 거리가 멀었다. 그리고 농업 국가이기 때문에 농민의 수와 농지 면적, 농업 생산성이 국가의 소득을 좌우했지만 항상 중요한 요소는 기후였다. 경신대기근

2　조선 시대의 1말은 5~7리터로 지역별·시대별로 차이가 나고 지금 1말보다는 작았던 것으로 알려져 있다.

3　결부제는 결(먹), 부(짐), 속(단), 파(줌)의 준말로서 곡물의 수확량을 나타내는 말에서 나왔다. 10줌이 1단, 10단이 1짐, 100짐이 1먹(결)이었다.

이라 불리는 1670년(경술년), 1671년(신해년) 흉작도 가뭄, 냉해 등 날씨와 관계가 컸으며, 이때 백성의 생활은 임진왜란이나 병자호란 때보다 더 비참했다고 한다. 조선은 사농공상이라 하여 상업을 천시했고, 대외무역이 금지된 폐쇄적 국가라 백성의 피해가 더 컸다. 조선의 경제 상황을 알려면 이런 여러 가지 요소가 반영된 미시적 분석을 기초로 해야겠지만, 자료의 정확성, 신뢰성 등으로 한계가 있다. 따라서 역사의 큰 흐름에 기초하여 조선 경제를 거시적·상식적으로 추론해 보려 한다.

산업혁명 이전 세계경제는 평균적으로 연 실질성장률 0.1%, 연 물가상승률 0.1%, 연 인구증가율 0.1%를 넘지 못했다고 한다.[4] 조선 경제도 1800년대까지는 이와 비슷하게 장기 정체 상태에 있었을 것이다. 이를 해석해 보면 실질 생산이 늘어난 것과 비슷하게 인구가 증가하여 사람들의 생활수준 변화는 거의 없었다는 것이다. 즉 맬서스의 정체(함정)론이 적용되는 시기였을 것이다. 단기적으로는 풍년이 들거나 선정이 베풀어지고, 난리가 없으면 성장도 더 하고 인구도 조금 더 늘고 했을 것이다. 반대로 큰 기근이 들거나 폭정, 전쟁 등이 있으면 성장도 낮아지고 인구가 감소하기도 했을 것이다. 그러나 장기적으로 조선 경제는 사람들의 살림살이가 거의 변화하지 않는 정체 상태에 빠져 있다고 할 수 있다. 이런 정체 상태는 언제까지 계속되었을까? 필자의 느낌으로는 1960년대 초까지 다수 국민이 사는 모습은 크게 변하지 않고 비

---

4 토마 피케티, 『21세기 자본』, 장경덕 옮김(글항아리, 2014), 95쪽.

슷했던 것 같다.[5]

조선 경제는 장기 정체 상태에 있었지만 1800년대가 1700년대보다 나빴을 가능성이 크다. 1800년 정조 사망 이후 이어지는 세도정치로 인해 부정부패가 더 심해졌고, 삼정(전정, 군정, 환곡)의 문란이 극에 달했다. 이어 홍경래의 난과 진주민란 등 여러 민란, 천주교 박해와 더 강화된 쇄국 등도 조선 경제를 어렵게 했을 것이다. 여기에다 1800년대 말에는 갑오농민전쟁과 청일전쟁, 러일전쟁이 조선 땅에서 벌어져 백성의 삶은 더 피폐해졌다. 1800년대 중반부터 후반까지는 조선 경제와 백성의 생활이 아주 어려운 시기였을 것이다. 이에 대한 학자들의 연구 자료는 꽤 있다. 하지만 신뢰할 수 있는 통계로 뒷받침되지 못하는 경우가 많다. 그래도 인구 상황부터 간략히 짚어 보자.

1700~1800년대 조선의 인구

여러 사회경제통계 중 인구는 경제 성과와 국력을 좌우하기도 하고, 경제 운용의 결과물이기도 하여 아주 중요하다. 특히 농업이 국가 경제의 대부분을 차지하고 있는 조선의 경우 인구 추이를 알 수 있다면 경제 상황의 변화도 추론하기 쉽다. 조선은 3년마다 호구조사(인구조사)를 실시했고 조사 결과가 실록 등에 남아 있으나 신뢰성이 높지 않다.

---

5 1900년 전후의 사진이나 영상 자료에서 나오는 조선 백성들의 생활 모습은 필자가 기억하는 1960년대 초 한국 농민의 모습과 별 차이가 없었다.

조사 방법이 주민의 신고에 기초했기 때문에 군역, 부역, 조세 등의 부담 경감을 위해 축소 신고가 많았다. 여기에다 이를 관리 감독해야 할 지방 관리들도 조세 포탈 등을 위해 축소 신고에 가세하는 것이 유리했다. 축소 신고 후 정상 징수하면 착복할 수 있었기 때문이다. 이에 따라 조선의 호구조사 인구는 실제 인구의 절반 이하로 조사되었다는 것이 학자들의 중론이다.

조선 후기 인구에 대해서는 논란이 많고 학자들의 연구도 많다. 그중 자주 인용되는 고전 자료가 표 1-1에 나온 인정식의 책과 신용하·권태환의 논문이다. 인정식의 책은 조선 조정의 호구조사를 그대로 사용한 듯하고, 신용하·권태환의 자료는 호구조사 자료를 적절히 수정하여 추정한 것이다. 따라서 두 자료의 흐름은 비슷하고, 양쪽 모두 1800년대 말과 1900년대 초의 인구가 과소 추정되었다는 비판을 받고 있다.

이에 따라 여러 학자들이 근대 방식의 인구통계인 1925년 일제의 인구 센서스 결과를 기초로 하여 1900년 전후의 인구를 추정했다. 족보의 생몰 기록을 반영한 연구, 추정된 생존율을 이용하여 과거의 인구를

표 1-1 1700~1800년 인구 추이 (단위: 천 명)

	1753	1777	1807	1837	1852	1865	1904
인정식1	7,299	7,239	7,561	6,709	6,810	6,829	5,929
신용하 외2	18,656	18,041	18,619	16,479	16,549	16,495	17,219

주 1: 인정식(1937: 24), 이춘구가 쓴 『조선농업론』의 76쪽을 인용했다고 되어 있으며, 조선의 공식적인 호구조사 자료(실제의 40~50%라고 함)를 그대로 사용한 듯함.
주 2: 신용하·권태환(1977).

역으로 추정하는 방식 등이 대표적이다. 이러한 연구의 일부는 식민지 근대화론과 연결되어 있으며, 이들 연구는 1800년대 말과 1900년 초의 인구를 가능한 한 많게 추정하고 있다. 그렇게 되면 일제 식민지 기간의 1인당 국민소득이 더 크게 증가한다. 1900년 전후의 인구 추정과 관련한 논란은 조선 후기와 일제강점기의 경제 상황 분석에는 의미가 있지만, 1960년대 이후 한국 경제의 발전과는 인과관계가 별로 없어 보이는 주제이다.

그래도 1700~1800년대 조선의 인구는 역사적으로 의미 있는 주제이기 때문에 이를 당시 경제 상황과 상식을 기초로 간략히 추론해 보려 한다. 조선 인구는 1700년대 전체와 1800년대 초까지는 조금씩 증가했지만, 이후 정체 또는 감소하다가 1800년대 말 개항기부터 다시 증가했을 가능성이 크다. 신용하·권태환의 인구 추정 결과는 이와 비슷한 흐름을 보여, 인구의 절대 수치가 작게 추정되었을지 몰라도 방향은 맞는 듯하다.

1700년대는 영·정조 시대로, 조선의 부흥기로 불리며 정치가 괜찮았고 심각한 흉년도 없었다. 인구가 조금씩 늘었을 것이다. 1800년대에 들어 조선의 경제 상황은 세도정치와 삼정의 문란 등으로 점차 나빠져 1800년대 중반에는 인구도 감소했으리라 보는 것이 합리적이다. 즉 1800년대 중반은 지배층이 나라를 자신들의 이익만을 위해 다스렸고, 그 결과 국민경제가 나빠지고 백성이 못살게 되어서 인구가 감소한 것이다. 이렇게 보면 한국에서 2020년 이후 인구 감소의 배경에는 경제 구조적 문제도 있지만 나라를 잘못 다스린 결과와 관련이 많다고 볼 수 있다.

그러나 1800년대 말 개항 때부터는 감소하던 조선 인구가 늘었을 것으로 보인다. 개항기 인구 증가의 요인은 크게 두 가지일 것이다. 하나는 개항장을 중심으로 외국인과의 교류가 늘면서 다양한 일자리와 소득원이 생겼다. 특히 지게꾼과 공사장 일꾼, 부두 노동자와 같은 막노동 일자리가 늘면서, 생존 수준에서 겨우 살아가던 하층민의 생활 여건이 개선된 것이 인구 증가의 요인일 것이다. 둘째는 서양과의 교류가 늘면서 지석영의 종두법[6] 같은 서양 의술의 보급 확대가 영아 사망을 감소시켜 인구를 증가시켰을 것이다. 1885년 4월 설립되어 현재 세브란스 병원의 전신이 되는 광혜원과 같은 서양의 의료 시설도 이때 도입되기 시작했다. 이 당시 인구 증가의 주요인은 지배층이 나라를 잘 다스려서가 아니라 하층민을 위한 일자리 증가와 의술 발전에 있다고 봐야 할 것 같다.

조선의 개항과 생활 변화

조선은 1876년 2월 일본과의 강화도 조약으로 개항했다. 이어 미국, 영국, 러시아, 프랑스, 독일 등 여러 나라와 수호조약이나 통상조약을

---

6 지석영은 1879년 부산의 일본 병원인 제생의원에서 우두법을 배웠고, 우선 가족에게 실험하여 안정성을 확인한 후 널리 보급했다. 그리고 『우두신설』이라는 책을 저술하여 일반인의 이해를 도왔다.

체결하여 빠르게 대외 개방이 이루어졌다. 이들 조약은 지금 기준으로 모두 불평등 조약이었다. 인천(제물포),부산, 원산, 목포, 청진 등이 개항장이 되었고 외국과의 교류가 활발해졌다. 1800년대 말 조선의 개항은 나라의 운명을 바꾸고, 백성의 생활에 엄청난 변화를 준 사건이다. 지배층은 극소수를 제외하고는 친일, 친미, 친러, 친중 등으로 분화되었다. 이는 기존의 당파와 연결되어 조선의 정치 싸움은 더 복잡해졌다. 조선이 일본의 식민지가 되었기 때문에 친일 세력이 매국노로 분류된 면이 있다. 다른 나라가 조선을 식민지로 삼았다면 매국노의 분류도 달라졌을 것이다.

개항과 개방 덕분에 조선의 천민이나 소작농 등 최하층의 일부는 조선 조정의 몰락과 관계없이 개항장이나 대도시의 하층 노동자가 되어 굶주림에서 벗어날 수 있었다. 그러나 이들의 생활수준 개선은 아주 느렸을 것이다. 농촌으로부터 잉여 인력의 공급이 계속 가능했기 때문이다. 당시 조선의 농촌은 농지는 부족하고 농사지을 사람은 넘쳐나 농민의 한계 생산성은 거의 제로라고 봐야 한다. 따라서 일부 농민이 도시나 개항장으로 떠난다 해도 남아 있는 농민의 생활수준 변화는 미미했을 것이다. 한편 지배 계층의 일부는 외국 세력과 결탁하여 부를 더 축적하고 계속 지배층으로 남았다. 물론 아주 소수겠지만 평민이나 천민 중에서도 외국 세력과 연결되거나 세상의 흐름에 잘 편승한 사람은 신분 상승과 함께 부를 축적함으로써 지배 계층이 된 경우도 있었다. 반대로 잘살던 양반 중에 시류를 거스르면서 하층민으로 떨어진 사람도 있었을 것이다. 엄청난 변화의 시대에는 사람의 신분도 새로이 분화되는 게 당연하다.

종합해 보면 조선 말 개항 시기에 대다수 조선 농민의 생활은 계속 정체 상태에 있었을 것이나, 도시나 개항지 빈민의 생활수준은 향상되었고, 전체 인구도 늘었다. 이는 지배층이 나라를 잘 다스려서가 아니라 개항이라는 엄청난 충격 때문이다. 외국 세력과 연결된 일부는 소득과 생활수준이 급격한 증가하면서 새로운 지배 계층이 되었다. 이들의 소득과 부의 증가가 개항기 조선의 경제활동 확대로 나타났을 수 있다. 개항 이후 조선은 임오군란과 갑신정변, 동학농민전쟁, 청일전쟁과 러일전쟁 등을 거치며 망국으로 향했다. 개항이 주는 혜택을 국가 전체로는 활용하지 못했던 셈이다. 나라가 망해 가는 데도 하층민 생활이 개선되고 국가의 경제활동이 확대되었다는 것을 어떻게 해석해야 할까? 백성의 평균적인 삶은 어떻게 되었을까? 이 당시의 상황은 소설, 영화, 드라마 등을 통해 어느 정도 알려져 있다. 신뢰할 수 있는 통계로도 뒷받침되었으면 더 좋겠다.

외국인의 눈으로 본 1800년대의 조선 상황

조선 후기 사회경제에 대한 연구는 꽤 있지만, 당시의 경제 실상을 생생히 알기는 턱없이 부족하다. 연구가 학문적이고 탁상공론적인 면이 많아 현실과 괴리되기 때문일 듯하다. 그래서인지 일부 역사 전문가들은 1800년대 후반 서세동점의 과정에서 외국인이 기록한 자료를 활용하여 조선의 경제 상황 등을 설명하고 있다. 대표적인 것이 1866년

병인양요 때 참전한 프랑스 군인 쥐베르(Zuber)가 쓴 기행문과 1894년 1월부터 1897년 3월 사이에 조선을 세 차례 방문한 영국인 이사벨라 버드 비숍(I. B. Bishop)이 쓴 기행문이다. 이 글들은 당시 사회경제상을 아는 데 많은 도움이 되지만, 분명한 한계가 있다.

먼저 『프랑스 군인 쥐베르가 기록한 병인양요』[7]를 살펴보자.

이 글은 1866년 9월 25일 프랑스군이 서울 양화진(서강)을 정찰한 내용부터 10월 11일 강화도를 공격하여 10월 16일 점령하고, 11월 22일 패퇴할 때까지를 기록했다. 조선의 생활상과 관련해 우리가 관심을 가질 주요 내용은 다음과 같다.

> 조선인은 거칠고 조심성이 없으면 불결하다. 논밭은 많고 한결같이 잘 정리되어 있다. 우리의 자존심을 상하게 하는 한 가지 사실은 아무리 가난한 집이라도 책이 있다는 것이다. 극동의 나라에서는 글을 읽을 줄 모르는 사람이 거의 없다. 또 글을 읽지 못하면 주위 사람들로부터 멸시를 받는다.
>
> 강화에는 이렇다 할 사업이 없고, 상섬노 없다. 중국의 노시저럼 거리에 활력을 불어넣고 경쾌한 분위기를 조성하는 간판을 걸어 놓은 곳이 없다. 일본처럼 굵직한 글자로 온통 뒤덮인 천 조각이 펄럭이는 상점도 찾아 볼 수 없다.
>
> 강화부 건물(관아)은 훌륭하고 창고에는 이루 헤아릴 수 없는 물품들이 보관되어 있었다. 대포, 화승총, 창, 도끼, 활, 갑옷 따위의 엄청난 양의 무기와 화

---

7   앙리 쥐베르, C. H. 마르탱, 『프랑스 군인 쥐베르가 기록한 병인양요』, 유소연 옮김(살림, 2010).

약들, 정부의 전매물품으로 보이는 초들, 인두들, 이외에도 수많은 책들이 비축되어 있고 어마어마한 양의 종이도 발견했다 (중략) 창고에 들어 찬 어마어마한 생필품들을 보고 필자는 이 나라에서 정부가 으뜸가는 대상 노릇을 하는구나 하고 생각했다. 당연히 정부의 이러한 역할이 백성들의 생활에 득이 될 리가 없다.

다음은 비숍이 쓴 『조선과 그 이웃 나라들』[8]이다. 비숍 여사는 조선을 세 차례 방문하고 1897년 11월 자세한 기행문으로 엮어 발간했다. 당시 정치 상황과 제도, 민비와의 면담 내용 등이 담긴 두꺼운 책이다. 생활상과 관련해 관심을 가져 볼 만한 주요 내용은 다음과 같다.

> 조선인은 品성이 좋고 근면하다. 영리하고 눈치도 빠르다.
> 부정부패가 만연하며 거의 모든 관리가 악의 소굴이 되고 있다.
> 북경을 가 보기 전까지 서울을 가장 불결한 도시라고 생각했다.
> 서울의 길은 짐 실은 황소를 겨우 끌고 갈 수 있을 정도로 좁으며, 그나마 물구덩이와 초록색의 오수가 흐르는 하수도로 말미암아 더 좁다. 하수도에는 각 가정에서 버린 고체와 액체의 오물로 가득 차 있으며 불결하고 악취 나는 하수도는 반나체 어린이들의 놀이터가 되고 있다.
> 나는 강(한강) 주변에 살고 있는 하층민들이 그들 자신의 글씨체를 읽고 쓰

---

8 이사벨라 버드 비숍, 『조선과 그 이웃 나라들』, 신복령 역주(집문당, 2021).

고 하는 것을 관찰할 수 있었다.

관아(여주?)는 훌륭했고 많이 꾸민 누각이 있었으나 어린 아이들의 놀이터가 되어 쇠락한 상태이다. 대들보와 서까래는 내려앉았으며 칠이 벗겨졌다.

모든 조선 사람의 마음은 서울에 있다. 어떤 의미에서 서울은 곧 조선이다. 서울에 사는 사람들은 단 2~3주라도 그곳을 떠나고 싶은 마음이 없다. 거의 모든 한강 주변의 관리들은 주재지에서 살지 않고 서울에서 살았다.

제물포는 1달러 내지 20달러짜리의 재고품이 쌓여 있는 무역 거래소와 상설 상점이 있는 것을 제외하고는 부산의 구시가지와 다를 것이 없다. 몇 푼 안 되는 상품을 거래하는 데도 한 시간이 쉽게 지나간다. 조선 사람은 외국인 거류지에서 짐꾼으로 일하며, 지게로 엄청난 무게의 짐을 나른다.

일본의 엔화와 미국의 달러가 통용되고 있다. 당시 1달러는 3,200냥에 해당되었으며, 100엔이나 10파운드를 현금으로 운반하는 데 6명의 인부와 한 필의 조랑말이 필요했다.

두 개의 기행문에서 알 수 있는 몇 가지 시사점이 있다. 첫째는 쥐베르가 쓴 기행문에 나오는 조선의 경제 상황이 비숍 여사 기행문의 경제 상황보다 조금 나아 보인다는 것이다. 대표적으로 관아의 상태가 장소는 다르지만 크게 차이가 났다. 병인양요 때 강화 관아는 건물도 양호했고 보유하고 있는 물품도 많았다. 그러나 1800년대 말에는 일부일 수 있겠지만, 곡창지대이고 민비의 고향인 여주로 추정되는 관아가 관리가 안 되고 황폐화되어 있었다. 1800년대 초중반까지는 조선 경제가 어느 정도의 수준을 유지하다 후반에 빠르게 나빠졌다고 유추해 볼 수 있다.

둘째, 비숍 여사의 기행문에서 보면 제물포 등의 개항장에서 지게로 짐을 나르는 짐꾼이 있었다. 지금도 일자리가 부족한 서아시아 국가나 아프리카 국가에서는 짐꾼, 호객꾼 등과 비슷한 일을 하는 사람이 많다. 그리고 한국에서도 1960년대까지 서울이나 대도시의 역 주변에는 여행객의 짐을 날라 주는 지게꾼이 많았다.[9] 짐꾼은 일자리가 부족한 상황에서 기술 없는 사람들이 쉽게 할 수 있는 일이었다. 1970년대에 들어 산업화가 확산되면서 도시의 지게꾼이 점차 사라졌고, 2000년대에 들어서는 농촌에서도 우리 민족의 오랜 운반 수단이던 지게를 구경하기 힘들어졌다.

셋째, 비숍 여사가 비참하게 묘사한 당시 조선 대중의 생활상은 특별했던 것이 아니고, 산업혁명 이전 영국 등 유럽도 비슷했을 것이나. 산업혁명 전이나 직후에 유럽 농인이나 도시 빈민층의 생활상은 고흐의 그림 〈감자 먹는 사람〉이나 찰스 디킨스의 소설 『올리버 트위스트』를 보면 알 수 있다. 산업혁명에 크게 기여한 노동자들의 삶은 유럽에서도 1800년대 중반부터 1900년대 중반까지 장기간에 걸쳐 조금씩 개선되어 현재 수준에 이른 것이다. 1800년대 후반 조선 백성의 어려운 상황은 산업화가 늦어서이지, 미래까지 없었던 건 아니었을 것이다.

넷째, 쥐베르가 부러워했던 ―가난한 집에도 책이 있고 대부분 사람이 읽

9　1960~1970년대까지 "서울역 지게꾼도 순서가 있는 법이다"라는 말을 꽤 썼다. 지게꾼이 많았다는 뜻이다.

을 줄 알았다고 한― 이야기는 비숍 여사의 기행문에도 비슷하게 나온다. 당시 조선 백성의 평균적인 문맹률은 유럽 사람들보다 낮았을 듯하다. 이러한 교육에 대한 열정은 1960년대 이후 한국 경제의 기적을 만드는 여러 요인 중 하나가 되었다. 그러나 좋은 것도 과하면 문제가 생긴다. 이는 학벌과 지식 노동의 중시, 과도한 사교육 열풍 등으로 이어져 2000년 대 이후 한국 경제를 어렵게 하는 요인이 되고 있다. 한때 긍정적 요인으로 작용하던 것도 시간이 지나면서 부정적 요인으로 변할 수 있는 것이 세상의 이치인 듯하다.

어찌 되었든 조선은 1800년대를 거치면서 빠르게 망국의 길로 들어간다. 뒤돌아보면 개혁 실패의 아쉬움 많이 남는 시기이다. 1894년 갑오농민전쟁, 갑신정변 등의 노력도 있었지만 준비 부족으로 추진 세력이 미약했고 방책도 허술했다. 조선은 1700년대 영·정조 시대의 부흥기를 그냥 흘려 보내고, 1800년대 초중반 세도정치의 혼란을 극복하지 못해 빠르게 국운이 쇠퇴했다. 개혁은 경제적 여유가 있을 때 하는 것이 쉽겠지만, 이때는 나서는 사람도 드물고 대중이 받아들이려 하지 않는다. 경제가 완전히 망가졌을 때나 새로운 나라가 들어섰을 때가 아니면, 스스로의 개혁은 거의 불가능한 듯하다. 지금 한국 경제는 영·정조 시기와 같이 괜찮고 여유도 조금 있어 보이지만, 속으로는 꺾이기 시작하는 변곡점이 아닐까 한다.

2. 일제강점기

개관

조선은 1910년 8월 29일 망하고, 1945년 8월 15일 식민지에서 해방되었다. 일제 식민지 기간은 35년이지만 외세에 의해 일부 근대화가 이루어지고 500년 넘게 지속되었던 조선은 왕조가 망하고 역사가 되는 시기였다.[10] 또한 인구, 생산, 물가, 기업 활동 등의 경제 기초통계가 확충되어 당시 경제 상황을 분석하기가 용이해졌다. 그러나 이 시기에 대한 평가는 일본의 식민 지배가 한국 번영의 기초가 되었다는 식민지 근대화론과 우리 스스로 발전할 수 있었는데 일본의 지배로 좌절당했다는 수탈론이 지금까지 극단으로 맞서고 있다.

나와 있는 통계와 상식에 기초해 경제 상황을 중립적으로 평가해 보려 한다. 먼저 김낙년 등의 일제시대 국민계정 추계에 따르면 1911~1940년 간 일제 치하 조선의 연평균 실질 GDP 성장률은 3.9% 정도로 나온다. 산업혁명 이후 제1차 세계대전 전(1822~1913년)까지의 세계 연평균 경제성장률이 대략 1.5% 정도[11]인 것을 생각하면 일제강점기 조

---

10 한 왕조의 일들은 통상 그 왕조가 사라진 후 다음 왕조에 의해 정리되고 역사서로 편찬된다. 고려의 『삼국사기』와 조선의 『고려사』가 대표적이다. 이를 "역사가 된다"고 표현했다. 조선은 망한 후 식민지 본국인 일본의 사학자들에 의해 역사로 만들어지는 과정에서 많은 문제가 생겨 역사 평가에 대해 지금까지 논란이 많다.
11 토마 피케티, 『21세기 자본』, 장경덕 옮김(글항아리, 2014), 98쪽.

표 1-2 일제시대 국민소득 주요 지표

	실질 GDP 성장률 (%)	1인당 GNI (명목, 원)	명목 GDP (백만 원)	GDP 디플레이터 상승률 (%)
1911	-	31	515	-
1912	3.7	37	630	17.8
1919	-9.1	98	1,839	42.4
1920	14.3	104	1,966	-6.4
1929	2.5	65	1,711	-5.5
1930	10.6	61	1,418	-25.1
1939	-9.5	150	3,716	25.6
1940	16.2	185	4,588	6.2

자료: 김낙년 편(2012).

선 경제의 성장률은 대단한 것이다.

1인당 소득은 1911년 31원에서 1940년 185원으로 6배가량 증가했다. 당시 조선 원화와 일본 엔화의 교환 비율은 일대일로 고정되어 있었으며, 1940년 미국 1달러가 1.4267엔 정도였다. 이를 기초로 환산해 보면 조선의 1940년 미국 달러 기준 1인당 소득은 43달러였다. 1953~1960년 사이 미국 달러 기준 한국의 국민소득은 60~80달러였다. 1940년대는 제2차 세계대전에 따른 물자 부족, 1945년 종전 후에는 전시 물가통제 해제 등으로 미국도 물가상승률이 높았다. 이 기간의 물가 상승을 감안한다면 일제강점기인 1940년의 실질 1인당 국민소득은 1960년보다 높았다고 볼 수 있다.

김낙년 등의 일제강점기 국민계정 추계는 이러한 통계적 분석을 가능하게 했지만 큰 한계를 갖고 있다. 첫째, 1941년 이후의 국민계정통계는 기초 자료의 부족 등을 이유로 제대로 추계하지 않았다는 것이다. 한국은행의 공식 국민계정통계는 1953년부터 있다. 결국 1941년부터 1952년까지의 국민계정통계는 연구 자료마저 없어 시계열이 단절되어 있다. 이때는 태평양 전쟁에 따른 일제의 가혹한 수탈, 해방과 남북 분단, 6·25 동란 등이 이어지는 시기로 민족의 수난기였다. 성장 등 경제 상황이 아주 안 좋았을 것이다. 둘째, 일제강점기 국민계정 추계가 개방경제 시각인 현재의 GDP 기준으로 추계되었다는 것이다. 이는 근본적인 한계로 최근 국민계정통계와의 정합성은 높아지겠으나 식민지라는 특수성이 반영되지 않아 그 시대에 대한 설명력이 크게 떨어진다.

이와 같은 관점에서 일제강점기의 국민계정은 다음과 같은 보완이 필요하다.

첫째, 어렵더라도 1941년부터 1952년까지의 국민소득통계를 추계해야 한다. 기초 자료의 발굴을 더하고, 부족한 부분은 추정을 통해서라도 국민계정통계를 확충해야 한다. 2011년 이후 한국은행은 북한의 국민소득을 아주 제한된 자료만으로 추계하고 있다. 1941~1952년의 국민계정 추계가 북한 국민소득 추계보다는 쉬울 수 있다. 또한 이 시기는 한국 경제가 아주 어려웠던 때로 거의 대부분 마이너스 성장을 했을 가능성이 높다. 김낙년 교수 팀은 일제강점기의 마지막 5년 경우 자료 부족도 있겠지만 경제성장의 실적치가 나쁠 것이라는 예단 때문에 추계 공백을 만든 것 같다. 1941년 이후 국민계정을 추계해 보면 식민지 전체 기간의 평균 성장률이 낮게 나올 가능성이 크다.

둘째, 일제강점기의 국민계정 추계는 지역 기준인 국내총생산(GDP) 개념보다는 국민 기준인 과거의 국민총생산(GNP) 개념으로 접근하는 것이 바람직하다. 그리고 국민 기준도 한 국가에 1년 이상 거주하면 국민으로 인정하는 현재의 거주성 개념보다는 조선인과 일본인, 조선 기업과 일본 기업 등으로 나누어 국민소득을 추계하는 것이 식민지라는 당시 상황에 대한 설명력을 높일 수 있다. 조선은행[12] 조사부에서 1948년에 발간한 『조선경제연보』에 따르면 1940년 조선 공장의 공칭 자본금 중 92%가 일본인 소유였으며, 1944년 공장 기술자의 80%가 일본인이었던 것으로 나타났다.[13]

셋째, 자료 찾기가 쉽지는 않겠지만 일본의 기업과 개인이 일본(식민지 본국)으로 송금한 규모, 즉 소득유출 규모의 추정도 필요하다. 물론 반대로 일본에서 조선으로 들어온 투자자금 등도 있을 것이다. 이러한 자료가 있어야 신뢰할 만한 지출 및 분배 국민소득을 추계할 수 있다. 당시 조선 원화와 일본 엔화는 자유롭게 일대일 교환이 가능했다. 이는 재조선 일본 기업과 일본인의 수익 이전을 보장하기 위한 것으로 프랑스 등이 식민지를 경영했던 방식이다.[14] 일제강점기에 일본인이 조선

---

12 조선은행은 1909년 11월 설립된 구 한국은행의 후신으로 일제강점기에 중앙은행 역할과 일반은행 역할을 동시에 수행했으며, 1950년 6월 설립된 현재 한국은행의 전신이다.
13 조선은행 조사부, 『조선경제연보 I』(1948년판), 100쪽.
14 프랑스는 식민지 정책의 하나로 자국 통화인 프랑스 프랑과 식민지 통화인 아프리카 식민지 프랑(CFA) 간 환율을 1 대 10 등으로 고정했었다.

에서 사업하는 것은 현재 서울 사람이 지방에 가서 사업하고 돈 버는 것과 진배없었던 것이다.

산업구조와 지출 구조

김낙년 등의 일제강점기 국민소득 추계에 따르면, 이 시기의 성장은 광공업 중심으로 산업구조의 고도화가 이루어졌다. 제조업 비중은 1911년 4.4%에서 1940년 13.7%로 증가했고, 같은 기간 중 농림어업은 67.8%에서 42.2%로 감소했다. 이와 함께 서비스업의 비중도 점진적으로 증가했다. 이러한 산업구조 고도화가 자생력이 있는 것인지, 본국인 일본에 종속적인 것인지에 대한 논란은 있을 수 있겠지만 농촌 지역의 유휴 인력을 흡수하고 한반도 주민의 생활수준을 높이는 데 기여한 것은 사실이다.

국민경제에서 생산으로 이루어 낸 소득은 소비와 투자, 수출입 등으로 사용된다. 이렇게 사용된 비중을 지출 구조라 하여 국민경제의 운용 결과를 알 수 있게 해 준다. 1911년 당시 명목 GDP의 91.6%를 차지했던 민간소비 비중은 일제강점기 동안 큰 기복을 보였지만, 감소 추세를 나타냈고, 투자 비중은 크게 증가했다. 정상적인 경제 하에서 민간소비 비중은 안정적이고 추세적으로 조금씩 변동한다. 일제강점기 민간소비 비중의 연도별 변동성이 큰 것은 당시 조선의 경제 상황이 그러했는지, 통계의 문제인지 더 연구가 필요하다.

정부지출 비중은 5% 내외로 현대 정부지출 비중의 절반 이하 수준이

표 1-3 산업구조 (단위: 명목 GDP의 구성비, %)

	농림어업	광공업(제조업)	전기가스업	건설업	서비스업
1911	67.8	5.0(4.4)	0.1	1.6	26.5
1920	65.6	5.6(5.1)	0.5	2.0	26.3
1930	47.4	7.5(6.6)	3.2	3.8	38.1
1940	42.2	17.5(13.7)	3.8	4.7	32.0

자료: 김낙년 편(2012).

표 1-4 지출 구조 (단위: 명목 GDP의 구성비, %)

	민간소비	정부지출	투자1	순수출	(수출)	(수입)
1911	91.6	5.7	4.8	-6.5	(6.6)	(13.1)
1920	81.3	4.9	5.4	-2.5	(10.9)	(13.4)
1930	87.0	7.8	9.2	-6.2	(19.8)	(26.0)
1940	77.6	5.5	15.8	-10.0	(23.1)	(33.1)

주 1: 투자는 총 고정자본 형성, 수출입은 국민계정 작성 기준 재화와 용역의 수출입.
자료: 김낙년 편(2012).

다. 통계대로라면 식민지 정부는 교육, 복지 등 적극적인 행정보다는 식민지의 물리적 지배 기능만을 주로 수행했을 것으로 보인다. 조선총독부의 세입은 조세수입, 일본 정부 지원금인 보충금과 공채발행자금 등으로 구성되었다. 조선총독부 자료에 의하면 1930년대에는 세입 총계가 세출의 절반에도 못 미쳐 식민지 조선의 재정 지속 가능성에 대해 의문이 든다. 이를 근거로 일부 학자는 일본 정부가 식민지 조선에 많은 재정 지원을 했다고 주장하는데, 더 많은 연구와 확인이 필요한 분야이다. 식민지 시대에 일본계 기업은 세계화 시대의 다국적 기업과 같이 이전가격 조정(transfer pricing)과 비슷한 방법으로 조선에 있는 기업의 이익을 일본으로 이전시켰을 수 있다. 이렇게 되면 대부분의 세금을 조선보다는 일본에서 납부할 수 있기 때문이다.

수출입 상황을 현재의 독립국가 상황에 비추어 보면, 재화와 용역의 수입초과 상태, 즉 경상수지 적자 상태가 대부분의 기간 동안 지속되었고, 적자 규모는 변동이 컸지만 증가 추세를 보였다. 식민지 조선은 자립 경제와는 거리가 멀어지고, 적자는 외부로부터의 차입과 외부인의 투자로 보전되었을 것이다. 여기서 외부는 주로 식민지 본국인 일본이었을 것이다. 이때 조선 원과 일본 엔의 교환은 일대일로 자유롭게 되어 있어 일본에서 조선으로의 투자가 쉬웠고, 반대로 조선에서 일본으로 돈이 흘러 나가기도 쉬웠다. 식민지 본국과 식민지 통화의 자유로운 교환은 식민지 지배 방식의 하나이지만 논란이 많은 제도이나. 조선 원과 일본 엔의 교환 제도가 식민지 조선의 경제와 조선 사람의 경제적 삶에 어떤 영향을 미쳤는지에 대한 연구도 흥미가 있을 것 같다.

인구와 물가

일제는 식민지 조선을 효율적으로 지배하고자 합병 후 경찰 조직을 통해 보다 정확한 인구조사를 실시했다. 일제 인구조사의 정확도는 조선 시대의 호구조사보다 높아졌다고 하지만, 주민들의 비협조 등으로 충분하지 못했다. 근대적 인구 센서스는 1925년 실시되었고, 센서스 결과 조선 인구는 19,021천 명이었다. 이 이후 조선의 인구통계는 신뢰할 만하다는 것이 학계의 대체적인 의견이다.

센서스 이전, 특히 1910년 한일합병 전후의 인구에 대해서는 학자들에 따라 추정 결과가 크게 갈린다. 식민지 근대화론에 동조하는 학자들은 1910년 전후의 인구를 가능한 한 많게 추정하려는 경향이 있다. 기초 자료가 충분한 통계도 선입견을 갖고 접근하면 왜곡되기 쉬운데, 모르는 부분을 과감한 추정에 의존하는 통계는 연구자의 중립적 접근이 통계 신뢰의 핵심이다. 1800년대 말부터 1925년 전까지의 인구통계는 근거가 되는 연구 자료에 대한 확인과 검증이 꼭 필요하다.

일제의 공식 통계에 따르면 조선의 인구는 1910년부터 1925년까지 연평균 2.44% 정도, 1925년부터 1944년까지 1.66% 정도 증가했다. 일제의 지배 체제가 공고해진 식민지 후반기에 인구증가율이 오히려 감소했다. 이에 대한 해석은 두 가지가 가능하다. 하나는 1910년의 인구조사가 주민 비협조 등으로 과소 추계되었다는 것이다. 또 다른 하나는 개항기부터 일제강점기 초기까지 이루어진 하층민의 생활개선, 의료수준 개선 등이 반짝 효과로 끝났다는 것이다. 그리고 1930년대 말부터 일제의 수탈이 심해진 데다 중국, 일본, 연해주 등으로의 해외 이주가 늘어난 결과가 가세했다는 것이다. 어느 쪽이 맞을지는 독자의 몫이라고 생각한다.

어찌 되었든 신뢰할 수 있는 통계 기준으로 조선의 인구는 1925년 1,902만 명, 1944년 2,590만 명으로 볼 수 있다. 이는 1919년 3·1운동 당시의 2천만 동포, 1945년 해방 당시 3천만 동포에는 조금 못 미친 수준이다. 만주 등의 해외 거주 동포를 포함하면 이 숫자와 얼추 비슷할

표 1-5 인구 (단위: 천 명)

	1910(A)	1925	1935	1944(B)[3]	B/A
조선경제연감[1]	13,313	19,016	21,981	25,900	1.95
장기통계[2]	16,468	19,523	22,899	25,900	1.57

주 1: 조선은행 조사부에서 발간한 1949년판으로 공보처 통계국 자료를 인용했다고 되어 있으며
    일제의 공식 통계로 볼 수 있음.
주 2: 김낙년 편(2012).
주 3: 1945년 통계가 없어 1944년으로 대체함.

표 1-6 서울시 도매물가 추이

	1915	1920	1925	1930	1935	1940	1944
지수[1]	106.4	308.0	258.7	180.7	179.6	312.4	415.4
전년 대비 등락률	-6.0	4.4	5.6	-12.8	10.6	14.0	12.1

주 1: 지수는 1910년 7월=100, 각 연도 지수는 해당 연도 월 지수의 평균임.
자료: 조선은행 조사부(1949).

듯도 하다. 2023년 기준, 남한 인구는 5,170만, 북한 인구는 2,640만으로 합계 7,810만이다. 2020년대가 한반도 역사상 가장 많은 인구를 기록하고 있는 시기가 아닐까 한다.

일제는 1910년 7월부터 서울시 도매물가지수를 간단하게나마 편제하기 시작했다.[15] 덕분에 당시의 물가 추이를 대략 알 수 있다.

이 통계에 따르면 서울시 도매물가는 1910년부터 1944년까지 4배 정도 상승한 것으로 나타났다. 1945년은 일부 월의 물가통계가 누락되

---

15 최초에는 도매물가 조사 대상을 60종으로 했다가 1936년에 90종으로 확충했다.
    그리고 같은 해 서울 소매물가지수의 편제도 시작했다.

어 자료가 부실하지만, 물가가 크게 올랐다. 1945년 초부터 일본인 귀국자금과 일본 정부의 청산자금 살포로 조선은행권이 남발되었기 때문이다. 조선은행권 발행 잔액을 보면 1943년 말 1,467백만 원에서 1944년 말 3,136백만 원, 1945년 9월 말 8,680백만 원으로 급증했다.[16] 여기에다 1945년 8월부터는 해방과 분단에 따른 혼란과 물자 부족으로 1946년까지 물가가 폭등했다. 이에 따라 1944년부터 1946년까지 2년간 서울시 도매물가는 90배 이상 올랐다. 엄청난 물가 상승기로 일반 국민의 생활이 매우 어려웠다.

일제 식민지 시대 물가동향의 특징 중 하나는 물가가 크게 오른 해도 있었지만 전년보다 하락하는 기간이 꽤 여러 번 있어 변동성이 컸다는 점이다. 1915년과 1922년, 1926년에서 1931년 사이 6년 등 8년 동안에는 물가가 전년보다 하락했다. 물가 움직임이 지금과 크게 달랐던 이유는 당시 조선의 통화제도와 일부 관련이 있다. 일제강점기에는 조선 원과 일본 엔이 일대일로 연결되어 있어 세계화된 일본 경제의 영향을 직접 받았으며, 1920년대에는 세계 대공황을 포함해 여러 차례의 큰 불황이 있었다. 여기에다 일본 엔이 금본위제도의 채택과 포기를 수차례 반복했다.[17] 또한 금본위제 하에서는 경기 상황에 따른 통화 당국의 재

---

16 조선은행 조사부, 『조선경제연감 Ⅳ』(1949), 80쪽.
17 일본은 1897년 금본위제를 도입했으나 제1차 세계대전 발발로 금 태환을 일시 중지했다. 제1차 세계대전 종전 후 1930년에 금본위제로 복귀했다가, 1942년에는 제2차 세계대전 등으로 인해 관리통화제도로 전환했다.

량적 통화량 조절이 거의 불가능하다. 따라서 경기 불황이 깊어져도 통화 확대가 어려워 물가가 많이 하락하고, 불황에서의 탈출도 더 어려워지는 경우가 많다. 결국 일제강점기는 경기변동의 진폭이 컸고, 물가가 장기간 하락하기도 하는 불확실성이 큰 시기였다.

조선인의 생활

일제강점기 조선인의 살림살이는 제2차 세계대전이 본격화되기 전인 1940년까지는 많이 좋아졌을 것 같다. 지속적인 경제성장이 이루어지고, 제조업 발달과 수입 증가 등으로 일자리 증가와 함께 생필품의 공급이 크게 늘어났기 때문이다. 또한 치안 상태, 의료와 교육 여건 등도 조선말보다는 크게 개선되어 사람 사는 환경이 좋아졌다. 특히 시류에 빠르게 영합한 계층과 지게꾼, 공사장 인부 등과 같은 막일하는 사람은 소득과 생활수준이 많이 좋아졌을 것이다. 그러나 물가와 경기변동이 컸고 경제구조가 크게 변하는 시기였다. 조선의 상공인들은 자금력과 금융 접근성, 정보력, 국가 지원 등이 부족해 살아남거나 성공하기가 어려웠다. 즉 조선의 상공업이 자생력을 갖고 발전하기 어려웠던 시기였다.

결국 당시 조선 주민의 다수를 차지하는 소규모 자작농과 소작농의 생활이 어떻게 되었는지가 식민지 시대 조선인의 평균적 살림살이를 평가하는 데 핵심일 듯하다. 소작은 조선 시대 이전부터 장기간 존재했고, 한국 농촌의 전통적 농업 생산양식의 하나이다. 소작농 비율과 소작료는 조금씩 변해 왔지만, 조선말부터 일제강점기까지는 전체 농가의 절반 이상이 소작농이고 소작료도 소출의 절반 이상이었던 것으로 알려져 있다. 소규모 자작농과 소작농은 오랫동안 힘들게 살아왔지만 한편으로는 보수적이고 변화를 두려워해 생업의 변경이나 거주지 이전 등 생활 방식을 크게 바꾸려 하지 않았을 것 같다. 그래도 식민지 지배라는 충격은 이들이 사는 농촌에까지 영향을 주었을 것이다. 일부 학자는 긍정적인 면을, 또 다른 일부 학자들은 부정적인 면을 강조하고 있다.

먼저 살림살이가 긍정적인 방향으로 바뀐 내용을 살펴보자. 비료 사용 확대, 수리시설 개선, 경지정리 등으로 농업 생산성이 증가했다. 미곡의 일본 반출 등 수요처가 늘어나 생산 증가와 함께 가격도 올라 소득이 늘었다. 증가한 소득을 바탕으로 옷, 신발, 의료 등의 소비를 늘릴 수 있었다. 특히 제조업의 발전과 수입 증가 등으로 생활용품을 구하기 쉬워졌다. 여기에다 아주 어려운 농민들이 도시나 공장 지대로 떠나면서 농촌 지역에서 소작 등에 대한 경합이 약간 줄어든 것도 생활수준의 향상에 기여했을 수 있다.

다음은 부정적 방향으로의 변화이다. 가장 큰 변화는 미곡 가격의 변동이 아주 심해져 농민들의 생활이 불안정해졌다는 것이다. 앞에서 살펴본 대로 식민지 시대에는 물가의 변동이 심했는데, 생산 조절과 보관이 어려운 미곡의 가격은 일반물가보다 더 심하게 변동했다. 농촌의 화폐경제화 확대 등으로 봄 춘궁기와 가을 수확기 간의 쌀값 차이도 더 커졌을 것이다. 어떤 것이든 가격의 변동성이 크면 소수의 투기 세력은 돈을 벌 수 있지만 다수 일반인의 생활은 어려워진다. 일부지만 쌀값의 변동성 때문에 망하는 농민도 꽤 생겨났다. 쌀값이 크게 올랐을 때 빚을 내서 농지를 늘렸는데 다음 해 쌀값이 크게 떨어지면 망하는 것이다. 이러한 미곡 가격의 변동성 때문인지 쌀 수출항인 인천과 서울 등에 쌀 선물 시장인 미두 시장[18]이 생겨났다. 그러나 조선의 중농 이하 농민은 금융지식이 부족하여 미두 시장을 쌀값의 헷지 수단으로는 거의 이용하지 못했고, 일본인 대농과 쌀 무역상 등에게는 유용했다. 한편 미두 시장에는 일확천금을 노리는 투기꾼들이 몰려들어 인생이 바뀌는 사람이 많았다. 이를 소재로 한 소설도 있는데, 이광수의 소설 『재생』이 인천미두취인소를 배경으로 하고 있다.

또 다른 부정적 변화를 살펴보자. 농민들의 외형적 소득은 늘었겠지만, 저축이 늘지 않고 굶주림과 영양 상태도 개선되지 못했을 가능성이 크다는 것이다. 농민의 쌀 수확은 늘었지만 비료대금 농지개량 비용 등이 늘어난 데다, 과거에는 자체로 만들거나 근처에서 싼값에 조달하던 의복, 신발 등을 돈 주고 사야 했기 때문이다. 또한 농촌도 화폐경제화가 빠르게 진전되어 가을 수확철에 싼값으로 농산물을 팔아 빚을 갚고 생필품을 사는 경우가 많고, 봄철 춘궁기에는 비싼 값을 주고 쌀 등을 구입해야 하는 농민이 많이 생겨났다. 이러다 보니 농사자금, 생활비

---

18   일본 미곡상들에 의해 1896년 인천미두취인소라는 이름으로 처음 만들어졌고, 1920년대와 1930년대에 큰 활황을 보여, 서울 등에 수십 개의 미두 거래서가 있었다. 증거금만 내고 청산거래를 하여 현대적인 선물거래소와 비슷했지만 투기장 성격이 강했다.

등을 마련하기 위해 지역 금융조합이나 수리조합 등에서 빚을 내는 농민이 늘어났다. 증가하는 농가부채 부담도 농민의 생활을 어렵게 하는 요인이었다. 견디지 못한 일부 농민은 도시 노동자, 화전민, 외국 이주 등의 길을 찾아 떠나기도 했다.

여기서 일부 학자들이 자주 하는 주장, "행려사망자 신장 증가가 식민지 시대 생활수준 향상의 증거이다"라는 주장의 문제점을 짚어 볼 필요가 있다. 이 주장에 대해서는 반대 논리나 논문도 있을 뿐 아니라[19] 무엇보다 이 주장에는 두 가지 큰 오류가 있다. 하나는 작은 부분의 변화로 전체를 평가하는 오류이다. 지금의 노숙자와 비슷했던 행려사망자의 생활과 당시 조선 주민의 다수였던 소규모 자작농과 소작농의 생활은 별 관계가 없을 수 있기 때문이다. 다른 하나는 조선말에서 식민지 시대의 초기와 중기로 넘어가면서 행려사망자의 구성이 바뀌었을 가능성이 크기 때문이다. 조선말 식민지 초기에는 행려사망자의 다수가 가난한 농민이나 천민 출신이었을 것이고, 식민지 시대의 중·후기로 접어들면 사회계층의 분화로 행려사망자에는 광산업이나 사업에서 실패한 사람, 미두 시장에서 망한 투기꾼, 마약이나 알코올 중독자가 많이 포함되었을 것이다.

일제강점기는 한 왕조가 망하고 새로운 국가 체제 들어서는 시기이

---

[19] 행려사망자 신장 증가 관련 주장은 김두얼, 『한국경제사의 재해석』(해남, 2017)에 나와 있고, 반박 논문은 황인혁, 「영양 접근성과 질병환경이 조선인 신장에 미친 영향분석」(서울대학교 경제학부 석사학위논문, 2018.2)이 대표적이다.

기 때문에 정치, 경제, 사회의 모든 면에서 엄청난 변화가 있었다. 당연히 주민들의 계층 이동이나 분화도 컸다. 양반 가운데 시류의 변화에 따르지 않거나 그렇지 못한 사람들은 조선 시대보다 살기가 못해졌고, 천민이나 노비 중에서도 세상의 변화에 잘 적응한 사람은 출세하고 돈도 많이 벌었을 것이다. 이것은 과거 왕조가 바뀌는 세상에서 항상 일어났던 일이다. 따라서 어느 쪽을 강조하느냐에 따라 호불호가 달라질 수 있다. 어찌 되었든 일제 식민지 지배 하의 조선 경제는 연평균 3% 정도 성장했고, 경제 규모가 35년간 1.5~2배 정도 늘었다. 여기에다 철도, 항만, 전기, 통신, 교육, 의료 등 사회 기반시설도 확충되었고, 신분제가 폐지되고 사유재산제도가 정착되었다. 이것들은 한국 경제에 긍정적인 영향을 미쳤을 것이다.

평가

일제강점기 동안 조선은 엄청난 정치, 경제, 사회의 변화를 겪었고, 이에 대한 역사 평가는 지금까지도 논란이 계속되고 있는 주제이다. 그리고 진영에 따라 의견이 크게 다르다. 그래도 다음 세 가지에 대해서는 비판이 있더라도 간략히 평가해 보려 한다. 첫째는 친일을 어떻게 볼 것이냐의 문제이고, 둘째는 일제의 식민 지배가 없었다면 조선에 긍정적인 변화가 없었을까 하는 점이다. 셋째는 현재 한국의 번영이 일제의 식민 지배와 어떤 관계인가? 즉 덕을 본 것인가 아니면 손해를 본 것인가이다.

첫째, 친일 문제는 일제강점기 동안 얼마나 일본 정부에 협조했느냐도 중요하지만 그보다는 친일한 사람들의 출신을 같이 봐야 할 것이다. 즉 양반으로 벼슬을 하거나 지주인 경우, 몰락한 선비이거나 평민인 경우, 천민이나 노비인 경우로 나누어 평가해야 한다. 조선말에 벼슬을 하고 좋은 집안 출신이 친일을 한 경우가 가장 반국가적이고 반민족적일 것이다. 이들은 나라를 잘못 다스려 망국에 이르게 했고, 백성 위에 군림했던 사람들이다. 이들의 친일은 자신만 계속 잘 먹고 잘살기 위한 것으로 양심이나 정의감이 전혀 없는 행위로 봐야 한다. 반면 천민이나 가난한 평민은 조선이라는 나라로부터 어떤 혜택이나 보호도 받지 못했기 때문에 누가 나라의 지배자가 되건 관심이 없었을 것이다. 이들에게는 친일도 그런 맥락에서 그저 살아남고 신분 상승을 위한 한 방편이었을 뿐이다. 이들이 아주 악질적인 행동을 하지 않았다면 나쁘게 볼 필요는 없을 것 같다. 몰락한 선비나 일반 평민은 스펙트럼이 다양하겠지만 중간 정도로 보면 될 것이다.

둘째, 일제의 식민 지배가 없었다면 한국에 긍정적인 변화가 없었을까?라는 질문은 역사에 있어 가정은 의미가 없기 때문에 기본적으로 쓸데없는 논의이다. 그러니 긍정적 변화와 부정적 변화 모두가 가능했다고 보는 것이 답일 것이다. 일제의 식민 지배가 없었다면 조선은 계속 쇠락하다가 다른 나라의 식민지가 될 수도 있었다. 그리고 더 잔혹하고 파괴적인 식민 통치를 받았을 수도 있었다. 아니면 위대한 영웅이 나타나 조선을 무너뜨리고 새로운 나라를 만들어, 더 일찍 번영의 길로 갈 수도 있었을 것이다. 두 가지 모두 상상 속에서만 존재하는 일이다.

셋째, 현재 한국의 번영이 일제의 식민 지배로부터 큰 덕을 보았다는 주장은 억지에 가깝다. 과거의 여러 사건이 모여 현재를 만들기 때문에, 한국 역사의 일부분인 일제강점기도 당연히 현재 한국의 번영에 영향을 주었을 것이다. 그러나 그 영향은 아주 미미할 것이다. 제2차 세계대전 이후 식민 지배를 받았던 많은 나라들이 독립했으나, 한국처럼 번영을 이룬 유사한 나라를 찾기 어렵다. 즉 현재 한국의 번영은 세계 경제에서 유례를 찾기 어려운 기적과 같은 일이며, 일제의 식민 지배가 기적을 만들었다는 주장은 황당하기 때문이다. 그리고 2025년 한국의 국민소득은 서유럽 국가와 비슷한 수준이며, 그 번영의 바닥에는 미국과 유럽 국가들과 같이 시장경제와 민주주의가 깔려 있다고 볼 수 있다. 그러나 일제의 식민 지배는 시장경제에는 조금 영향을 주었을지 몰라도 민주주의와의 관계는 거의 없어 보인다. 오히려 일본 식민시배의 군국주의적 유물은 현재 한국에서 민주주의 정착에 방해가 되고 있다. 지금 한국의 번영은 천운이건 실력이건 거의 모두 우리의 힘으로 이루었다고 봐야 한다.

3. 광복부터 4·19 혁명까지

개관

1945년부터 1960년까지는 광복, 남북 분단과 정부 수립, 6·25 동란,

남한의 독재 극복 등이 이어지는 한국 경제의 극심한 혼란기였다. 일제 강점기 말인 1941년부터 1953년 6·25 종전까지는 한국 근대사에서 국민이 엄청난 고통을 받았던 시기였다. 아마 조선 시대 임진왜란과 병자호란 시기보다 더 어려웠을지도 모른다. 제2차 세계대전을 수행하기 위한 일제의 인적·물적 수탈이 극에 달했고, 분단과 정치 혼란이 있었으며, 6·25라는 동족상잔의 비극이 이어졌기 때문이다. 이때를 살아버텨 냈던 부모님 세대에게 무한한 경의를 표한다.

1950~1953년의 6·25 동란은 한반도 대부분이 전쟁터였으며 국제전으로 발전하여 엄청난 물적 피해와 함께 깊은 심리적 상처를 남겼다. 이때 남겨진 심리적 상처가 한국의 극한적 좌우 대립과 색깔론 등의 뿌리라고 볼 수 있다. 전쟁은 이승에서 경험할 수 있는 지옥이라는 말이 있다. 6·25 동란은 국민에게 이루 말할 수 없는 피해를 주었다. 더욱이 자본주의와 공산주의라는 이념이 덧붙은 전쟁으로, 많은 사람들이 어떤 행동을 했느냐가 아니라, 자신은 잘 알지도 못하는 이념에 의해 진영이 나누어지면서 죽음을 당했다. 전쟁을 일으킨 김일성 정권과 이를 막지 못한 이승만 정부는 어떤 말을 해도 이때 죄 없이 희생된 사람들로부터 용서 받기는 어려울 것이다. 두 정부에 대한 평가는 6·25 전쟁으로부터 시작되어야 한다고 생각한다. 더욱이 6·25 동란은 최근의 연구를 보면 충분히 피할 수 있는 전쟁이었다고 한다.[20]

---

20 오드 아르네 베스타, 『냉전』, 유강은 옮김(서해문집, 2025), 234쪽.

한국은 이 시기에 경제, 사회, 정치 모든 면에서 엄청난 시련을 겪으면서도 민주주의와 시장경제의 원칙을 사수했기 때문에 지금의 번영을 이룬 것이 아닌가 생각한다. 반면 북한은 1945년 분단 시 풍부한 에너지원, 높은 광공업 비중 등 산업 면에서 남한보다 좋은 조건에서 출발했고, 1970년 초까지는 경제적으로 한국을 앞섰다는 평가가 많았다. 그러나 민주주의와 시장경제를 너무 쉽게 포기했기 때문에 지금의 곤궁에 빠져 있는 것이 아닌가 한다. 한 나라의 경제적 성과는 체제, 제도와 정책, 국민의 노력이 합해져 나온다. 민주주의와 시장경제를 채택하고 있는 나라의 경제적 성과는 남의 탓이 아니고 대부분 스스로 만든 것이다. 한국의 민주주의와 시장경제가 발전할수록 우리 스스로가 책임져야 하는 부분이 늘어난다.

경제성장과 물가

한국은행의 공식 국민계정통계가 있는 1953년부터 1960년까지의 연평균 실질경제성장률은 5.2%로 일제강점기보다 크게 높았다. 그러나 1941년 이후 1952년까지는 비공식 국민계정통계마저 제대로 없어 확인이 어렵지만, 대부분의 기간 동안 역(마이너스)성장을 했을 것으로 추정된다. 1941~1945년은 중일전쟁과 태평양 전쟁이 이어지면서 일제의 엄청난 수탈이 있었고, 1945~1952년에는 남북 분단, 일본 경영인과 기술자의 철수, 6·25 전쟁 등으로 경제가 크게 후퇴했다. 이렇게 장기화된 역성장 또는 저성장으로 인해 1953년 이후 성장세가 높았음에도 불

표 1-7 1953~1960년 국민소득 주요 지표

	실질경제성장률 (%)	1인당 국민소득 (미국 달러)	명목국민소득 (억 원)	대미 달러 환율 (연말, 원)
1953	-	67	477	18
1954	7.2	70	663	18
1955	5.8	75	1,142	50
1956	0.7	66	1,515	50
1957	9.2	74	1,984	50
1958	6.5	81	2,076	50
1959	5.4	82	2,207	50
1960	2.3	80	2,498	65

주: 환율은 연말 기준 공정환율임, 단위는 현재의 원으로 환산.
자료: 한국은행(2014); 한국은행(2000a)을 기초로 재작성.

구하고 1960년대 초까지는 1930년대 후반의 경제수준을 회복하지 못했을 가능성이 크다.

물가는 1945년 해방 이후 폭등하여 경기 침체와 함께 국민에게 엄청난 경제적 고통을 주었다. 조선은행은 앞에서 살펴본 대로 제2차 세계대전에서 일본의 패색이 짙어진 1945년 초부터 조선총독부의 부채 정리와 재조선 일본인의 귀국자금 등을 위해 통화를 풀었다. 또한 해방 후에는 부족한 조세수입을 보전하기 위해, 6·25 때는 전시자금 공급 등을 위해 통화가 남발되었다. 여기에다 생산 및 수입 능력 부족 등으로 물자 부족이 장기화되었다. 이러한 통화 남발과 물자 부족이 엮여 1945년 이후 물가가 지속적으로 올랐다.

한국은 생산자물가의 경우 1945년 일부 월의 물가통계가 누락되어 있고, 소비자물가의 경우 1965년 이전 공식적 통계는 없다. 덕분에, 연간 500%(5배) 이상 물가가 상승하는 하이퍼인플레이션은 공식적으로 한국에 없었던 것으로 기록되어 있다. 그러나 한국은행 경제통계시스템(ECOS)의 생산자물가 기준으로는 1944년부터 1946년 2년간 물가가 95배 오른 것으로 나온다. 이를 연간으로 나누어 본다면 1945년과 1946년에는 각각 40~50배 정도 오른 것이다. 하이퍼인플레이션 기준을 연간 5배 이상의 물가상승률로 본다면, 1945~1946년은 한국이 하이퍼인플레이션을 겪은 것이 확실하다. 그리고 1950년부터 1960년까지 10년 동안에도 소비자물가의 공식 통계는 없지만 생산자물가로는 100배 정도 상승했다. 즉 단순평균으로 연간 10배씩 상승하여, 이때도 하이퍼인플레이션 시기였다.

표 1-8 물가지수와 통화량

	생산자물가지수1	화폐 발행 잔액(조선은행, 한국은행)2
1942	0.0000496	903,646천 원
1944	0.0000612	3,135,192천 원
1946	0.0057943	17,710,623천 원
1948	0.0164228	43,444,111천 원
1949	0.022455	-
1952	0.4789036	10억 원
1956	1.8322	79억 원
1960	2.27	146억 원

주 1: 한국은행 경제통계시스템(ECOS) 2020년 생산자물가지수=100
주 2: 1948년까지는 조선은행권, 1952년 이후는 한국은행권 발행 잔액.
자료: 조선은행 조사부(1949); 한국은행(2000a).

당시 경제 상황은 요즘의 물가 상승이나 스태그플레이션과는 크게 달랐다. 지금은 물가가 연 3~4% 이상 오르면 인플레이션이라 하며, 여기에다 연간 경제성장률이 1% 내외로 떨어지면 스태그플레이션이라고 해서 더 걱정한다. 1940년대부터는 마이너스 성장이 대부분이어서 일자리 찾기가 어려웠으며 이러한 상황은 광복 후에도 계속되었다. 더욱이 필요한 물건을 돈을 주고 사려고 해도 물건이 없고, 자고 나면 물가가 폭등했다. 사람들이 견뎌 내기 어려운 극한의 경제 상황이 1953년 6·25 전쟁이 끝날 때까지 지속되었다. 6·25가 끝나고도 전후 복구가 늦고 산업 생산이 부족해 국민의 경제적 고통은 크게 줄지 않았다. 이러한 경제 상황이 초래된 이유는 충분히 이해되지만, 이를 극복하려는 정치 지도자나 정책 당국자들의 노력은 턱없이 부족해 보였다.

해방 후 1960년까지 한국은 스스로의 나라를 가졌지만 국가의 재정과 국민경제 유지에 필요한 외화는 미국 등 외국의 원조[21]로 겨우 유지되었다. 소수의 특권층은 지금의 개발도상국 특권층과 비슷하게 풍요로운 생활을 영위했지만, 다수 국민은 조선말이나 일제강점기와 비슷한 굶주림과 헐벗음 속에서 살 수밖에 없었다. 거리에는 실업자뿐 아니라 거지와 부랑아, 좀도둑이 흔했다. 또한 다리 밑에서 겨우 비만 피하

---

21 한국에 대한 원조는 미국이 대부분 지원했고, 유엔 산하 기관[유엔군한국민간구호처(CRIK), 유엔한국재건단(UNKRA)]과 유럽 일부 국가가 참여했다. 원조 물품은 연도별로 차이는 있으나 대략 농산물과 원자재가 33% 정도로 가장 많았고, 연료와 비료가 30%, 시설재가 30% 정도였다. 원조 금액은 연도별·기관별 등으로 잘 정리된 자료를 찾기 어려웠다.

고 사는 사람도 많았다. 그래서인지 1960~1970년대까지도 말 안 듣는 아이를 혼낼 때, 다리 밑에서 주워 온 아이라는 말을 자주 썼다.

산업구조와 지출 구조

1950년대 한국의 산업구조는 표 1-9에서 보듯이 농림어업의 비중이 40%대로 1930년대와 비슷했다. 한국은 이때까지 농업 중심 국가였다. 이승만 정부와 장면 정부의 정권 교체기인 1960년의 제조업 비중은 12.1%로 1940년의 13%보다 낮았다. 이는 남북 분단과 6·25의 영향도 있었지만, 6·25 종전 이후 전후 복구사업이 사회 인프라의 회복 정도에서 머물고, 산업화가 지지부진했다는 의미이다. 이에 따라 건설업의 비중은 소금 늘어났지만 증가세는 크지 않았다. 재정이 원조에 크게 의존하고 있어 정부의 사회 인프라 투자 확대에도 한계가 있었다. 또한 외국의 원조가 밀가루, 쌀, 설탕 등 소비재에 치중되어 있어, 중장비나 철근 등 건설 기자재가 크게 부족했기 때문이다.

표 1-9 산업구조 (단위: 명목 GDP의 구성비, %)

	농림어업	광공업(제조업)	전기가스업	건설업	서비스업
1953	48.2	8.9(7.8)	0.4	2.2	40.3
1956	48.5	11.5(10.3)	0.2	2.9	36.9
1958	42.5	12.6(10.9)	0.8	3.3	40.8
1960	39.6	14.5(12.1)	0.6	3.5	41.8

자료: 한국은행(2014).

당시는 한국의 제조업 생산능력이 국민의 소비 수요를 충족시키지 못해, 소비의 상당 부분이 일본 등으로부터의 밀수나 미군 부대에서 흘러나온 물건으로 충당될 수밖에 없었다. 이러한 물건을 파는 전문 상가와 가게뿐 아니라 옛날 보부상과 같이 보자기나 가방에 밀수품 등을 들고 다니며 파는 행상도 많이 생겨났다. 이들은 새로운 직업군으로 수입이 좋았으며 특권층은 이들을 통해 소비 욕구를 충족시킬 수 있었다. 조선 시대 한양의 벼슬아치나 부자들이 중국에서 물건을 수입해 쓰던 것과 비슷했다. 이런저런 이유로 서비스 산업의 비중은 꾸준히 늘어 1960년 41.8%를 기록했고 이는 일제강점기인 1930년 38.1%보다 높았다.

1953년부터 1960년까지, 국민소득의 지출 구조는 정부지출이 증가한 것을 제외하고는 일제강점기와 비슷했다. 즉 경제의 운용 결과가 식민지 시대와 독립된 이승만 정부 시절 사이에 큰 변화가 없었다는 것이다. 정부지출의 증가는 전후 복구 등의 재정수요 증가에 부응한 결과이다. 그러나 조세수입 기반이 약해, 재정적자는 국유재산 매각과 미국 원조 등으로 보충했다. 민간소비와 투자의 비중은 일제강점기에 비해

표 1-10 국민소득의 지출 구조 (단위: 명목 GDP의 구성비, %)

	민간소비	정부지출	투자	순수출	(수출)	(수입)
1953	86.5	8.0	7.3	-8.0	(1.7)	(9.7)
1956	94.0	9.2	10.4	-11.9	(1.2)	(13.1)
1958	85.2	12.7	10.3	-8.8	(1.5)	(10.8)
1960	85.1	14.2	11.2	-9.4	(2.6)	(12.0)

자료: 한국은행(2014) 기준으로 재작성.

소폭 감소했으나 큰 차이가 없었다. 순수출의 마이너스 비중도 일제강점기와 비슷하게 여전히 높은 구조였다. 이는 수출 등으로 해외에서 번 돈이 국민경제를 유지하기 위한 물품을 사는 데 계속 부족했다는 의미이다. 부족분은 외국 원조나 해외 차입으로 충당할 수밖에 없어 자립경제의 길은 요원했다. 즉 한국은 제조업뿐 아니라 관광산업과 농업도 취약하고, 지하자원도 부족해 국민경제의 미래가 암담했었다.

이승만 정부 시절 부족한 재정의 보충 수단 중 하나였던 국유재산 매각은 논란이 많은 부분이다. 해방 전 총독부나 일본인 소유 부동산과 기업, 그간 한국 정부가 원조자금 등을 이용해 키운 공기업 등이 매각 대상이었다. 국유재산은 시가보다 아주 싼값에, 매각대금을 7년 분할 상환하는 조건 등으로 매각되었기 때문에 엄청난 특혜였다. 당시는 높은 물가 상승기였기 때문에 장기 할부로 살 수 있다는 것만으로도 엄청난 혜택이었다. 당시 기업하는 사람은 적산 기업을, 개인은 적산 가옥을 불하 받을 수 있으면 횡재하는 때였다. 시멘트 공장이나 제분·제당 공장 등 돈벌이가 잘되던 공장도 시장가격의 절반 이하로 매각되곤 했다. 이러한 국유재산 매각에 대해서는 두 가지 주장이 팽팽히 맞서고 있다.

한쪽은 정경유착과 부정부패의 온상이고, 비리 기업의 뿌리, 잘못된 한국 재벌문화의 시작이라고 비판하고 있다. 다른 한쪽은 주인 없이 비효율적으로 운영되던 기업을 민영화함으로써 기업의 성장성과 효율성을 높였다고 한다. 더 나아가서 이것이 한국 경제의 성장 발판이 되었다고 주장하기도 한다. 어느 쪽이 맞을까? 상식적으로 봤을 때 민간에 매각하는 것, 즉 민영화는 방향이 맞기는 한데, 제값을 받고 투명하게 매각해야 하는 것이 당연한 일이다. 또한 경제 논리로 보면, 시장가격으로 매각해야 매수 기업을 잘 운영해서 수익을 내려는 사람이 살 가능성이 높다. 싸게 매각하면 매매 차익을 노리는 투기꾼이 많이 달려들고, 이들이 로비를 통해 매입할 가능성 높기 때문이다. 이승만 정부의 적산 기업 등의 매각에 대한 평가는 불하가격의 적정성, 매각 기업의 운용 성과 등에 대한 미시적인 분석과 연구가 많이 필요한 부분이다.

살림살이와 종합 평가

1945년 해방부터 1953년까지는 정치적 혼란과 전쟁으로 국민이 극한의 경제적 고통을 겪었다. 1953년 휴전 이후 새로운 나라의 건설과 외국과의 교류 확대 등으로 국민의 기대수준은 높아졌으나, 다수 국민의 살림살이는 조선 시대 수준으로 후퇴했을 것이다. 가장 큰 원인은 물가 폭등과 함께 경기 부진으로 인한 일자리 부족이고, 이어 부정부패와 정치 불안이 큰 몫을 했다. 당연히 일제강점기가 더 좋았다는 사람들도 등장했다. 당시 부족한 물품의 주 공급원인 밀수가 한국전쟁 덕에 경제가 회복된 일본으로부터 많이 이루어졌다. 밀수품은 전자제품, 의약품, 주방용품, 시계, 술, 귀금속, 옷감 등 다양했다. 밀수가 성행하던 남해안 지역과 밀수품을 많이 사용하던 대도시 부자들 사이에서는 일본에 대한 동경심이 더 컸고, 한국 사람을 비하하는 말로 일제강점기에 나온 '엽전'이라는 말이 이때부터 많이 사용되었다.

6·25 동란은 대부분의 전쟁이 그렇듯 불평등을 크게 완화시켰을 것이다. 전쟁은 다수 사람의 재산을 파괴시켜 사라지게 하는데, 가진 것이 없는 사람은 사라질 재산이 없기 때문이다. 그러나 전쟁이 끝나 가면서 시류에 빠르게 적응한 사람들과 보수적이고 자신의 일만 했던 사람들 사이에 소득과 부의 격차가 엄청나게 커졌다. 당시 시류에 적응이 빨랐던 사람들은 정상적인 경제활동보다는 정경유착과 부정부패, 국유재산의 불하, 조직폭력과 밀수 등을 통해 부를 축적했다. 이러한 부정부패 등의 만연은 지하경제를 키웠고 이를 규제할 수 있는 제도적 장치는 1993년 금융실명제 도입 전까지 전무했다. 실질적인 효과는 없으면서 국민에게 보여 주기 식으로 가끔 하는 부정부패 척결이나 범죄와의 전쟁 선포 정도가 있었다.

1950년대의 부정부패는 사회의 모든 분야에 만연되어 있어, 남에게 조그만 힘이라도 쓸 수 있는 사람은 거의 부정부패에 참여했다고 봐도 무방하다. 이에 따라 1950년대 일상에서는 크고 작은 부정부패가 아주 많았다. 사례를 몇 가지 들어 보자. 정부 부처와 지자체 고위 공무원의 이권과 자리 청탁, 민원 창구의 급행료, 교통경찰의 교통 위반 범칙금 직접 수취와 착복, 군 장교나 하사관의 사병 식비 빼돌리기, 철도 공무원의 요금 편취, 교수와 교사의 촌지, 의사·약사의 리베이트 등 아주 다양했다. 이 중 상당수는 1990년대까지 지속되었고, 일부는 지금까지 남아 있다. 당연히 권력층이 개입된 대형 부정부패도 많았다. 대표적인 권력형 비리는 최소 5만 명 이상이 굶어 죽거나 동사한 것으로 알려진 1951년 초의 국민방위군 사건이다. 이승만 정부는 부족한 병력 충원을 위해 지금의 예비군과 비슷한 국민방위군을 창설했으나, 군 고위 간부와 정치인들이 군수품을 착복하여 수많은 병사들이 죽거나 심각한 동상을 입었다. 이 사건과 관련해서 이시영 부통령은 이승만 대통령의 미온적인 처리에 반발하여 사표를 냈다고 알려져 있다.

1950년대 부정부패 등을 통한 불평등 심화는 경제정의의 훼손뿐 아니라, 국민의 상대적 박탈감과 불만을 일제강점기보다 더 심하게 만들었다. 일제강점기에는 일본인과의 불평등과 차별이었는데, 1950년대는 같은 민족 내에서의 불평등과 차별이었기 때문이다. 이때 유행했던 말이 "빽"이었다. 명품백의 백이 아니고, 뒷배를 봐 주는 힘이라는 뜻이다.[22] 1950년대는 실질적인 살림살이뿐 아니라, 현실 불만과 미래 불안 등 나라의 분위기도 1800년대와 비슷했던 셈이다. 1800년대 『정감록』 등 도참사상이 유행했듯이, 1950년대에도 다양한 유사종교와 신흥종교가 생겨났다. 그리고 5·16 군사 쿠데타의 6대 혁명공약 중 세 번째가 "부정과 구악 일소"였다는 것은 당시 사회상을 잘 반영했다고 보인다.

1945년부터 1960년까지는 경제적·정치적·사회적으로 험난한 시기였음에도 국민은 잘 버텼다. 이 시대를 살았던 분들의 희생 덕분에 한국에서 번영의 기초인 민주주의와 시장경제의 원칙이 조금씩이라도 확

22　6·25 전쟁 막바지에는 전선이 38도선 근처에서 고착되고, 남과 북은 조그만 땅을 빼앗기 위해 고지전과 같은 엄청난 소모전을 하고 있었다. 이때 전투에서 병사가 죽을 때 외치는 소리가 "빽"이었다는 말이 있다. 빽 있는 젊은이들은 외국 유학 등으로 병역을 회피하고 안전하게 살고 있었기 때문이다.

대될 수 있었다. 이것이 이때 사람들이 후대에 준 값진 선물이라고 생각한다. 이승만 정부는 혼란 속에서 정부를 수립하여 나라의 기초를 세우고, 북한의 남침을 막아 냈지만 장기 집권을 위한 독재를 꾀했다. 이승만 대통령에 대한 평가는 양극단으로 나뉘어 크게 엇갈린다. 필자의 의견으로 이 대통령의 가장 큰 업적은 1960년 4·19 혁명에 순순히 승복하고 하와이로 망명한 것이다.

만약 이승만 대통령이 4·19 혁명에 승복하지 않았다면 한국은 어떻게 되었을까? 역사에 가정은 무의미하지만 끔직한 일이 벌어졌을 가능성이 크다. 아마 한국도 중남미, 중앙아시아, 아프리카의 일부 국가들처럼 군사 쿠데타가 이어지고 경제는 망가지는 나라가 되었을 것 같다. 이승만 대통령의 4·19 승복과 하와이 망명은 뒤에 군사 쿠데타로 정권을 잡은 박정희, 전두환 두 대통령의 정치적 의사 결정에도 큰 영향을 미쳤을 것이다. 두 대통령은 국민의 저항 가능성과 독재자의 외로운 말로 등을 생각하면서 민주주의의 원칙을 지키려고 나름 노력했다고 보이기 때문이다.

5·16 군사 쿠데타는 이승만 정부 말기에 이미 준비되어 있었으나, 4·19 혁명으로 잠시 연기되었다고 한다. 박정희 등 일부 군부 세력은 1960년 4월 19일의 혁명 이후 틈을 노리다가, 1년 조금 더 지난 시점인 1961년 5월 16일 군사 쿠데타를 일으켰다. 만약 이승만 대통령이 4·19 혁명에 승복하지 않고 강력 진압에 나섰다면, 군부는 1년을 기다리지 않고 바로 쿠데타를 일으켰을 것이다. 쿠데타 세력은 이승만 대통령을 축출하면서 국민의 지지를 얻기 위해 4·19 진압 과정에서 발생한 국민

희생의 죗값을 크게 물었을 것이다. 쿠데타 세력이 정권을 잡고 10~20년 정도 흐르면, 또 다른 군부 세력이 다른 나라의 예처럼 쿠데타를 도모할 것이다. 고려 시대 무신 정권 당시와 비슷하게 나라는 쿠데타의 악순환에 빠졌을 것이다. 세상에는 이런 나라들이 참 많았고, 한국은 1960년 이후 군사 쿠데타는 있었지만 운 좋게 이런 악순환을 피해 갔다.

제1장 전체를 종합해 보면 조선말부터 1960년까지는 다수 주민이 엄청난 생활고에 시달렸을 뿐 아니라, 미래 희망도 거의 없던 시기였다. 1700년대 후반, 정조 때 개혁의 기회를 놓쳤기 때문이다. 실학자 정약용의 「애절양」[23]이란 시가 1800년대 초 작품이니 이때의 생활상은 미루어 짐작할 수 있다. 1800년대 중반 이후 조선 조정의 무능과 기득권층의 탐욕으로 백성의 생활은 더 어려워졌다. 다만 1800년대 말의 개항, 이어지는 조선의 망국 등으로 새로운 부유층이 등장했고 하층민의 생활이 조금씩 개선되었다. 이러한 변화는 해방 후에도 지속되었지만 1960년까지는 산업화와 자립경제 달성과 같은 구조적 발전은 없었다. 국민경제는 미국 원조에 의존해 겨우 유지만 되는 상태였다. 국민의 살림살이도 매우 어려워 동남아시아 국가들보다 굶주리는 사람이 많았을 것이다. 이때 일상적으로 쓰인 인사말이 "식사하셨습니까?"였다. 먹을 것이 참으로 귀해, 삼시 세끼 챙겨 먹을 수 있고 등을 따뜻하게 할 수

---

23 「애절양」은 '남자의 성기가 잘림을 슬퍼한다'라는 의미로 1803년 정약용이 강진에서 유배 생활을 할 때, 군포(군역에 대한 세금)를 내지 못해 소를 빼앗긴 농부가 자신의 성기를 자른 사건을 듣고 지은 시이다.

있으면 천국이라 생각할 때였다. 그리고 어려운 집안의 아이는 국내에
서 키우지 못하고 해외로 입양을 보내기 시작했고, 나중에는 입양되는
아이가 많아져 한국은 아이 수출국이라는 말까지 듣게 되었다.[24]

---

24 해외 입양은 처음에는 6·25 전쟁으로 인한 고아나 미아, 혼혈아를 중심으로 이루
어졌으나, 점차 가정 형편이 좋지 않은 한국 아이들로 확대되었다. 1980년대 이
후에는 한국의 경제 상황이 좋아졌음에도 홀트아동복지회, 대한(한국)사회복지
회, 동방사회복지회, 성가정입양원 등의 해외 입양기관이 수수료 수입 등을 목적
으로 해외 입양을 대폭 늘렸다. 한국의 해외 입양아 수는 6·25 전쟁 이후 공식적으
로는 17만 명, 비공식적으로는 20만 명 정도라고 한다.

2

1961~1979년
기적과 같은 도약

1. 주요 변화 모습

개관

1961년부터 1979년까지는 한국 경제가 기적과 같이 도약에 성공한 시기였다. 한국은 1960년대 중반부터 산업화, 즉 광공업 분야의 빠른 발전을 이룬 것이다. 이를 통해 국민은 일자리를 얻고 절대빈곤에서 벗어나기 시작했다. 산업화는 오래전부터 농촌 지역에 누적되어 있던 과잉 인력[1]을 흡수해, 농촌의 토지부족 문제가 조금씩 완화되었다. 당시 농촌에는 한계생산력이 거의 "0"인 잠재 실업자들이 많았고, 1960년대 초까지 많이 쓰였던 말 중 하나가 "힐 일 없으면 시골에 가서 농사나 짓지"였다.[2] 농촌은 장기간 실업자의 도피처였고, 도시와 농촌 모두 일거리를 찾는 사람이 넘쳐났다. 한국은 먹고살기 위해 조그만 땅 쪼가리를 두고 싸워야 하는 상황이 조선 시대부터 1960년대 초까지 계속되었다.

1950년대부터 1960년대까지의 소작료는 일제강점기와 별 차이가 없

---

1 1960년대까지의 과잉 인력은 농촌, 어촌, 산촌뿐 아니라 도시 지역까지 넘쳐났다. 여자들은 상황이 더 나빠, 먹여 주고 재워 주기만 하는 조건으로 남의 집에서 식모, 보모 등으로 일하는 경우도 많았다.

2 2000년대 이후에는 '할 일 없으면 장사나 하지'라는 말이 많이 쓰였다. 이때는 유휴 인력이 농촌이 아니라 도시에 많아져, 도시 자영업자의 한계 생산성은 거의 "0"에 근접한 듯하다.

는 산출물의 50~60% 정도였다. 이후 소작료는 조금씩 낮아졌고, 2020년쯤에는 경지정리가 안 된 산자락 농지는 소작료는커녕 대신 농사 지을 사람조차 구할 수 없게 되었다. 농촌에 농지보다 사람이 더 귀해졌기 때문이다.[3] 일부 사람들은 1949년 농지개혁법이 제정되고 1950년부터 시행된 토지개혁을 고율의 소작료 등 한국 농촌문제를 근본적으로 해결한 개혁으로 보고 있으나 그렇지 않다. 토지개혁이 소작농과 소농의 생활 여건을 일시 개선한 것은 맞지만, 문제를 완전히 해결한 것이 아니기 때문이다. 즉 토지개혁을 했더라도 산업화가 이루어지지 못해 일자리가 충분치 않으면 토지개혁 전의 농촌문제가 계속 이어지게 된다. 토지개혁 후 시간이 지나면서 운이나 능력의 차이에 따라 농민은 다시 대농과 소농, 소작농 등으로 분화된다. 농촌에 과잉 인력이 남아 있는 한 고율의 소작료 문제는 재현될 것이다. 북한이 남한보다 더 철저한 토지개혁을 했으나 농민의 생활이 어려운 이유이다.

한국의 산업화는 1960년대에는 섬유, 봉제, 가발, 합판 산업 등의 경공업과 광업에서부터 시작했다. 자본과 기술은 부족했지만, 낮은 문맹률 등 양질의 인적자원을 가진 한국이 잘 한 선택이고 성과도 좋았다.

---

3 농기계로 자유로이 접근할 수 있을 만큼 경지정리가 잘된 지역의 농지는 수익성이 있어, 2025년에도 수확물 20% 내외의 토지 사용료(도지)를 받을 수 있다. 예외는 있어 이장, 노인회장 등과 같은 지역 토호는 직불금을 농지 소유자가 받는 조건으로 할 경우 경지정리가 잘된 농지도 거의 무상으로 빌릴 수 있다. 농지 소유자가 외지에 살고 농사를 직접 짓지 않아도, 직불금을 수령하고 해당 지역의 이장 등으로부터 자경 확인을 받으면 농지를 팔거나 상속할 때 세금을 줄일 수 있어서다.

그러나 여기서 만족했다면 지속적인 산업화가 어려웠을 것이다. 경공업과 광업은 부가가치가 낮고, 다른 경쟁국들이 쉽게 접근할 수 있기 때문이다. 어렵고 힘든 선택이었지만 1973년 1월부터 중화학 공업과 전자 산업의 육성으로 산업화의 방향을 전환했다. 이 과정에서 한국 경제는 자본과 기술 부족, 중복 투자, 중화학 공업의 더딘 투자자금 회수 등으로 오랫동안 어려움을 겪었지만 결국 산업구조의 고도화에 성공했다. 이에 따라 한국 경제는 제조업의 경쟁력 향상과 고부가 가치화 등을 통해 지속 성장의 길을 찾을 수 있었다. 지금 뒤돌아보면 중화학 공업화는 선진국과의 경쟁뿐 아니라 중국 등 후발 산업화 국가와의 격차를 가질 수 있는 기초가 되었지만, 당시에는 많은 사람들이 반대하여 쉽지 않은 길을 선택한 것이었다.

박정희 정부는 많은 반대와 저항에도 불구하고 국가 백년대계를 위해 중화학 공업화 이외에도 여러 중요한 정책을 추진했다. 경인·경부 고속도로의 건설이 대표적이었다. 지금 와서 보면 고속도로는 당연히 필요한 기반 시설이지만, 처음 고속도로 건설 사업을 시작할 때는 야당과 국민의 반대가 아주 거셌다. 산업의 쌀이라 불리는 철강 산업을 육성하기 위해 포항제철을 대형 일관제철소로 만들 때도 비슷했다. 국제개발은행(IBRD)도 한국의 경제 상황으로 볼 때 일관제철소는 무리라고 평가했다. 당시에는 국내외 경제 전문가를 포함해 아무도 한국 경제가 현재와 같이 발전할 줄 몰랐기 때문일 것이다.[4]

교육정책에 대한 반대도 있었다. 중화학 공업과 전자 산업에 우수한 인재를 공급하기 위해 공업고등학교와 공업전문대학, 공과대학 등을 대폭 확충했는데 이에 대한 반대였다. 문사철로 지칭되는 인문학 분야가 상대적으로 위축된다는 것이었다. 조선 시대는 과거 공부 등을 위해 사서삼경과 시 문장 등이 중요한 시대였다. 거의 대부분의 선비가 이것만 공부해 과거 준비를 했기 때문에 인문학 과잉 시대였다고 볼 수 있다. 1960~1970년대에는 정부의 과학기술 중시에도 불구하고, 조선 시대에 과거 시험과 인문학을 중시했기 때문인지 우수 학생들이 희망하는 진로는 법학, 경제 경영 쪽으로 쏠려 있었다. 1980년대에 물리학, 화학 등 과학 같은 순수과학과 공학 쪽에 우수 인력이 반짝 몰렸으나. 1990년대 말부터는 의학 계열로의 쏠림 현상이 강해졌다. 시대에 따라 사회에서 보상을 많이 받는 직업이 바뀌고 학생들의 전공 선호도 바뀌어 왔다. 어찌 되었던 1960~1970년대에는 산업화에 필요한 인재를 육성하기 위해 정부가 많은 노력을 했다.

한국 경제는 1960~1970년대에 걸쳐 후진국이 경제발전 과정에서 넘기 가장 힘들다는 도약(Take Off)은 물론, 장기간 지속 성장과 국민의 생활수준 향상에도 성공했다. 앞서 살펴본 대로 탁월한 경제정책 선택의 덕을 크게 보았다. 이때의 변화 모습을 한국은행의 공식 국민계정통계를 통해 알아보자. 명목국민소득은 1961년 3천억 원에서 1979년 32

---

4 박정희 대통령은 어떻게 중화학 공업화, 고속도로, 일관제철소 건설, 한국과학기술 연구원(KIST) 설립 등과 같은 엄청난 일을 시대에 앞서 결정하고 추진할 수 있었을까? 신과 같이 미래를 내다보는 능력이 있어서인가? 정치적 정당성을 확보하고 정권을 연장하기 위해서인가? 판단하기 어려운 일이지만, 박정희 대통령의 결단이 한국 경제를 도약시킨 것은 확실하다.

표 2-1 1961~1979년 국민소득 주요 지표

	실질 GNP 성장률 (%)	1인당 GNI (미국 달러)	명목 GDP (억 원)	대미 달러 환율 (연말, 원)
1961	6.9	85	3,017	130.00
1965	7.2	110	8,313	272.60
1970	10.0	88	27,848	316.65
1975	7.9	610	105,051	484.00
1979	8.6	1,709	320,189	484.00

자료: 한국은행(2000a); 한국은행 경제통계시스템(ECOS).

조 원으로 100배 이상 증가했다. 물가 상승을 제외한 실질성장률은 연평균 9% 수준을 달성했다. 미국 달러 기준 국민소득은 1961년 85달러에서 1974년 500달러, 1977년 1천 달러를 돌파하여 1979년 1,709달러를 기록했다. 한국 경제는 18년간 기복은 이었지만 산업화와 함께 엄청난 성장을 이루었다.

고도성장과 산업화에는 좋은 정책과 함께 많은 투자 재원이 필요했다. 특히 국민의 저축을 통한 내자 이외에, 해외 기자재와 원자재 수입을 위한 외화가 절실했다. 외화는 국내에서 얻을 수 없고, 해외에서 벌어 오거나 빌려야 한다. 수출에 총력을 기울였고, 수출이 엄청 증가했으나 늘 부족했다. 해외 차입은 국가 공신력에 한계가 있었다. 다행히 이때 몇 가지 추가적인 외화 확보 기회가 생겨 한국 경제에 큰 도움이 되었다. 1965~1975년 파독 광부와 간호사들의 송금액(1억 달러 이상), 1965년 한일청구권자금 도입(무상 3억 달러, 유상 2억 달러), 1964~1973

년 베트남전 참전과 베트남 특수, 1973년부터 1980년 초반까지의 중동 건설 붐과 특수 등으로 부족한 외화 공급에 조금 숨통이 트였다. 이것 은 스스로 노력하는 자는 하늘이 돕는다는 말을 떠올리게 된다.

특별한 변화: 산림녹화

박정희 정부에서 이루어진 산림녹화는 산업화 이상으로 특별하고, 한국의 산하를 바꾸어 놓은 일이었다. 1960년대까지 한국의 산은 일제 강점기의 남벌, 6·25 전쟁으로 인한 파괴, 늘어난 인구의 땔감을 위한 벌목 등으로 황폐화되어 있었다. 당시 산의 모습은 지금은 상상하기 어 렵고 사진 속에서나 볼 수 있는 벌건 민둥산이 대부분이었다. 1960년 대에 박정희 정부는 산림녹화 사업을 시작했으나 난관이 많았다. 산림 녹화가 지금은 환경보호와 농업 생산성 증대를 위해 필수적이라고 국 내외에서 칭송 받고 있지만, 사업 정착 전까지는 국민의 저항이 컸다. 난방과 취사를 나무 땔감에 의존하던 사람들의 일상생활이 갑자기 어 려워졌기 때문이다. 산림녹화는 산에 나무를 심고 키우는 것, 산에 있 는 나무를 베지 못하게 하는 것이라는 두 가지 방향에서 추진되었다.

첫째, 황폐화된 산에 나무를 심어 기르는 것도 쉬운 일이 아니었다. 한국의 산은 대부분 화강암이 기반석이어서 비가 많이 오면 흙이 쉽게 쓸려 내려가, 묘목이 자리 잡기 어려웠다. 사방공사라 하여 산에서 흙 이 흘러내리지 않게 하는 작업과 함께 산에 계단을 만들어 나무를 심기 도 했다. 많은 인력과 비용이 들어가는 일이었다. 박정희 정부는 1970

년대에 학생, 군인, 공무원뿐 아니라 일반 직장인까지 동원하여 산에 나무를 심었다. 또한 심은 나무를 잘 키우기 위해 11월 첫 주 토요일을 육림의 날로 지정했으며, 학생들에게 산에서 송충이를 잡아 오는 숙제를 내기도 했다. 조선 시대로 치면 전 국민을 부역에 동원해 산에 나무를 심고 가꾼 것이다.

둘째, 산의 나무를 함부로 베지 못하게 하려고 도벌을 마약, 밀수, 깡패와 함께 사회의 4대악으로 정하고 엄격히 단속했다. 그러나 추운 겨울 동안 사람들이 살아남기 위해 필요한 땔감은 해결해 주어야 했다. 이를 위한 두 가지 방안으로 하나는 산에서 고사목, 잔가지, 낙엽, 솔방울 등은 채취해서 땔감으로 쓸 수 있도록 허용했으며, 다른 하나는 한국에서 상대적으로 풍부한 무연탄을 가지고 난방과 취사에 사용할 연탄을 제작 보급하여 땔감 수요를 줄이는 것이었다. 연탄의 보급 확대는 붉은 민둥산을 푸른 숲으로 바꾸는 데 크게 기여했지만 엄청난 부작용이 있었다. 1970년대에 연탄 사용 확대로 말미암아 많은 사람이 일산화탄소 중독으로 죽었다. 당시 연탄가스 중독 사망자[5]가 2020년대의 산업재해 사망자보다 많을 수 있고, 이들의 희생 덕에 산림녹화가 빠르게 이루어졌다고도 볼 수 있다. 도벌문제는 농가 소득이 늘어나면서 거

---

5 1970년대 겨울에는 연탄가스 중독 사망자가 하도 많아서 기삿거리도 되지 못할 정도였다. 정확한 통계가 없어 당시 연간 추정 사망자가 700~3,000명으로 크게 차이가 난다. 필자도 1973년 겨울 대학에 합격한 후 친구 집에서 자다 연탄가스 중독으로 거의 죽을 뻔했던 경험이 있다.

의 해결되었다. 농민들이 힘들게 산에서 땔감을 장만하느니 다른 곳에서 일해 번 돈으로 연탄이나 석유를 사서 쓰게 되었기 때문이다.

국민의 많은 희생 덕에 어렵게 이루어진 1960~1970년대의 산림녹화는 이후에 더 이상 발전하지 못하고 있다. 환경을 말하는 사람은 많은데 한국의 산은 거의 내팽겨져 있는 상태이고, 어떤 방법으로 관리해야 하는지 논의마저 부족하다. 대부분의 산에 이제 사람들이 들어가지 않으면서 넝쿨식물, 관목, 덤불 등이 뒤엉키고 낙엽과 고사목 등이 쌓여 산불에 취약한 상태가 되었다. 나무가 크게 자라기 어려운 데다 보기도 나쁘고 산출물도 거의 없다. 한국의 산도 기후위기 시대에 환경을 지키면서 소득을 올릴 수 있는 방안이 있을 것 같다. 그리고 국민경제적인 측면에서 한국은 국토의 65~70% 정도가 산지이면서도, 건축이나 가구용 목재뿐 아니라 난방용 팰릿까지 대부분 수입에 의존하고 있다. 무언가 문제가 많고 한국의 임업은 농업과 함께 너무 낙후되어 있다.

산업구조의 고도화

한국 경제의 발전 모습은 산업구조의 변화에서도 나타났다. GDP에서 제조업이 차지하는 비율은 표 2-2에서 보듯이 1961년 12.5%에서 1979년 24%로 상승하고, 농림어업이 차지하는 비율은 40.8%에서 20.7%로 하락했다. 이는 농업의 희생을 발판으로 이룬 것이라는 비판도 있지만, 제조업 중심의 산업구조로의 전환은 국민의 소득을 높일 수 있는 기초가 되었다. 제조업의 1인당 부가가치가 농업에 비해 월등히

표 2-2 산업구조 I (단위: 명목 GDP의 구성비, %)

	농림어업	광공업(제조업)	전기가스업	건설업	서비스업
1961	40.8	14.6(12.5)	1.0	3.2	40.5
1965	39.4	20.1(17.9)	1.0	2.6	31.7
1970	28.9	20.4(18.8)	1.3	5.0	44.3
1975	26.9	23.4(21.9)	1.2	4.5	44.1
1979	20.7	25.1(24.0)	1.8	7.9	44.4

자료: 한국은행(2014).

높기 때문이다. 경제활동에 참여한 사람당 생산액(부가가치액)이 많을 수록 참여한 사람의 소득이 커지는 것이다.

농업에서 고소득을 올리려면 미국이나 호주와 같이 넓은 토지에, 사람은 적게 농기계는 많이 써서 1인당 생산액을 높여야 한다. 아니면 네덜란드처럼 작은 땅에 많은 자본을 투하하여 자동화된 유리 온실 등을 지어 고부가 가치 농업을 해야 한다. 이 둘 중 어떤 것도 1960~1970년대의 한국 농촌에서는 가능한 일이 아니었다. 한국이 농업에 매달려 있었다면 저소득 국가로 남아 있었을 가능성이 아주 높았다. 그러나 2025년 한국의 농업 여건은 크게 달라졌다. 국력은 커졌으나 농촌에서 사람이 사라져 가고, 식량자급률은 낮은 상황이다. 여기에다 한국 경제의 자본 여력이 좋아졌다. 늦었지만 한국이 농업에 과감히 투자할 때이다.

이어 한국 경제는 1970년대에 들어 산업구조의 질적 고도화가 한 단계 더 진전되었다. 표 2-3에서 보듯이 1979년에는 제조업 전체에서 중화학 공업과 전자 산업의 비중이 49.9%로 절반을 차지하기에 이르렀

표 2-3 산업구조 II

	제조업 A (총산출, 십억 원)	전자 및 중화학 공업 B (총산출, 십억 원)	B/A(%)
1970	2,194.5	666.3	30.4
1973	5,441.7	1,840.1	33.8
1976	15,243.6	6,104.2	40.0
1979	34,305.8	17,120.5	49.9

자료: 한국은행(2014).

다. 한국의 중화학 공업화는 제조업의 고부가 가치화를 빠르게 이루고, 북한과의 대결 과정에서 우위를 차지하기 위한 것이었다. 2025~2026년 큰 호황을 보이고 있는 방위산업과 조선사업은 이때 기초가 만들어졌다. 그러나 부작용도 많았다. 엄청난 투자자금의 조달이 쉽지 않았던 데다, 성급한 투자에 따른 가동률 저하와 수익성 부족이 대표적이었다. 이에 따라 일부 대형 중화학 투자 기업이 부실화되어, 장기간 국민경제의 큰 짐이 되었다. 두산에너빌리티는 2025년 주식시장에서 가장 핫한 종목 중 하나이지만, 전신인 현대양행은 1980년대 대표적 부실기업이었다.

투자와 수출이 경제성장을 주도

생산된 국민소득이 소비, 투자, 수출 등으로 지출된 내용을 살펴보면 국민경제의 운용 결과를 알 수 있다. 1960~1970년대 한국 경제는 투자

표 2-4 지출 구조 (단위: 명목 GDP의 구성비, %)

	민간소비	정부지출	투자	순수출	(수출)	(수입)
1961	83.9	13.3	11.7	-10.0	(4.0)	(14.0)
1965	83.5	9.0	15.2	-7.2	(7.1)	(14.3)
1970	73.8	9.9	25.9	-9.7	(11.4)	(21.1)
1975	68.9	11.1	27.3	-8.7	(22.7)	(31.4)
1979	56.9	10.0	34.6	-7.4	(23.5)	(30.9)

자료: 한국은행(2014).

와 수출을 성장 동력으로 삼아 빠르게 성장했다. 표 2-4에서처럼 투자가 GDP에서 차지하는 비중은 1961년 11.7%에서 1979년 34.6%로 크게 증가했다. 건설 및 설비투자 모두 엄청 증가했고 규모는 건설투자가 조금 더 컸지만, 증가세는 설비투자가 더 빨랐다.[6] 박정희 정부 시절에는 고속도로 건설 등 사회 인프라 투자도 많았지만 광공업의 설비투자가 더 컸었다는 의미이다. 그러나 이후 대부분 정부에서는 반대로 건설투자가 설비투자를 압도해 한국이 토건 국가라는 말이 나오게 되었다.

투자 비중의 증가로 민간소비 비중은 1961년 83.9%에서 1979년 56.9%로 지속 감소했다. 소비는 지출 항목 중 상대적으로 안정성이 높아, 소비 비중의 감소는 국민경제의 불안정성을 높인다. 정부지출 비중

---

6 1961년에는 설비투자 110억 원, 건설투자 234억 원에서 1979년에는 설비투자 54,011억 원, 건설투자 54,837억 원으로 급증했다(한국은행, 2014: 265, 269). 1979년의 건설투자 규모는 설비투자보다 조금 크지만 차이는 별로 없었다.

은 1961년 13.3%에서 조금씩 낮아져 1979년까지 10% 내외를 유지했다. 1960~1970년대 경제발전 과정에서 정부의 정책 개입은 많았지만, 정부의 재정지출은 엄격했다는 의미이다. 이것이 한국의 재정 건전성을 유지시켜, 1997년 IMF 사태라는 한국 경제의 큰 위기를 쉽게 극복하는 원동력이 되었다.

그리고 수출은 투자 이상으로 빨리 늘어 1961년 GDP에서 차지하는 비중이 4%에서 1979년 23.5%로 8배 가까이 상승했다. 엄청난 수출 증가였다. 1960~1970년대 정부는 수출입국, 기업은 수출보국이라는 구호를 내세우며 수출에 총력을 쏟았다. 처음에는 철광석, 중석, 흑연, 무연탄 등 광산물 이외에도 오징어, 생사(비단실), 돈모, 쥐 가죽, 다람쥐와 뱀, 오줌과 은행잎 등 해외에서 수요가 있는 모든 것을 찾아 수출했다. 다음에는 섬유, 가발, 합판 등 경공업 제품을 주로 수출하고, 1970년대 후반부터 중화학 공업 제품과 전자 제품의 수출 비중이 커지기 시작했다.

수출 증가와 함께 수입도 많이 증가하여 순 수출 비중은 -8%에서 -9% 정도로 지속되었다. 이는 경상수지 적자가 GDP 대비 비중 면에서 변화가 없었다는 것으로, 수출이 빠르게 늘어났음에도 경상수지 적자 폭은 오히려 커졌다는 의미이다. 경상수지 적자 규모가 GDP의 3%를 넘으면 경제의 안정성이 낮아진다고 하는데 이를 훌쩍 넘었다. 언제든 위기가 닥칠 수 있는 경제구조가 일제강점기에서 이승만 정부를 거쳐 박정희 정부 때까지 이어졌다. 일제강점기에는 일본[7]이, 이승만 정부 때는 미국 원조가 뒷배였다. 박정희 정부 때는 외부의 뒷배 없이 우리

의 수출로 버텨 냈다. 수출은 투자와 함께 한국 경제의 높은 성장을 견
인했을 뿐 아니라 식량과 에너지, 투자재와 원자재의 수입대금을 지급
할 수 있는 원천이었다. 당시 정부와 기업 모두 수출에 진심이었지만,
한국 경제의 빠른 성장 때문에 수출은 충분치 못했다.

　당시 수입 자본재가 많이 필요한 중화학 공업 대신 숙련된 고급 인력
을 많이 쓰는 제약과 의료 기기, 엔지니어링, 정밀기계, 고급 패션, 문
화 산업 등에 주력했다면 한국 경제는 어떻게 되었을까? 역사에서 가
정은 의미 없는 것이지만, 성장세는 좀 둔화되고 방위산업은 지금보다
경쟁력이 약해졌을 것이다. 그러나 경상수지 적자 폭이 줄어 경제구조
는 외부 충격에 덜 위험했을 것이고, 고용의 질이 좋은 자립 경제의 길
을 더 일찍 찾을 수 있었을지 모른다. 그러나 이 길은 박정희 정부의 중
화학 공업화보다 더 어렵고, 선진국과의 경쟁도 훨씬 심해 성공 가능성
이 낮았을 것 같다. 숙련된 고급 인력을 많이 쓰는 이런 산업은 2026년
의 한국 경제도 잘 해내지 못하고 있기 때문이다.

물가와 살림살이

　1960~1970년대 한국의 물가는 거의 매년 10~20%씩 상승했다. 이러

7　일본 정부가 총독부의 예산 지원과 민간의 투자를 통해 부족한 자금을 보충했다고
　　하는데, 이는 반대 방향으로 이루어진 기업의 과실 송금과 개인의 일본으로의 송금
　　규모 등과 비교해야 평가할 수 있다.

표 2-5 **물가지수 추이**

	1961	1965	1970	1975	1979
생산자물가지수 (전년 동기 대비 상승률, %)	4.1 (13.4)	7.9 (10.0)	11.6 (9.1)	27.6 (26.5)	44.7 (18.7)
소비자물가지수 (전년 동기 대비 상승률, %)			9.0 (16.9)	18.2 (24.7)	31.4 (18.5)

주 1: 지수는 1995년=100
주 2: 생산자물가는 도매물가, 소비자물가는 소매물가로 불리기도 했음.
자료: 한국은행(2000a: 195).

다니 보니 당시에는 매년 물가가 이 정도 오르는 것이라고 보는 인플레 기대 심리가 고착되어 있었다. 물가 상승은 기본적으로는 고도성장의 부산물이지만 과다 통화, 수요 증가, 수입 규제 등이 복합되어 고질화되었다. 국민과 정책 당국자 모두 어쩔 수 없는 상수로 받아들이며 살았고, 정책을 운용했다. 높은 물가 상승은 잘 알려져 있듯이 경제의 불안정성 확대, 불평등 심화, 경쟁력 약화, 부동산 투기 확대, 소비 위축, 환율 상승 등을 유발시켜 국민경제를 위태롭게 한다. 박정희 정부는 장기간 높은 성장을 이루었지만, 물가와 부동산 가격 폭등이라는 부작용을 감수해야 했다. 물가와 성장 모두에서 실패한 일부 중남미 국가 등에 비해서는 잘했지만, 제2차 세계대전 이후 물가안정 속에 지속 성장을 이룬 독일, 네덜란드, 일본[8] 등에 비해서는 한참 못한 것이다.

---

8 일본은 일반물가는 안정되었지만 1900년대 초 거품 붕괴 전까지는 부동산 가격이 폭등하여 독일에 비해서는 절반만 잘 한 셈이다.

높은 물가 상승과 함께 외환, 금융, 무역 등의 강한 규제는 암시장과 편법 거래를 성행하게 했다. 암시장은 사금융 시장, 암달러 시장, 밀수품 시장 등이 대표적이다. 사금융은 기업이나 개인이 은행 등 제도권 금융기관에서 자금 조달을 못 하는 경우 더 높은 금리를 주고 자금을 구할 수 있게 해 주었다. 명동 사채시장은 유수의 대기업도 직원 급여 지급, 세금 납부 등을 위해 급전이 필요할 때 이용하던 큰 사금융 시장이었다. 서울의 대표적 밀수품 시장은 남대문 시장 안에 있었고, 도깨비 시장으로 불렸다. 중산층 이상의 고급 소비 수요를 충족시켰다. 암달러상은 남대문 시장과 명동 중국 대사관 근처 골목에 많았다.

1960~1970년대에는 금리가 낮게 규제되고, 환율도 몇 년에 한 번씩 고시 환율이 크게 바뀌는 고정환율과 비슷한 제도[9]를 운용했다. 당연히 규제금리와 고시 환율은 시장의 실세 금리와 환율과는 큰 괴리가 있을 수밖에 없다. 당시 한국은행 실무자는 명동 사채시장금리와 암달러 시세를 정기적으로 조사했다.[10] 실세 금리와 환율을 알 수 있는 귀중한 자료임이 확실한데 공식 자료가 아니어서인지 아쉽게도 남아 있지 않다.

---

9 한국의 공시적인 환율 제도는 1945년 10월부터 1964년 5월까지 고정환율제도였고, 1964년 5월부터 1980년 2월까지 단일변동환율제였으나, 단일변동환율제 하에서도 외환시장이 취약하여 사실상 고정환율제도처럼 운영했다. 그리고 이승만 정부 시절에는 정부 보유 외환에 대해서는 공정환율, 기타 외환에 대해서는 일반 환율, 원조자금에 대한 대충자금환율이라 하여 다른 환율을 적용하는 복수환율제도를 운영하기도 했다.
10 필자도 1980년대 초 사채 금리와 암달러 시세를 실제 조사해서 대장에 기록을 유지한 적이 있다.

1960~1970년대는 우리 민족이 유사 이래 장기간에 걸쳐 가장 크게 살림살이가 개선된 시기였을 것이다. 뒤처지는 사람도 있었지만 다수 국민은 굶주림과 헐벗음에서 벗어날 수 있었다. 이는 장기간 고도성장에 따른 국민의 소득이 지속적으로 늘어난 데다 정부가 일반 국민이 일상에서 필요한 상품의 대부분을 시장을 통해 공급했기 때문일 것이다. 결국 조선말이나 일제강점기에는 꿈속에서나 그리던 일이 한국에서 가능해진 것이다. 전기와 수도의 보급, 교육과 의료 서비스도 확대되었다. 1977년에는 대망의 쌀 자급[11]이 달성되었고, 의료보험제도도 도입되었다. 종교와 사상, 집회와 결사 등의 자유도 대통령 비판만 하지 않으면 어느 정도 누릴 수 있게 되었다. 국민이 절대빈곤에서 벗어났을 뿐 아니라 사람답게 살 수 있게 된 것이다. 여기에다 산림녹화는 새마을 사업이라는 농촌환경정비사업과 함께 한국의 농·산촌에서 사람과 동식물이 어울려 살 수 있는 환경을 조성했다.

1960~1970년대 고도성장과 국민의 살림살이 개선의 이면에는 어두운 면이 여럿 있었다. 불평등 확대, 노동운동 탄압, 산업재해와 환경훼손 증가, 토지의 강제수용[12] 등이다. 이 중 노동탄압은 1970년 1월 청계

---

11 쌀 자급은 서울대학교 허문회 교수 팀이 개발한 통일벼의 덕을 크게 보았다. 통일벼는 인디카 종의 쌀과 자포니카 종의 쌀을 다원 교배하여 만들었으며 수확량이 40% 정도 많고 벼의 키가 작아 바람에 잘 쓰러지지 않는 품종이다. 밥맛이 한국인의 입맛에 맞지 않아 지금은 거의 재배하지 않는다.

12 고속도로 등 도로 건설, 산업단지와 주택단지 조성, 농지개량, 경지정리 등을 위해 토지의 강제수용과 강제 교환 등이 많았고, 관련된 국민의 피해도 컸다. 특히

피복노동자 전태일 분신 사건, 1979년 8월 YH무역 노동자의 신민당사 점거 사건 등에서 보듯 심각했다. 박정희 정부 경제정책의 기본이 노동자의 몫을 줄이고 기업가의 몫을 늘려 투자를 확대하려는 것이었기 때문이다. 박정희 정부의 환경 정책에 대해서는 평가가 엇갈린다. 공장과 사회 인프라 건설 시 환경 파괴를 많이 했으며 기업들의 공해물질 배출에 관대했다는 비판이 있다. 반대로 산림녹화와 함께 대도시 주변에 그린벨트를 지정하여 환경보호에 기여했다는 주장도 있다. 노동문제와 환경문제는 세간의 관심이 컸고, 그간 많은 사람이 다루었던 주제이다. 또한 필자의 전문성도 떨어지고 하여, 해당 분야 전문가의 영역으로 남겨 두고 이 책에서는 건너뛰려 한다. 그러나 불평등 문제는 1960~1970년대에는 상대적으로 관심이 적었으나, 경제적으로 깊은 뿌리를 갖고 현새의 한국 경제와 많이 연결되는 의미가 큰 주제이다. 이 책에서 계속 다루는 주요 과제가 될 것이다.

경지정리는 조선 시대와 일제강점기에도 일부 진행되었고 1972년부터 본격 시행되었다. 그러나 많은 예산 소요, 농민 저항 등으로 완전히 마무리되지 못하고 1980년대 후반에 종료되었다. 이때 어느 정도 이루어진 농지정리 덕분에 기계화된 논농사기 가능해져 현재 쌀이나마 자급이 가능해졌다.

2. 경제개발계획의 내용과 특징

경제개발계획의 주요 내용

박정희 정부의 고도성장은 1962년 시작된 제1차 경제개발 5개년 계획으로부터 시작된다. 이때의 경제개발계획에 대해서는 논란이 많다. 많은 학자들이 1962년의 경제개발계획은 이승만 정부와 장면 정부의 경제개발계획을 확충한 것이라고 이야기하고, 일부는 장면 정부의 경제개발계획을 거의 그대로 가져다 썼다고 주장한다. 국가기록원 자료에 따르면 이승만 정부 때의 경제개발계획은 일부 있으나 구체성, 치밀성 등이 크게 부족하다. 장면 정부의 경제개발계획은 국가기록원에는 아예 없다. 개인 연구자들이 소장하고 있다는 말은 있지만 얻을 수 없어 내용을 평가할 수 없었다.[13] 두 정부의 계획이 내용은 어찌 되었던, 중요한 것은 실행되지 못했다는 점이다. 경제개발은 계획도 의미가 있지만 실행이 어렵고 실행 과정에서의 적절한 수정 보완이 최초 계획보다 더 중요하기 때문이다.

박정희 정부는 1961년 5월 쿠데타를 하고 1961년 7월 과거 부흥부의 업무를 확대 수행하는 경제기획원을 설립했다. 경제기획원에서 한국

---

13 장면 정부의 경제개발계획에 대한 논문(「장면 정권의 경제정책 구상과 경제개발 5개년 계획」, 《한국사연구》, 176(2017), 323~363쪽)을 쓴 정진아 교수와 2024년 몇 차례 접촉해 자료를 얻어 보려 했으나 내용이 충실치 못하다는 답변만 들었다.

그림 2-1 1961년 9월, 제1차 경제개발 5개년 계획(안)의 표지

은행[14] 등 관련 기관과 민간 전문가들의 지원을 받고, 전 정부의 개발계획과 해외 자료 등을 참조하여 같은 해 9월에 그림 2-1과 같은 제1차 경제개발 5개년 계획(안)을 작성했다. 한국에서 제대로 된 경제개발계획의 최초일 것이다. 믿을 수 없을 정도로 짧은 기간에 엄청난 일이 이루어진 것이다. 동 계획(안)은 뒤에 나오는 실행 계획, 발표 자료 등의 기초가 되었다. 국가기록원에 남아 있는 동 계획(안)을 보면 총 407쪽으

---

14 1960년 한국은행에 입행했던 김학수 전 UN 아시아태평양경제사회 이사회(ESCAP) 사무총장과 2026년 3월에 만나 당시 정부의 경제개발계획을 지원했을 한국은행 조사부의 조직, 가능 인물과 역할, 분위기 등에 대해 청취했다.

로 방대하고 치밀하다. 또한 자금순환표라고 하는, 당시로서는 최신 통계이론까지 포함하고 있어, 내용이 혁신적으로 보인다.

첫 부분은 서론으로 한국 경제의 성장 과정, 경제개발계획 작성 경위와 방법, 계획 작성의 가정과 전제, 계획의 목표와 방침 등 경제개발계획의 전반적인 내용이 37쪽에 걸쳐 서술되어 있다. 둘째는 종합이라는 부분인데, 특이하게 설명보다는 부표 형식으로 되어 있다. 자금순환표를 시작으로 국민계정 각 표, 인구고용통계, 국제수지, 외자조달 방식과 외국차관원리금 상환계획 등이 포함되어 있다(127쪽까지로, 종합 부분은 총 90쪽 정도이다). 셋째는 본문으로 농림수산업, 광업, 제조업부터 주택과 국토건설사업까지 주요 산업에 대한 계획이다(407쪽까지로, 본문은 총 280쪽 정도이다).

이 계획의 특징은 첫 번째, 서술은 최소화했고, 거의 대부분이 표 중심이라는 것이다. 따라서 서술형보다 실제 내용이 많고, 정책 실무자들이 현장에서 활용하기 좋은 자료였다. 두 번째 특징은, 당시 한국에서 공식적으로 편제되지 않았던 자금순환표가 활용되었다는 것이다. 자금순환표는 국민계정 5대 통계 중 하나로 1952년 이론화되었다. 1955년 미국 중앙은행인 연준(Fed)이 세계 최초로 편제하기 시작했고, 한국은 1965년부터 한국은행이 편제했다. 자금순환표는 기업, 가계, 정부, 금융기관, 해외 등 경제 부문별 자금 흐름과 자금 과부족 등을 파악할 수 있는 통계이다. 경제개발계획 초안에서는 자금순환표를 이용하여 소요자금의 조성 방법과 투융자 계획 등을 제시했다.

일부 사람들은 박정희 정부가 1961년 5월 16일 쿠데타 이후 불과 몇 달 만에 방대하고 치밀한 경제개발계획을 발표한 데 대해 의구심을 갖고 있다. 따라서 박정희 정부의 경제개발계획은 과거 정부의 계획을 베낀 것이라고 주장하기도 한다. 그럴 수 있지만, 이런 주장을 하는 사람들은 과거 정부에서 만든 비슷한 자료를 내놓지 못한다. 각 정부의 경제개발계획서 원문을 비교해 보면 누가 원조인지, 얼마나 노력했는지 쉽게 평가할 수 있는데 말이다. 현재로서 1962년 9월의 경제개발계획 초안은 당시 한국의 지식 역량이 총 집결된 자료로 보아야 한다. 1960년대 초 한국은 혼란스러웠지만 자리와 이름을 탐하지 않고 한국 경제를 고민하던 전문가들이 꽤 있었던 것이다.[15] 이들이 1960~1970년대 경제개발의 주역이 되었고, 박정희 정부는 이들을 잘 찾아 써서 적절한 경제개발계획을 만들고, 또 그 계획을 수정 보완하면서 추진했으리라 보아야 할 것 같다.

박정희 정부는 제1차 경제개발 5개년 계획의 시작인 1962년 1월, 계획의 주요 내용을 그림 2-2와 같이 제1차 경제개발 5개년 계획(개요)이라는 이름으로 발표했다. 발표 자료는 1961년 9월의 계획(안) 자료를 기초로 일반인이 이해하기 쉽게 서술형으로 바꾼 97쪽 분량이다. 경제개발 5개년 계획의 의의와 범위, 계획의 목표와 기본 방침, 계획의 구

---

15 국가가 크게 발전하기 위해서는 한 시대 전체를 끌고 갈 위인도 있어야지만, 각 분야에서 그 뒤를 받쳐줄 많은 실무자들이 절대적으로 필요하다. 실무자들이 전문지식을 갖추고 공정하고 효율적으로 맡은 업무를 처리할 때, 위인들의 뜻이 펼쳐지고 역사가 바뀐다.

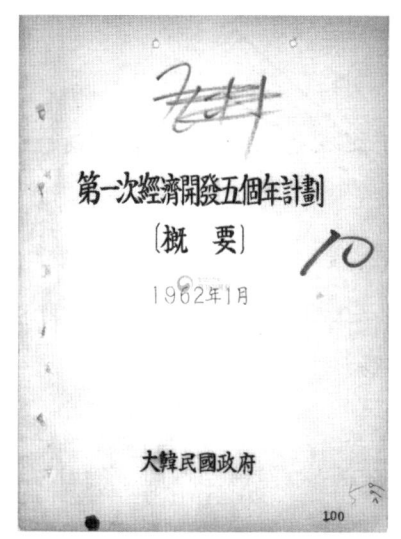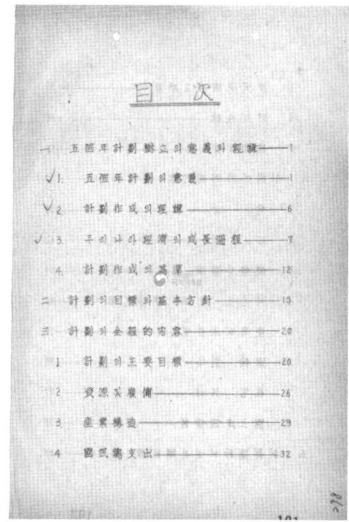

그림 2-2 1962년 1월, 제1차 경제개발 5개년 계획(개요)의 표지와 목차

체적인 내용 등이 포함되어 있다. 이 자료의 표지와 목차는 그림 2-2와 같고, 제1차 경제개발계획의 기본 방향은 다음의 내용이다.

> 기본 방향 : 한국 경제의 후진성을 극복하고 자립 성장을 도모
> • 안정의 틀 속에서 자립 성장과 공업화를 목표
>
> 자유경제체제를 기본으로 강력한 계획성을 갖고 다음 과제를 우선 추진
> • 전력, 석탄, 에너지 자원의 확보에 최대 노력
> • 농업 부분의 생산력 향상과 소득 증진
> • 경제성장의 주도적 역할을 하는 기간산업과 사회간접자본의 확충

- 국토의 보전 개발을 위한 국토건설사업 계속 추진
- 국제수지 개선을 위한 수출 증진
- 저생산력 극복을 위한 기술 증진

이를 지원할 자연 자원과 인력 자원의 합리적 조절
- 국내 자원과 노동력을 최대한 활용
- 인구증가율을 단계적으로 하향 조정

　제1차 경제개발 5개년 계획의 내용을 살펴보면 최초 안의 성격은 에너지, 농업, 인프라 투자에 중점을 둔 것으로, 자립 경제를 지향하는 내재적 성장론에 가깝다. 그러나 시간이 지나면서 빠르게 수출과 투자를 우선하는 방향으로 정책을 전환할 수밖에 없었다. 높은 성장세를 계속 유지하고 국민경제에 필요한 물품을 원할히 공급하기 위해서는 광공업의 발전이 절실했다. 이를 위해서는 투자가 필요했고 투자재에는 수입품이 많을 수밖에 없으며 다시 이를 위해서는 외화가 있어야 했다. 수출은 고도성장, 일자리 창출, 외화 확보를 위한 기본 중 기본이었다. 한국 경제는 수출 없이 빠른 성장이나 자립 경제를 달성할 수 없다는 것을 자연스럽게 알게 되었을 것이다. 또한 당시 세계경제는 저가 공산품 수출의 경쟁국이 상대적으로 적어 한국의 수출이 통할 수 있는 우호적인 상황이었다.[16] 이러한 인식을 바탕으로 경제개발계획은 실행 과정에서 현장 사정에 맞게 수정된 것이다.

　박정희 정부의 성장 모델은 일부 학자들이 주장하는 것처럼 특정한 이념이나 도그마에 따른 것이 아니다. 즉 1950~1960년대 제3세계에서 유행하던 반제국주의론과 종속 이론이 아니고, 미국의 자유주의적 경제성장론도 아니었다. 당시 국민이 절실히 필요로 하는 것을 해결해 나가는 과정에서 자연스럽게 만들어진 한국식 경제발전 정책이라고 봐야 할 것 같다. 어쩌면 세계에서 처음 시도되고 성공을 이룬 독자적 경제개발 모델인지도 모른다. 경제발전 과정에서 발생한 문제를 경제 논리와 상식을 기초로 해결하면서, 한국 경제의 실정에 맞게 개발계획을 계속 수정해 나갔다는 것이 특징일 것이다. 물론 경제를 발전시킴으로써 정치적 정당성이 부족한 박정희 정부의 입지를 유리하게 만들려는 의도도 당연히 있었을 것이다. 1960~1970년대 한국의 기적 같은 성장과 국민의 실질적 생활수준 개선은 많은 후발 개발도상국이 관심을 가질 수 있는 경제개발 모델이 될 수 있다. 진영에 따른 주장을 넘어 더 많은 이론적·실증적 연구가 필요할 듯하여, 경제이론의 성장 결정요인과 박정희 정부의 경제개발계획을 비교해 보았다.

---

16 1960년대는 제2차 세계대전이 이후 서유럽 경제가 본격적으로 회복되던 시기로, 미국과 유럽 등의 경제가 호황이었다. 곳간이 넉넉한 선진국들은 한국과 같은 개발도상국에서 수입되는 물품에 관대했다. 또한 1956년부터 확산되기 시작한 컨테이너 운송 시스템은 1960년대 말 한국에도 도입되어 해외 수출 운송비를 대폭 낮출 수 있었고, 이는 극동에 자리 잡은 먼 나라 한국의 수출 경쟁력 제고에 큰 도움이 되었다.

성장의 세 가지 결정요인과 경제개발계획

경제성장에 영향을 주는 요인은 아주 다양하지만 경제이론 측면에서 크게 공급요인, 수요요인, 산업과 기업요인이라는 세 가지로 나누어 볼 수 있다. 이들 이론적 성장요인[17]을 기초로 박정희 정부의 경제개발계획과 정책운용 방식을 점검해 보려 한다.

첫째, 공급 측면의 성장 결정요인은 노동 자본 생산성의 변화이다. 경제성장은 경제 전체의 생산이 늘어난다는 의미로, 이를 위해서는 노동 자본 생산성이 양 또는 질적인 면에서 좋아져야 한다. 이 세 가지는 기조적인 경제성장을 결정하는 요인이라 할 수 있으며, 이론적 배경은 경제학의 오랜 뿌리인 고전학파의 성장론이다. 박정희 정부는 당시 아주 취약했던 한국의 노동 자본 생산성을 개선하기 위해 전력을 다했다. 농촌의 과잉인구를 광공업 쪽으로 유도하는 한편, 과학, 기술, 교육 확충을 통해 노동의 질적 개선을 도모했다. 또한 투자 확대를 통해 자본 총량을 계속 늘렸다. 투자 재원은 저축 장려와 금융제도 개선을 통한 내자 동원뿐 아니라, 외자 유치도 적극 활용했다. 생산성을 개선하기 위해서는 과학·기술·교육의 확충, 과학기술처와 한국과학기술연구원(Korea Institute of Sciense and Technology: KIST)[18]의 설립, 대덕연구단지

---

17 이 세가지 이론적 성장요인에 대해서는 정대영·장광수(2021: 30~34)를 참조했다.
18 한국과학기술연구원은 1966년 2월 최형섭 초대 소장을 주축으로 해외 유명 한국인 과학자들을 유치하여 설립되었다. 국가 과학기술 발전을 주도하는 종합연구소

건립 등을 실행했다. 특별한 조치로는 공업고등학교를 대폭 증설하고, 늘어난 교사 수요를 충족시키기 위해 1976년에 충남대학교 공과대학을 공업교육대학으로 개편한 사례를 들 수 있다. 그리고 동 대학을 졸업하고 공업고등학교 교사로 임용되는 경우 군 복무를 6개월로 단축시키는 파격적인 혜택을 주었다.[19]

둘째, 소비와 투자 등 국민경제의 수요 변화도 성장에 큰 영향을 준다. 국민경제의 수요는 국내 수요, 즉 내수인 소비와 투자, 그리고 해외 수요인 수출로 구성된다. 소비, 투자, 수출이 늘면 성장이 증가하고, 반대로 이 셋이 줄면 성장도 떨어진다. 케인스의 유효수요이론과 관계가 있고, 관련 경제이론은 단기적인 경기조절 정책을 설명하는 데 유용하다. 박정희 정부는 수요요인 중 투자와 수출을 적극적으로 지원하여 성장세를 확대시켰다. 투자와 수출 등을 촉진시키는 정책은 경기 상황이 좋지 않을 때 단기간만 써야 하는데, 박정희 정부는 장기에 걸쳐 기조적인 성장 정책으로 활용했다. 이렇게 되면 성장률이 조금 더 높아질 수 있지만 부작용이 나타날 수밖에 없었다. 소비 위축과 내수산업의 경쟁력 약화, 물가 상승과 부동산 가격 상승 등이 대표적인 부작용이다.

셋째, 경제성장의 결정요인은 산업과 기업 부문의 혁신 능력과 경쟁력이다. 이는 공급 측면의 성장 능력 결정요인인 생산성과 기술을 산업

로서 한국의 중화학 공업 발전 등에 크게 기여했다.

19 1976년 육군 사병의 의무복무 기간은 36개월이어서 동 혜택이 너무 파격적이었다. 처음에는 대상자들이 믿지 못할 정도였으나 실제 그대로 시행되었다.

과 기업 부문에서 미시적으로 접근한 것이다. 경제학 이론으로는 조지프 슘페터의 혁신이론(Innovation theory), 프리드리히 리스트의 경제발전단계론 등과 연결되어 있다고 볼 수 있다. 박정희 정부는 빠른 혁신과 경쟁력 강화를 위해 일차적으로 과학기술 분야의 지원에 주력했으며, 이와 함께 국내 유치산업의 보호와 노동과 환경의 규제 완화 등 기업 지원을 위한 정책도 많이 사용했다. 그리고 1960년대에는 경공업, 1970년대에는 중화학 공업에 중점을 두는 전형적인 산업 정책도 추진했다. 당시 취약한 국내 산업과 기업을 보호하면서 경쟁력을 높여 간다는 차원에서는 효과가 많았던 정책이었다. 박정희 정부의 성공 때문인지 이때의 산업 정책을 그리워하는 사람이 많다. 그러나 2026년 한국 산업과 기업의 혁신 능력과 경쟁력은 박정희 시대와는 차원이 다르게 높아졌고 세계 일류수준에 이른 경우가 많다. 박정희 시대의 산업 정책 일부는 지금 시대에도 적용할 수 있겠지만, 많은 부분이 현실과 맞지 않을 것이다.

  종합해 보면 박정희 정부의 경제개발 정책은 대체로 경제원칙에 충실했다. 그리고 부작용과 시행착오는 있었지만 당시 자본과 자원의 부족, 빈곤의 악순환 등 매우 어려운 경제 여건 속에서 할 수 있는 것을 다했다고 보인다. 즉 공급과 수요 측면, 산업과 기업 측면에서 가능한 성장 정책을 일반적 경제이론에 맞게 사용했던 것이다. 성장 정책은 담당자들이 어떤 경제이론을 세워 놓고 이에 준해 선별한 것이 아니라 주어진 여건과 변화하는 환경에 맞추고 경제 원리와 상식에 따라 적절하게 선택한 듯하다. 특히 경제 여건이 바뀌면 유연하게 변경하면서 가용한 모든 정책 수단을 동원했다. 그러나 뒤에 연구하는 학자들은 박정희 정부의 정책을 자신의 주장에 맞는 특정 경제이론이나 틀에 맞추어 옹호하거나 비판하는 경향이 있었다. 이러다 보니 박정희 정부의 정책이나 성과에 대한 논란이 많아지고, 진영에 따라 평가가 크게 엇갈리게 되었다.

경제개발 정책의 특징

박정희 정부의 경제정책은 의도는 어떤지 모르겠지만 결과적으로 재벌과 같은 기업 소유주, 부동산 보유자, 수출 기업 등에 크게 유리했던 것은 사실이다. 그렇지만 다수 국민이 굶주림과 헐벗음에서 벗어나고 주거와 의료 등 생활환경이 개선되었으며, 산림녹화 등 환경도 좋아진 부분이 있어 전체적으로도 훌륭했다고 평가할 수 있다. 예전에도 그랬고, 지금도 정권이 바뀌면 좋아지는 사람도 있고, 반대로 나빠지는 사람이 있다. 박정희 정부의 경제 성과도 항상 명암이 있는 세상일의 일부라고 생각하자. 그러면 마음이 편해지고 사물을 조금 더 객관적으로 볼 수 있다. 여기서 박정희 정부 경제정책의 특징 몇 가지를 더 짚어 보자.

대표적 특징의 하나는 민간 기업을 투자와 수출의 주체로 하고 금융 세제 혜택을 통한 간접 지원에 중점을 두었다는 것이다. 정부나 지방자치단체는 공기업을 만드는 것보다 기술 개발, 사회 인프라 건설, 인재 육성 등에 주력했다.[20] 중화학 공업화 등과 같이 정부의 지원이 꼭 필요한 경우도 재정 지원보다는 국민투자기금 등 기금 설립 등을 통한 우회 지원을 택했다. 자금 조성은 가계의 다양한 저축 유도[21]와 중앙은행의 발권력 등 내자 동원을 우선으로 하면서 부족분은 외국자본으로 충당했다. 한정된 자금을 기업 부문으로 흐르게 하기 위해 가계 부문에 대한 대출은 최대한 억제했다. 가계는 주로 저축의 주체로서만 활용한 셈이다. 1997년 이전까지 가계의 주택과 토지의 매입을 위한 대출은 사실상 금지되어 있어 저금리정책이 장기간 시행되었지만 부작용은 상대적으로 적었다.

두 번째, 정부 지원은 잘하고 열심히 하는 기업이나 사람 등에 집중하여, 제한된 자원을 몰아주는 방식이었다는 것이다. 나누어 먹기가 아니라, 특정 산업이나 기업 등에 금융과 세제를 과감히 지원하고, 공장용지를 우선 제공하는 식으로 특혜를 몰아 주다 보니 경쟁 유발을 통한 빠른 성장을 기대할 수 있었다. 대신 부와 자원의 집중, 격차 발생, 불균형 성장, 정경유착 등의 부작용이 생겨났다. 현재 대기업의 일감 몰아주기도 박정희 정부의 경제정책에 뿌리를 두고 있는지 모르겠다. 박정희 정부의 몰아주기 식 성장 정책도 재벌개혁 등과 맞물려 지금까지 논란이 아주 많은 부분이다.

---

20 그러나 포항제철은 예외로 정부가 직접 대일 청구권 자금 등을 활용하여 공기업으로 건설했다. 투자 규모와 리스크가 큰 사업인 데다, 국민경제 전체를 위한 핵심 산업(산업의 쌀)을 주도하는 기업이었기 때문이다.
21 1970년 「저축증대에 관한 법률」을 제정하고 저축추진중앙회와 각 지역 본부를 만들어 범국가적인 저축증대운동을 벌였다.

세 번째, 박정희 정부는 실물 부문을 위해 금융을 희생시킨 면도 있지만, 경제개발 과정에서 금융을 적극 활용했다. 당시 수출과 투자 확대가 필요한 부문에 금융자금이 많이 흘러 들어가게 하기 위해 여러 정책금융제도를 만들었다. 정책금융은 수출지원금융, 수출산업설비자금, 중소기업특별자금, 기계공업육성자금, 에너지절약시설자금 등으로 다양했다. 1970년대는 가히 정책금융 전성시대라고 할 수 있었다. 이 중 수출지원금융은 1980년대까지 장기간 지속되면서 체계화되었다. 수출지원금융제도에서 파생된 내국신용장제도[22]는 1970~1980년대 원청 기업의 횡포가 심할 때 하청 수출기업의 자금줄 역할을 하는 등 중소 수출기업의 버팀목이 되었다. 수출지원금융은 수출품과 관련 원자재의 국내 구입과 수입, 생산과정에 필요한 자금을 지원해 수출 기업의 경영과 생존에 꼭 필요한 정책 수단이었다.

수출지원금융은 금융기관이 수출 기업에게 일반대출에 비해 아주 낮은 금리로 대출해 주고, 한국은행은 금융기관에게 취급액의 일정 비율을 더 낮은 금리로 자금 지원하게 되어 있었다. 이렇게 수출지원금융은 본원통화 공급의 주요 원천이 되어 수출이 늘면 본원통화가 자동적으로 늘어나 통화증발 압력으로 작용했다. 즉 수출이 늘면 경상수지 흑자 증가로 인한 해외 부문의 통화증발과 함께 수출지원금융을 통한 본

---

22 내국신용장제도는 한국은행의 수출지원금융에 근거를 두고 체계적으로 발전했으나, 수출지원금융이 유명무실화된 2000년 이후에도 살아남아, 2026년까지 관세 환급과 부가가치세 영세율 적용 등의 근거가 되는 등 잘 작동하고 있다.

원통화 증발 두 가지 효과가 동시에 나타났다. 당시 수출 증가는 강력한 통화증발 요인이었고, 결과적으로 지속적인 물가상승 요인으로 작용했다. 또한 수출은 통화증발뿐 아니라 국내 물품공급 감소를 통해 물가를 상승시켰다. 아주 좋아 보이던 수출도 부작용이 컸던 것이다. 세상에 모두에게 좋은 것은 없다는 말이 맞다.

3. 경제개발 계획과 정책의 수정 보완

1962년 화폐개혁과 1963년 경제개발계획의 수정

제1차 경세개발 5개년 계획의 1차 연도인 1962년 6월 10일에 제3차 화폐개혁(통화조치)이 있었다. 한국은 1945년 광복 이후 1962년까지 세 차례의 화폐개혁이 있었다. 제3차 화폐개혁 이후 화폐개혁이나 액면가치 변경의 시도는 있었지만 실행은 되지 않았다. 제1차 화폐개혁은 1950년 8월 28일, 6·25 동란 시 북한군에 빼앗긴 한국은행권의 불법 유통을 막기 위한 것이라, 화폐 도안만 바꾸어 일대일 교환을 했다. 제2차 화폐개혁은 1953년 2월 17일, 전쟁 기간 늘어난 통화를 거두어 들여 물가안정을 도모하기 위한 것으로 기존 100환을 1환으로 교환토록 했다.

1962년 실시한 제3차 화폐개혁에서는 종전 통화인 '환'을 새로운 돈인 '원'과 10 대 1로 바꾸고, 개인과 법인, 각종 임의단체가 보유한 현금과 어음, 수표 등 지급수단은 금융기관에 의무적으로 예치토록 했다. 이를 봉쇄 예금 또는 봉쇄 계정이라 하고 동 계정에 예치된 자금은 신규로 설립 예정인 산업개발공사의 주식으로 바꾸어 줄 계획이었다. 화폐개혁의 목적은 이처럼 과다 발행된 통화를 흡수하고, 퇴장되어 있는 현금통화를 산업자금으로 활용하기 위한 것이었다. 그러나 신고금액 10만 원 이하가 90.5%를 차지하여 숨겨진 자금을 끌어내서 산업자금으로 쓰려는 계획은 무산되었다. 봉쇄 계정의 예금 동결도 해제되었다.

잘못된 판단 하에 시행한 정책으로 경제 불안이 커지고 경제개발계획은 시작부터 순탄하지 못했다. 통화개혁으로 인해 화폐의 신뢰가 사라지면서, 유통 단계별 신용거래가 마비되어 많은 소상공인이 도산했고 국민의 경제생활도 더 어려워졌다. 의무적으로 금융기관에 예치토록 한 봉쇄 예금을 풀어 주는 등 통화조치의 부작용을 완화하기 노력했으나 한번 훼손된 화폐에 대한 신뢰를 회복하는 데는 시간이 많이 필요했다. 1962년의 제3차 화폐개혁은 심각한 경기 위축과 불확실성이라는 후유증만 남기고 실패로 끝난 셈이었다. 화폐개혁에 대한 유혹은 이후에도 문재인 정부를 포함해 여러 번 있었던 것 같다. 그러나 경제 규모가 커지고, 금융의 전산화와 국제화가 크게 진전되어 과거와 같이 비밀리에 실시하는 화폐개혁은 이제 경제를 완전히 망가뜨릴 각오 없이는 거의 불가능해졌다.[23]

---

23 만약 앞으로 화폐개혁이 비밀리에 이루어져 예금, 주식, 채권, 외환 등의 금융거래 전산 시스템을 사전에 바꾸어 놓지 못한다면, 화폐개혁 시 국내외 금융거래가

1962년에는 섣부른 화폐개혁의 부작용에 따른 산업활동 위축과 흉작으로 성장률이 2%대로 낮아져 목표치를 하회했다. 1963년에는 미국 원조가 대폭 축소되어 외환 사정이 나빠지고 있음에도 중고어선 도입 등 차관 사업과 수입신용장 개설을 계속했다. 이에 따라 외환보유액이 격감하고[24], 미국 달러화의 실세 환율이 급등하는 등 외환 파동이 발생했다. 경제개발계획의 시작 초부터 난관에 부닥친 것이다. 결국 정부는 제1차 경제개발계획 두 번째 연도인 1963년부터 계획을 수정할 수밖에 없었다. 경제성장 목표를 연평균 7.1%에서 5%로 하향 조정하고 재정안정계획을 재개하여 통화 공급과 재정을 안정적으로 운영했다. 이를 통해 일시적이긴 하지만 물가와 민생의 안정을 우선 목표로 했다.

한편 박정희 대통령은 1964년 12월 미국의 원조 격감에 따른 외화(경화) 부족에 대응하고 라인강의 기적이라 일컬어지는 독일의 경제발전 상황을 배우기 위해 독일을 방문했으며, 이때 파독 광부와 간호사의 급여를 담보로 독일로부터 차관을 들여오기도 했다. 경제개발 초기에 박정희 정부는 외화 확보를 위한 수출의 중요성을 절실히 깨닫게 되었다. 그리고 이러한 사건들을 계기로 제1차 경제개발계획 추진 중 수출 우선으로 경제개발계획의 실질적인 방향 전환이 이루어졌을 것이다. 수출진흥회의는 1962년 조직되었고 처음에는 국무총리가 주관했다.

마비되어 경제활동이 상당 기간 중단될 것이다. 그러면 나라는 어떻게 될까? 한국 경제는 완전히 망가질 수도 있다.

24   외환보유액이 1961년 말 2억 달러에서 1963년 말 1억 3천만 달러로 감소했다.

1965년부터는 참석 인원을 늘리고 명칭도 수출진흥확대회의로 바꾸었으며 대통령이 직접 참석하는 수출 정책 총괄기구 역할을 했다.

고성장과 1972년 8월 3일 사채동결조치

한국 경제는 1960년대 초의 잘못된 화폐개혁, 외환 부족, 높은 물가 상승 등의 혼란과 난관을 경제 변화에 맞추어 조금씩 해결해 가면서 성장세를 높여 갔다. 1964년 5월 3일에 공정환율을 달러당 130원에서 255원으로 대폭 인상하는 환율 현실화[25] 조치를 통해 수출 지원과 수입 억제를 유도했다. 이어 1965년 9월에는 금리 현실화 조치도 단행하여 내자 동원력을 확충했다. 이때 저축 증대와 기업부담 경감을 위해 1년 만기 정기예금금리는 30%, 일반대출금리는 26%로 하는 역마진 금리체계를 채택했다. 금융기관의 적자는 한국은행이 금융기관의 지준예치금에 대해 이자를 지급하는 방식 등으로 보전해 주었다. 이러한 정책 등에 힘입어 한국 경제는 1960년 중반부터 고성장을 시작해 경제성장률이 1962년 2.1%에서 1964년 9.7%, 1966년 12.2%로 상승했다.

그러나 한국 경제는 고도성장의 후유증으로 자금 부족이 심화되었다. 외화뿐 아니라 자본축적 미약, 금융산업 낙후, 낮은 실질금리로 인해 원화자금도 크게 부족했다. 따라서 많은 기업이 개인 사채에 의존해 기

---

25 환율 현실화 조치 이전까지는 원화의 공정환율이 배 이상 고평가되어 있었고, 현실화 조치 이후에도 여전히 조금 고평가되어 있는 상황이었다.

업을 운영했고, 당시 월 3% 이자는 괜찮은 조건, 즉 착한 사채로 분류되었다. 심한 경우에는 달러 이자라 불리며 매일 이자가 붙는 1일 1%의 고리 사채까지 있었다. 이때는 고물가, 고성장, 고투자로 인한 만성적 자금부족 시기였다. 고리 사채의 뿌리는 기업의 과다 투자에 있지만, 기업은 버는 돈의 상당 부분을 사채 이자로 내야 해서 경영이 어려웠다. 일부 악덕 기업주는 위장 사채라 하여, 자기 기업에 자신의 돈을 사채로 빌려주고 안전하게 이자를 챙겼다.

1972년 8월 2일 늦은 밤(시행은 다음 날인 3일에 해서 8·3 조치로 불림)에 박정희 정부는 헌법상의 대통령 긴급명령에 의해 「경제의 안정과 성장에 관한 긴급명령」(일명 8·3 긴급조치)을 공표했다. 1972년 8월 2일 현재 기업이 부담하는 모든 사채는 세무서나 금융기관에 신고토록 하고, 신고 된 사채는 3년 거치 5년 분할 상환하고, 적용이자율은 월 1.35%로 했다. 자금부족 기업에 파격적인 혜택을 준 것이다. 신고된 사채 규모는 3,456억 원으로 1971년 말 통화량(M2) 10,849억 원의 32% 수준이었다. 이어 정부는 사금융 양성화 3법(단기금융업법, 상호신용금고법, 신용협동조합법)을 제정하는 한편 신용보증기금, 산업합리화기금 등을 신설했다. 이는 기업이 제도권 금융을 쉽게 이용할 수 있도록 한 것이나, 제도권 금융의 금리가 실물 부문의 수익률보다 크게 낮아 꺾기[26]와 같

---

26 꺾기는 대출을 받을 때 대출금의 일정액을 잘라서 예금을 하게 한 것으로 양건예금이라고 불리기도 했다. 은행은 양건예금의 금리와 비율을 적절히 조합하여 대출의 목표수익률을 맞추었다. 꺾기, 즉 양건예금은 1970~1980년대 은행 창구에

은 편법이 계속되었다.

사채동결조치는 기업의 자금조달비용을 낮추어, 기업의 수익성을 제고하고 경제성장률을 높였지만 당연히 부작용도 많았다. 첫째는 개인의 사유재산을 침해하고, 기존의 채권·채무 계약을 일방적으로 무효화하는 것으로서 시장경제의 원칙에 크게 위배되는 일이었다. 둘째는 사채를 쓰지 않고 건실하게 기업을 경영한 사람에게는 혜택이 없고, 차입해서 무리하게 기업을 경영한 사람이 혜택을 보는 역선택이 발생했다. 셋째는 과다 차입, 부실 경영 등으로 기업이 잘못되어도 국가에서 구제해 주겠지 하는 도덕적 해이가 발행하게 되었다. 이는 기업의 차입에 의한 무리한 투자를 촉발시켜 1997년 금융위기의 한 원인이 되었을 것이다.

조세와 금융 제도의 정비와 확충

한국의 조세제도는 조선말까지는 왕조시대의 기본적 조세제도인 조(토지세), 용(부역), 조(공물) 체제를 유지했고, 일제강점기 이후 조금씩 바뀌었다. 일제강점지 초기에는 세수 확보에만 중점을 두어, 토지세와 함께 주(술)세와 연초(담배)세, 관세 등이 주요 조세수입원이었다. 1934년에 와서야 초보적인 소득세 제도가 도입되어 약간의 세제 근대화가

서 일상적으로 있었던 일이다. 은행이 이렇게 한 근본적 이유는 예금을 유치할 때 이자를 규제금리보다 더 주는 경우가 많았기 때문이다.

이루어졌다. 이승만 정부 시절인 1949년에는 소득세 제도의 개편과 법인세 제도 등의 도입으로 세제 근대화가 조금 더 진전되었으나, 세수 증대 차원에서 벗어나지는 못했다. 박정희 정부에 들어서도 초기에는 소득재분배, 특정 부문에 대한 지원 또는 규제, 경제 안정화 등 조세의 경제정책적 기능과 관련된 개혁은 별로 없었다. 다만 1966년 3월 국세청을 설립하여 탈세 방지, 불성실 납세 풍토 개선 등 세무 행정의 효율성을 크게 높였다.

박정희 정부는 1970년대 중반이 되어서야 본격적인 조세개혁을 했다. 1974년 소득을 종류에 따라 분류 과세하는 방식에서 벗어나 종합적으로 과세하는 종합소득세제를 도입하여 세제의 소득재분배 기능을 높였다. 또한 양도소득세 도입 등을 통해 부동산에 대한 과세를 강화했다. 무엇보다 간접세 제도의 신진화를 위해 1976년 부가가치세(VAT) 도입 방안을 발표하고, 1977년 7월에 시행했다. 부가가치세 도입과 함께 물품세, 영업세, 입장세, 석유류세 등 8개 세목의 여타 간접세가 폐지되었다. 세율은 13%의 단일 세율로 하고, 경제 상황에 따라 상하 3%P의 탄력 세율을 적용할 수 있게 했다. 1977년 도입 시 충격을 줄이기 위해 하한 세율인 10%로 시작했는데, 2026년까지 그대로이다. 부가가치세뿐만 아니라 소득세도 박정희 시대 도입된 종합소득세제의 골격을 그대로 유지하고 있다.

부가가치세는 수출 물품과 용역에 대해서는 영세율, 농수산물 등에 대해서는 면세 제도를 적용하여 선별적인 산업지원 효과가 있다. 이와 함께 부가가치세는 이름대로 매출액이 아닌 납세자가 창출한 부가가치에 대해서만 과세하는 세제이기 때문에 경제 논리에 맞을 뿐 아니라 경제의 투명성 제고와 공정 과세 등 긍정적 효과가 엄청난 선진 제도였다. 그러나 매 거래 단계에 세금계산서를 발급해야 해서 복잡하고, 세금계산서의 상호 확인으로 탈세가 어렵다. 이에 따라 납세자들은 복잡한 절차와 함께 절세와 탈세 등이 힘들어지면서 크게 저항했다. 1979년 박정희 정부 몰락의 단초가 된 부마사태 등의 시위는 부가가치세 도입에 따른 경기 위축과 증가된 세금 부담과도 관련이 있다는 의견이 많다.[27] 박정희 정부는 수출기업 지원, 조세정의 확립 등을 위해 부가가치세 도입이라는 시대를 앞선 세제개혁을 했고 지금 우리가 그 혜택을 누리고 있다. 그렇지만 당시에는 정권에 대한 국민의 지지도가 떨어지고 대통령이 죽음에까지 이르는 단초가 되었다. 이것이 역사인 듯하다.

박정희 정부는 앞서 언급한 정책금융 이외에 금융산업을 개편하여 경제개발 과정에서 분출된 엄청난 자금 수요를 뒷받침했다. 1961년 7월에는 농업은행의 도시 점포를 바탕으로 기업은행을 발족시켰고, 1961년 8월에는 농업은행의 신용 업무와 농협협동조합의 경제 사업을 통합하여 새로운 농업협동조합을 출범시켰다. 1962년 2월에는 한국무진회사와 중앙무진회사를 합병해 국민은행을 발족시켰다. 1967년 1월에는

---

27 시위대의 구호 중 하나가 부가가치세 철폐였으며, 박정희 대통령 사후 권력을 잡은 신군부 세력이 부가가치세 폐지 여부를 결정하기 위해 김종인 씨로부터 자문을 받았다. 김종인 씨는 자신이 대통령이었다면 "부가가치세를 도입하지 않았을 것이나, 국민경제를 위해서는 좋은 제도이기 때문에 이왕 도입된 것을 폐기할 필요는 없다"는 의견을 주었다고 한다.

외환은행이 한국은행의 대 민간 외환 및 수출입 금융 업무를 이관 받아 설립되었고, 3월에는 산업은행에서 취급하던 주택자금을 인수하여 주택금융을 전담하는 주택금고가 설립되었다. 1967년부터 1971년까지 대구, 광주, 부산, 충청, 충북, 강원, 전북, 경기, 경남, 제주 각 지역에 10개의 지방은행을 설립하여 지방 중소기업 등에 대한 금융 지원을 강화했다. 여기에다 1970년대에 들어서 8·3 조치 이후 은행 이외에 제2금융권이라 불리는 다양한 금융기관을 다음과 같이 설립하여 자금지원 구조를 다변화했다.

- 1972년 신협, 마을금고, 농수협상호금융
- 1973년 투자금융회사(단자사), 상호신용금고
- 1974년 시설대여회사(리스사), 투자신탁회사
- 1976년 신용보증기금, 종합금융회사, 수출입은행

이와 같은 정부 주도의 금융산업 개편은 금융산업의 근대화와 금융 구조의 다층화라는 면에서는 혁신이라 볼 수 있지만, 두 가지 큰 문제를 남겼다. 하나는 선진국에서는 오랜 역사를 갖고 자생적으로 발생한 금융기관들이 정부 주도로 단기간에 설립되었기 때문에 자율적인 발전 가능성이 상실되었다. 첫째는 한국에서는 법이 없고, 정부가 만들어 주지 않으면 새로운 금융기관이나 금융상품의 등장, 즉 금융혁신이 거의 불가능해진 것이다. 둘째는 타율적으로 급하게 만들어져 금융기관들이 위험관리 등 경영 능력을 자체적으로 축적할 여유가 없었다. 금융기관들은 '잘못되면 자신들을 만들어 준 정부가 어떻게 해 주겠지' 하면서 눈앞의 실적만 좇으면 되었다. 이에 따라 투자금융회사 등 일부 제2금융권 기관은 1997년 금융위기의 기폭제가 되어 한국 경제를 위험 속에 빠뜨리기도 했다.

한편 박정희 정부는 간접금융 수단뿐 아니라 자금 조달원의 다원화 등을 위해 직접금융인 주식시장의 활성화 필요성을 일찍부터 알았다. 그러나 쿠데타 주도 세력이 1962년 5월 발생한 증권파동[28]과 깊이 연루되어 있었기 때문에, 직접금융의 활성화가 늦어졌다. 이에 따라 기업들은 은행 대출 의존도가 높아지고, 한국의 금융산업은 간접금융 중심으로 발전하게 되었다. 어느 정도 시간이 지난 1972년 12월에 되어서야 「기업공개촉진법」을 제정하여, 기업공시제 도입과 함께 상장회사 및 공개법인에 대한 세제상의 우대조치를 했다. 이후 한국의 주식시장은 등락을 보이면서 성장해 왔다. 그러나 한국의 주식시장은 기업의 자금 조달에만 초점을 맞추어 발전한 탓에 시장 규율과 투자자 보호 등이 부족했다. 이는 한국 주식시장의 장기적 발전을 저해하고, 오랫동안 코리아 디스카운트(한국 주식시장 저평가) 요인이 되고 있다.

28　증권파동은 1962년 1월 「증권거래법」을 제정하여 대한증권거래소를 주식회사 형태로 변경하고, 이 주식의 주가를 작전 세력이 급등시켰으나, 1962년 5월 들어 과도한 거래량 증가로 증권거래소가 주식거래대금을 결제하지 못하게 되면서 주식시장이 폭락한 사건이다. 이 사건은 쿠데타 이후 공화당 창당 자금을 마련하기 위해 일부 쿠데타 주도 세력과 중앙정보부가 개입한 것으로 확인되었다.

중화학 공업화의 추진과 경제 불안

1972년 8·3 조치 등에 힘입어 기업의 자금조달비용이 낮아지고 다양한 금융기관이 생겨나면서 자금 접근성이 확대됨으로써 금융 제약이 크게 완화되었다. 여기에다 세계경제도 1973년 10월 제1차 오일쇼크 전까지는 괜찮아서, 한국 경제는 1972년 하반기부터 성장세를 빠르게 회복했다. 자신감을 얻은 박정희 정부는 산업구조를 경공업에서 중화학 공업과 전자 산업 중심으로 전환하는 정책을 추진했다. 또한 1972년 10월에 단행된 10월 유신의 합리화와 함께 북한의 위협에 대비하기 위한 방위산업 육성의 필요성도 중화학 공업화를 서두른 이유가 되었다.

1973년 1월에 기존의 5개년 계획이 아닌 1981년까지의 장기 경제개발계획을 공표하고, 중화학 공업 육성 정책도 함께 발표했다. 1980년대 초까지 수출 100억 달러, 1인당 국민소득 1천 달러를 목표로 경제를 운용하고, 철강·화학·비철금속·기계·조선·전자 6개 업종을 중화학 공업 전략 업종으로 선정하여 지원을 강화하기로 했다. 수출과 1인당 소득 목표치는 1979년에 조기 달성했다. 중화학 공업화에 소요되는 막대한 자금은 국민투자기금[29]이라는 특별기금을 만들어 대처했다.

---

29 국민투자기금은 1973년 12월 국민투자기금법 제정으로 설립되었다. 자금 조달은 채권 발행과, 금융기관의 저축성 예금 증가액의 일정률(15~20%)을 예탁 받아 충당했으며, 자금 운용은 중화학 공업 기업에 대한 저리 대출이 주였다. 기금의 손실은 정부가 이차 보전 형태로 지원했다.

한국의 중화학 공업화는 제조업의 고부가 가치화를 이루고, 북한과의 대립 과정에서 우위를 차지하기 위한 것이었으나 부작용도 많았다. 자본재 수입 수요 급증에 따른 경상수지 적자 확대, 기업의 무리한 투자에 따른 재무 건전성 악화, 성급한 투자에 따른 가동률 저하와 수익성 부족이 대표적이었다. 이에 따라 일부 대형 중화학 투자 기업이 부실화되어, 장기간 국민경제의 큰 짐이 되었다. 2026년 한국 경제는 방위산업과 발전 산업 등에서 1970년대 중반부터 추진된 중화학 공업화의 혜택을 크게 보고 있으나, 1980~1990년대까지는 중화학 공업 관련 대기업의 구조조정과 사업 교환이 한국 경제의 주요 당면과제 중 하나였다. 중화학 관련 기업의 사업 교환은 빅딜이라는 이름으로 추진되어 지금 우리에게 익숙한 용어가 되었다.

한국 중화학 공업의 역사를 잘 보여 주는 현대양행의 사례를 간단히 살펴보자. 현대양행은 1960년대 중반 포크, 나이프, 그릇 등을 만드는 기업으로 출발해, 1970년대 자동차 부품과 건설기계 분야로 사업을 확장해 성공을 거두었다. 1970년대 중반에는 정부의 중화학 공업 정책에 적극 호응하여 창원에 동양 최대를 넘어 세계 최대의 발전설비 등 플랜트를 공급하는 공장을 건설했다. 그러나 과다 투자에 따른 자금 부족과 일감 부족 등으로 부실화되었다. 1980년대에 대우그룹에 흡수되어 한국중공업이 되었다가 1999년 대우그룹 해체 이후 한국중공업은 공기업으로 전환되었다. 그럼에도 경영이 여의치 못해 2000년에 민영화로 두산중공업이 되었다. 문재인 정부 때는 탈원전으로 경영이 어려웠고, 2022년에 두산에너빌리티로 사명을 바꾸었다. 윤석열 정부 들어 원전 정책의 전환과 세계적인 원전수요 증가 등으로 기업 상황이 좋아져, 2026년에는 한국 주식시장에서 가장 인기 있는 기업 중 하나가 되었다. 박정희 정부의 중화학 공업화가 현재의 주식시장에까지 직접적인 영향을 주고 있는 셈이다.

1970년대는 중화학 공업화가 진전되면서, 한국 경제도 빠르게 성장하고 고도화되는 시기였지만, 모든 것이 좋을 수는 없듯이 경제의 위험 요인이 축적되고 있었다. 고질적인 물가 상승과 함께 외화 부족이었다. 한국 경제는 일제강점기부터 이승만 정부와 박정희 정부까지 재화와 용역의 수입이 수출보다 많아 외화 부족 상태가 지속되었다. 박정희 정부 때는 수출에 총력을 쏟고 실제 수출도 빠르게 늘어났으나 경상수지는 적자 폭은 크게 줄지 않았다. 고도성장 달성을 위해 많은 투자가 필요했고, 투자는 수입 투자재의 수요를 유발했기 때문이다. 특히 중화학 공업에 대한 시설 투자는 대부분 수입 자재로 충당되었다. 그리고 한국의 수출은 부가가치율이 낮아 수출 증가는 대폭적인 수입 원자재 수요 증가로 이어질 수밖에 없었다.

박정희 정부는 부족 외화를 수출 이외에 외국의 원조와 해외 차입 등으로 대처했다. 외국 차관을 적극 유치하기 위해 1962년에 「차관에 대한 지급보증에 관한 법률」을 제정했고, 이를 1960년에 제정된 「외자도입촉진법」과 통합하여 1966년에 「외자도입법」을 제정했다. 이렇게 관련 법률을 일원화하여 외국자금에 대해 국가 지급보증 등의 특혜를 주면서 까지 적극 유치했으나 한국의 신인도가 낮아 어려움이 컸다. 다행히 수출과 해외 차입 이외에 외화를 확보할 수 있는 기회가 주어졌다.

파독 광부와 간호사의 송금, 한일국교 정상화 이후 들어온 대일 청구권
자금, 월남전 파병에 따른 특수, 1970년 중후반의 중동건설 특수 등으
로 인한 외화 수입 등이다. 이것들이 한국 경제에 큰 도움이 되었으나
근본적인 해결책은 되지 못했다.

1960~1970년대 한국 경제는 세 차례 정도의 심각한 외화 부족 상태
에 처했던 것으로 보인다. 미국 원조가 갑자기 줄어든 1963년, 제1차
오일쇼크(1973년 10월) 후인 1974년, 제2차 오일쇼크(1978년 10월) 후인
1979년이다. 이때 경상수지 적자가 크게 늘고, 성장이 둔화되고 물가
가 빠르게 올라 한국 경제의 기반이 흔들렸다. 박정희 정부의 적절한
대응 때문인지 외국인 투자자들의 관용 때문인지는 모르겠지만, 다행

표 2-6 1960~1970년대 경제 불안 시기의 관련 경제지표

	수출입(통관 기준)		생산자물가 상승률(%)	통화량 (M2, 억 원)	경상수지 (백만 달러)
	수출(백만 달러)	수입(백만 달러)			
1962	55	422	9.3	516	-56
1963	87	560	20.6	554	-143
1964	119	404	34.7	636	-26
1973	3,225	4,240	6.9	19,805	-309
1974	4,460	6,852	42.1	24,565	-2,023
1975	5,081	7,274	26.5	31,500	-1,887
1978	12,711	14,972	11.7	79,287	-1,086
1979	15,056	20,339	18.7	98,778	-4,151
1980	17,505	22,292	39.0	125,345	-5,312

자료: 한국은행(2000a: 195~197).

히 1997년의 IMF 사태와 같은 국가부도 상태에는 이르지 않고 수습할
수 있었다. 문제가 불거지기 전에 뒤에서 잘 해결한 사람이 있었기 때
문이다. 위기관리의 평가와 관련해서 보면 역설적인 면이 있다.

위기가 터지기 전에 잘 대응해 위기를 막으면 국민경제에 미치는 피
해는 크게 줄일 수 있지만 대중은 그 공을 잘 알지 못하는 경우가 많다.
오지도 않을 위기를 막으려고 우리를 어렵게 했다고, 오히려 욕을 먹기
쉽다. 반면 위기가 터진 후에, 대책 반장이 되어 잘 수습하면 능력 있는
정책 담당자로 인정받게 된다. 이는 전쟁에서도 마찬가지이다. 전쟁의
발발을 막는 사람이 나라를 위해 진정 큰일을 한 것이나, 전투에서 승
리를 거둔 사람이 더 칭송 받는 경우가 많다. 사람들의 평가가 이렇게
역설적인 것 같다.

4. 1961~1979년 경제에 대한 평가

고도성장의 그늘 1: 거시경제의 불균형

박정희 정부의 투자와 수출 확대를 통한 고도성장에는 거시경제의
불균형이 따를 수밖에 없었다. 구체적으로는 인플레이션과 경상수지
적자 누적이라는 부작용이 장기적으로 한국 경제를 어렵게 했다. 인플
레이션은 불평등을 심화시키고, 경제를 불안정하게 했다. 경상수지 적
자 누적은 국민경제에 대한 신뢰를 훼손하고, 국민경제를 외부 충격에

취약한 구조로 만들었다.

첫째, 인플레이션은 고도성장을 위한 유동성 확대와 함께 국민의 소득 증가에 따른 소비 욕구 증가가 주요 원인이었다. 물가상승률이 매우 높아지면 일시적으로 안정화 정책을 쓰기도 했으나, 경기 침체나 물가 안정 기미가 보이면 바로 성장 확대 정책으로 복귀했다. 결국 1960~1970년대 내내 10~20% 정도의 높은 물가 상승세가 지속되었다. 이는 사람들의 강력한 인플레 기대 심리를 유발하여 물가안정을 더 어렵게 했다.

둘째, 경상수지는 수출 증대에도 불구하고 식량과 에너지, 투자재와 원자재 수입 수요가 같이 증가하여 계속 적자를 보일 수밖에 없었다. 즉 한국 경제는 국민이 열심히 일해서 수출할 수밖에 없었고, 그래도 늘 쓸 돈이 부족하고 나라 빚이 늘어 가는 상황이었다. 이때 한국 경제는 자전거 경제, 즉 페달을 계속 밟아야 넘어지지 않는 자전거와 같다고 했다. 그리고 기업과 가계도 비슷하게 빚이 늘어나는 경우가 꽤 많았다. 박정희 정부는 조국 근대화라는 이름으로 경제개발을 추진하고 엄청난 성과를 거두었으나, 한국은 스스로 번 돈으로 자립 가능한 근대 자본주의 국가 반열에 올라서지는 못했다.

박정희 정부 시절의 높은 물가와 경상수지 적자는 국민의 성장에 대한 기대가 높았고, 이에 맞추기 위해 정부가 어쩔 수 없이 선택한 길이었을 것이다. 결과적으로 박정희 정부는 고도성장을 통해 국민을 굶주림과 헐벗음에서는 벗어나게 했지만, 한국 경제가 불안한 길로 향하게 했다. 국민경제가 자립 가능하고 다수 국민이 흔들리지 않고 사는 튼튼한 경제를 가진 나라는 다음 세대가 해결할 숙제가 되었다. 다만 좋게 보면 1973년경 미국으로부터 무상원조가 중단되었기 때문에 절반 정도는 자립 경제의 틀을 잡았다고 할 수 있다. 1970년대 초부터는 원조가 아닌 빚을 내서 부족한 살림을 꾸려야 했다. 완전한 자립 경제는 1980년대 중반 이후 가능해진다. 이때부터 우리 국민이 수출해서 번 돈으로 식량, 에너지, 투자재, 원자재를 수입하고 그간 빌린 돈의 원리금을 갚아 나갈 수 있게 되었다.

고도성장의 그늘 2: 불평등의 심화

거시경제 불균형 이외에 고도성장의 부작용은 불평등 심화일 것이다. 다수 국민이 골고루 잘사는 경제와는 멀어졌다. 한국은 6·25 전쟁 직후 불평등이 가장 적었을 것이다. 큰 전쟁은 국부와 개인의 자산을 파괴시켜 불평등을 완화하는 경향이 있기 때문이다, 여기에다 한국은 6·25 전쟁을 거치면서 신분제가 거의 사라져 신분이 주는 불평등 요소도 없어졌다. 즉 전쟁으로 대부분의 사람이 동일 선상에서 출발하여 새로운 불평등이 생겨나게 된 셈이다. 이승만 정부에 들어서는 적산(과거 일본 소유재산)과 국유재산의 특혜 불하, 정경유착과 부정부패, 물가 폭등 등이 불평등 확대요인이었다. 여기에다 박정희 정부에 들어서는 추가적으로 고도성장이 불평등 확대에 영향을 크게 주었다. 고도성장기에는 경제 흐름에 잘 뛰어오른 사람과 그렇지 못한 사람과의 차이가 크게 날 수밖에 없기 때문이다.

불평등을 1960~1970년대 고도성장의 부산물인 물가 상승 등과 연결하여 좀 더 자세히 살펴보자. 불평등의 원인은 개인의 타고난 능력과 후천적 노력, 운, 시대 상황 등으로 매우 복합적이다. 조선 시대에는 신분과 집안, 그리고 과거 시험에 유리한 능력과 처세술 등의 차이가 불평등의 핵심 원인이었다. 1960~1970년대에 신분의 영향은 거의 사라졌지만, 태어난 집안은 여전히 영향을 주었다. 항상 중요한 역할을 하는 개인의 능력과 노력, 처세술 등은 세상이 바뀌면서 구체적 내용 또한 바뀌었을 것이다. 이처럼 개인이 타고나는 특별한 요인들 이외에, 경제가 발전하면서 물가, 환율, 부동산 가격의 변동과 같은 경제요인도 불평등에 광범위하게 영향을 준다. 이러한 경제 변수의 변화는 대부분 정부의 개발 정책의 결과로 만들어진 인위적 요인이다. 그렇지만 그 영향은 무차별적이어서 경제활동을 하지 않은 사람, 세상사에 관심이 없는 사람에게까지 피해를 준다.

물가가 오르면 채무자와 실물 자산 보유자는 소득이 저절로 늘고, 채권자와 정액 소득자는 가만히 앉아서 가난해진다. 물가가 떨어지면 반대로 된다. 원 달러 환율이 상승하면 수출업자와 같이 달러 자산이 있거나 생길 사람은 부자가 되고, 수입업자나 수입품을 써야 하는 사람은 가난해진다. 부동산 가격도 마찬가지이다. 부동산 가격이 오르면 부동산 보유자는 부자가 되고, 부동산이 없는 사람은 거지가 되는 것이다. 이러한 경제 현상을 바탕으로 봤을 때 1960~1970년대 수입품 판매상은 물가와 환율 상승의 이중 덕을 봐 쉽게 돈을 벌 수 있었다. 당시 수입품과 밀수품의 전문 상가뿐 아니라 보따리상까지 많이 생겨난 이유일 것이다. 또한 대출을 받아 부동산을 산 사람은 저금리의 혜택과 부동산 가격 상승 덕에 쉽게 부자가 되었다. 이런 패턴은 지금까지 계속되어 2026년에 들어서도 대출을 왕창 받아 부동산을 사려는 사람이 많다.

1960~1970년대에는 성장은 했지만 경제가 결과적으로 불공정했고, 불평등이 심화되었다. 이는 자본과 노동의 몫 등 경제성장의 성과가 잘못 분배된 이유도 있겠다. 그러나 물가, 환율, 부동산 관련 정책의 편파적 운영에 따른 상대가격의 큰 변화가 강제적인 소득 이전을 발생시키고, 이것이 분배에 더 많은 영향을 미쳤다고 생각된다. 이 때문인지 지금도 기득권층은 부동산 가격이 오르고 환율이 상승하기를 바란다. 1960~1970년대에는 성장과 수출이 잘된다면 물가, 환율, 집값, 땅값은 좀 올라도 괜찮다는 생각이었다. 경제가 워낙 어려운 때라 이해가 되는 면이 없지는 않다. 그러나 최소한 절대빈곤 문제가 어느 정도 해결된 박정희 정부 후반기에라도 물가, 환율, 부동산 가격과 함께 불평등 문제에도 관심을 더 가졌어야 했다. 물가, 환율, 부동산 가격과 같은 상대가격은 가능한 한 변화가 없어야 경제를 공정하고 중립적으로 운영한 것이다. 그래야 소수의 재벌과 특권층을 위한 경제성장이 아니고 다수 국민을 위한 성장이 되는 것이다.

그나마 다행이라면 1960~1970년대 경제는 불공정했고 불평등이 심화되었지만, 국민이 체감하는 정도는 크지 않았다. 경제성장률이 높아 하위 계층의 소득도 빨리 증가한 데다 부동산 가격도 오르기 시작한 상승 초기였기 때문이다. 이때에 대한 향수인지는 몰라도 성장률이 높고 물가도 올라야 경제가 흥청거리고 체감 경기가 좋다고 생각하는 사람이 많다. 그래서 1960~1970년대와 비슷한 경제정책을 지금도 추진해야 한다는 사람이 꽤 있다. 2000년대에 들어 한국 경제의 규모가 커지고 잠재성장률이 빠르게 낮아지고 있다. 지금 그런 정책을 쓴다면 성장세는 높이지 못하고, 물가, 환율, 부동산 가격만 올려 국민의 살림살이와 분배 구조만 더 나쁘게 할 가능성이 크다. 세상이 바뀌고 경제 여건이 바뀌면, 경제정책도 바뀌어야 하지만 예전 정책에 매달려 있는 사람이 많다. 이들은 한비자가 이야기한 송나라의 어리석은 농부[30]와 같다.

민간 기업이 주도하는 성장의 장단점

박정희 정부의 민간 주도 성장은 정부 재정을 건전하게 만들어, 일부 남미 국가에서 반복적으로 나타나는 인플레 위기와 외환위기가 복합된 경제위기의 가능성을 크게 줄였다. 박정희 시대에는 국가나 정부 사람이 직접 기업을 경영하는 것을 자제했으며, 민간인 소유 기업을 경제개발의 주역으로 삼았다. 정부는 과학기술 발전과 인프라 건설에 주력하고, 정부의 지원도 조세 금융을 통한 간접 지원이나 우회 지원을 택했다. 결과적으로 재정 건전성을 유지할 수 있었고, 기업에 대한 정부의

---

30 『한비자』 오두 편에 나오는 이야기로, 송나라의 어떤 농부가 밭을 갈다 그루터기에 토끼가 부딪쳐 죽는 것을 보고 농사는 그만두고 그루터기 옆에서 또 토끼가 부딪쳐 죽기만을 기다렸다는 어리석음에 대한 이야기이다. 한비자는 여기서 선왕의 정사를 흉내 냄으로써 당세의 백성을 다스리려 하는 것은 그루터기를 지켜보는 어리석은 농부와 같다고 했다.

통제는 상대적으로 간접적이었다고 생각된다.

역사를 보면 재정적자가 커지면서 인플레 위기로 연결되는 경우가 많았다. 인플레이션이 정부 부채를 쉽게 줄일 수 있는 방법의 하나이기 때문이다. 그리고 인플레이션 시기에는 수출 경쟁력이 약화되고, 환율이 크게 올라 외환위기 발생 가능성이 커진다. 중남미, 서남아시아, 아프리카 일부 국가는 과잉 정부 부채, 인플레이션, 외환위기의 악순환을 장기간 겪고 있다. 한국은 다행히 이런 악순환에는 빠지지 않을 수 있었다. 그러나 1997년에 은행위기와 외환위기가 복합된 중남미 국가들과는 다른 형태의 금융위기를 겪었지만, 건전한 재정 덕에 위기 극복이 빨랐다. 충분한 재정 투입으로 금융 구조조정이나 기업 구조조정을 신속하게 수행할 수 있었기 때문이다.

반면에 민간 주도 성장은 재벌 문제를 만들어 냈다. 일부 민간 기업이 정경유착과 특혜를 바탕으로 경제 상황의 변화를 잘 활용하여 대형 기업군, 즉 재벌로 성장했기기 때문이다. 일부 재벌은 정치 지형의 변화 등과 1997년 금융위기 와중에 사라졌으나, 살아남은 재벌이 더욱 커져 현재의 한국 경제를 주도하고 있다. 재벌 기업은 정부 지원을 독식하고, 경제혁신의 장애가 되고, 하청기업에 대한 횡포 등을 통해 중소기업의 발전을 저해하는 등 부정적 역할이 크다는 비판을 받고 있다. 이에 따라 재벌개혁은 한국 경제의 오랜 과제 중 하나가 되었다. 재벌의 소유 및 지배 구조 개선, 경제력 집중 완화, 불공정거래 근절, 재벌 총수 일가의 사익 편취 방지 등이 주요 재벌개혁의 과제로 남아 있다.

한국과 달리 대만은 중소기업이 경제를 주도하고 있다. 한국과 대만은 비교 연구할 것이 많다. 양국의 경제 상황은 여러 번 엎치락뒤치락했지만, 2024~2025년 달러 기준 1인당 소득은 한국과 대만이 3만 6천 달러 수준으로 비슷하다. 일반물가는 대만이 조금 낮고, 부동산 가격은 대만도 한국 못지않게 높다. 그러나 노동자의 임금수준은 한국이 훨씬 높다. 특히 대졸 초임의 보수는 한국이 두 배 정도 높다고 한다. 이것이 한국 재벌 기업의 존재와 연결되어 있다는 주장이 존재한다.[31] 이를 포함해서 한국과 대만의 경제 안정성, 경쟁력, 삶의 질 등을 비교 연구하면 흥미로운 결과가 나올 듯하다.

박정희 정부에서 한국 경제가 도약에 성공한 이유

한국은 1945년 제2차 세계대전이 끝나고 1960년대 초반까지 세계 최빈국 중 하나였다. 민주주의의 정착은 물론 절대빈곤에서 벗어나는 것도 불가능해 보였던 나라였다. 그런 한국이 분단과 전쟁, 정치 혼란 등을 극복하고 기적과 같이 도약에 성공한 이유는 무엇일까? 이는 많이 제기되어 온 질문이다. 필자도 여러 번 질문을 받고 수없이 생각해 보았다. 1960년대 중반까지는 한국이 필리핀, 베트남 등 지금 한국을

---

31 한국의 재벌 기업은 세계시장에서 브랜드 파워를 갖고 있고, 자사 제품의 가격 결정력이 있어 종업원의 급여를 스스로 결정할 수 있다. 반면 대만의 중소기업은 거의 모두 글로벌 기업의 하청으로 자사 제품의 가격 결정력이 없다. 따라서 종업원의 보수도 인근 국가의 유사 경쟁 기업과 비슷한 수준에서 결정될 수밖에 없다는 것이다(유튜브, 지식 브런치).

배우려는 국가들보다 한참 못살았다. 한국의 철도청(현 KORAIL) 직원들은 1970년대 초까지 철도 기술을 배우려고 인도에 연수를 가곤 했다. 1954년생인 필자나 필자보다 조금 어린 사람들까지도 초등학교 시절의 기억은 굶주림과 추위와의 싸움이 많은 부분을 차지하고 있다. 굶주림과 헐벗음은 농촌이 더 심했다. 한국 군대의 사병들은 1970년대까지도 먹는 것과 잠자리가 아주 열악했다. 1960~1970년대 월남 파병에 자원한 사병들 중에는 배고픔을 피하기 위해 이런 선택을 내린 경우도 꽤 있었다.

이랬던 한국이 현재와 같은 번영의 길로 들어선 것은 많은 요인이 복합된 결과이다. 일차적으로는 우리 민족의 내재된 근면함과 명석함을 끄집어 낸 것이 핵심인 듯하다. 국민이 잘 살아 보려는 기대와 욕망에 불을 지피고, 굶주림과 헐벗음에서 벗어나려는 욕구를 실현시킬 수 있는 판을 깔아 준 것이 번영의 시작이었다. 1970년대 주요 구호 중 하나가 "우리도 한번 잘 살아 보세"였다. 한국 국민은 높은 문해력과 교육열로 인해 새로운 것을 쉽게 배웠고, 기대수준도 높았다. 국민 각자가 큰 꿈과 희망을 이루기 위해 많은 희생을 하면서 열심히 노력했던 것, 즉 높은 성취욕이 성장의 기본이 되었을 것이다. 여기에 빨리빨리 문화도 빠른 성장에 일조했을 듯하다.

두 번째 요인은 박정희 정부가 적절한 정책 선택과 성공적인 운영으로 국민에게 기회와 신뢰를 주었다는 것이다. 정책은 당시 유행했던 이념이나 도그마에 휩쓸리기보다 국민경제의 현실을 직시하고 답을 찾는 실사구시적인 방향을 선택했다. 어떻게 보면 조선 후기의 실학 정신이 박정희 정부에 와서 실현되었다고 볼 수도 있다. 그리고 한번 선택된 정책도 경제 여건이 바뀌거나 정책 담당자의 판단이 잘못되었다고 생각될 때는 바꾸거나 적절한 보완 대책을 사용했다. 여기에 훌륭한 인재를 발굴하고 적재적소에 활용한 것도 빠질 수 없는 성공요인이었다. 이때 한국 경제에는 삼국지에 나오는 영웅호걸 이상으로 뛰어난 인재—정주영, 이병철, 김우중, 박태준, 김정렴, 최형섭, 장기영, 남덕우, 고건, 오원철 등—가 많았다. 또한 세계경제 환경도 나쁘지 않았고 자유 진영 내에서 경쟁국도 많지 않았다. 경제개발 초기에 무역에 대한 큰 규제 없이 수출을 빠르게 늘려 나갈 수 있었다. 많은 요인이 잘 맞아떨어진 것이다.

마지막으로 중요한 점은 한국이 민주주의와 시장경제의 역사가 짧음에도, 이승만 정부에 이어 박정희 정부에서도 이를 조금씩 확대해 왔다는 것이다. 경제개발 과정에서 관치, 즉 정부의 개입이 많기는 했지만 기본적으로 민간 기업을 앞세워 시장경제원칙을 지켜 왔다. 그리고 이때 생겨난 일부 기업이 지금 한국 번영에 큰 역할을 하고 있다. 박정희 정부는 군사 쿠데타로 정권을 잡았지만 정권 초기에는 어렵더라도 민주주의 원칙을 지키려고 노력했었다. 그리고 정치와 달리 경제 분야에서는 언론의 자유를 거의 무제한 허용했다. 민주주의 발전에는 야당의 감시와 국민의 저항도 중요한 역할을 했다고 생각한다. 1972년에는 10월 유신이라는 이름으로 장기 독재를 꾀했지만 아주 오래가지는 않았다. 7년이 지난 1979년 10월 26일, 당시 무소불이의 권력을 행사했던 중앙정보부장 김재규가 대통령을 시해했다. 박정희 대통령이 이때 죽지 않았다면 더 오래 독재 권력을 행사했을 가능성이 있고, 한국 경제를 망쳤을지도 모른다.

한국은 1960~1970년대 이러한 요인들이 기적과 같이 함께 나타나, 경제를 도약시키고 번영의 길을 열었다. 천운이라는 생각도 든다. 이것이 천운이라면 자주 오는 것이 아니다. 이탈리아 반도의 로마 제국, 몽골의 원나라, 튀르키에의 오스만 터키 등도 드물게 잡은 기회를 잘 활용했을 것이다. 운이든 기회든 우리에게 주어진 것을 오래 지키는 것이 실력이다. 창업보다 수성이 어렵다는 말과 같다. 2025년 미국의 트럼프 정부가 남들 눈에는 이상하게 보이는 정책을 시행하는 것도 미국의 번영을 오래 유지하기 위함이다. 한국은 1950년대까지 시련을 버티고, 1960~1970년대에는 많은 것이 맞아떨어져 현재의 번영의 기초를 만들었다. 이를 오래도록 유지 발전시키기 위해서는 운을 실력으로 바꾸어야 한다. 실력은 공부와 노력에서 나온다.

3

1980~1996년
혼란을 딛고 이루어 낸 2차 성장

1. 또 하나의 기적?

도입

박정희 대통령은 1961년 5월 16일 이후 18년 넘게 권력을 유지하다 1979년 10월 26일 서거했다. 가까운 부하였고 권력의 핵이었던 중앙정보부부장이 대통령을 죽인 것이었다. 박정희 대통령은 1979년 10월 26일 오전 삽교호 방조제 준공식과 당진 KBS 송신소 준공식에 참석 후 충남 도고에 있는 자신의 조그만 별장[1]에서 온천욕과 점심 식사를 하고 서울로 돌아와 저녁에 변을 당했다. 박정희 대통령의 죽음은 그가 이룬 업적 이상으로 한국의 정치, 사회, 경제에 큰 혼란을 야기했다.

절대 권력의 공백을 차지하려는 신군부가 등장했고, 그간 억눌려 왔던 민주화 세력과 함께 환경론자, 노동운동과 통일운동 하던 사람들도 본격적으로 정치 세력화하기 시작했다. 민주화 욕구와 신군부 세력의 폭압이 서로 충돌하면서 정치사회 갈등은 극에 달했다. 당시 경제 상황도 위기 직전이었다. 1978년 10월에 시작된 제2차 오일쇼크의 영향이

---

1 박정희 대통령은 특별한 연고가 없는 충남 도고에 조그만 별장을 마련해 놓고 자주 들렀다고 한다. 도고 별장은 박 대통령이 이승에서 마지막으로 편한 시간을 보낸 곳이며, 유품도 일부 남아 있는데 제대로 관리가 안 되고 있다. 이 지역 사람들 사이에서는 1979년 10월 26일 박 대통령이 헬기로 귀경하려 할 때 근처에서 사슴이 헬기 소리에 놀라 죽는 일이 있었는데, 이를 나쁜 징조로 여겨 대통령이 그날 서울로 돌아가지 않았으면 했다는 이야기가 전해진다.

확산되고, 박정희 정부의 유산인 고물가와 경상수지 적자가 심화되었다. 여기에다 노사 갈등, 계층 간 격차, 재벌 문제와 중화학 공업에 대한 과잉투자의 부작용 등 한국 경제의 구조적 문제가 표면화되었다.

1980년에 한국 경제는 -2.1% 성장, 53억 달러 경상수지 적자, 소비자물가상승률 28.7%라는 참담한 경제 성적표를 보였다. 번영의 기초인 민주주의와 시장경제가 위협을 받으면서 나빠진 경제 상황은 한국 경제가 여기서 무너질지도 모른다는 두려움을 주었다. 그러나 하늘이 도와서인지 1980년대에 또 하나의 기적을 이루었다. 1980년대 중반부터

표 3-1 1980~1990년 주요 경제지표 추이

	성장		소비자물가 연간 상승률(%)	경상수지 (억 달러)	대미 달러 환율 (연말, 원)
	실질 GDP 성장률 (%)	1인당 GNI (달러)			
1980	-2.1	1,598	28.7	-53	659.90
1981	6.5	1,749	21.3	-46	700.50
1982	7.2	1,847	7.1	-25	748.80
1983	10.7	2,020	3.4	-15	795.50
1984	8.2	2,190	2.2	-13	827.40
1985	6.5	2,229	2.3	-8	890.20
1986	11.0	2,550	2.8	47	861.40
1987	11.0	3,201	3.1	101	792.30
1988	10.5	4,268	7.1	145	684.10
1989	6.1	5,185	5.7	54	679.60
1990	9.0	5,886	8.5	-20	716.40

자료: 한국은행(2000a: 195~197).

박정희 정부가 하지 못한 자립 경제의 틀을 잡아 가기 시작한 것이다. 1970년대까지는 성장과 빈곤 탈피는 했으나, 앞서 설명한 대로 높은 물가 상승과 경상수지 적자 누적 때문에 한국 경제의 지속 가능성에 의문이 많았다. 작은 충격에도 경제가 쉽게 흔들릴 수 있는 구조였다.

1980년 초 권력을 잡은 신군부는 전혀 예상치 못한 정책을 통해 물가안정이란 한국 경제의 난제를 해결했다. 개발도상국에서는 성장보다 어려운 것이 물가안정인데, 신군부는 김재익을 청와대 경제수석으로 등용하고 또 하나의 기적을 이루었다. 당시 전두환 대통령이 김재익 경제수석에게 "경제는 당신이 대통령이야"라고 했다고 한다.[2] 한국 경제는 이때의 안정화 효과를 바탕으로 1980년대 중반 3저(저유가, 저금리, 저달러)[3]라 불리는 우호적인 세계경제 환경을 잘 활용하여 성장, 물가, 경상수지 세 가지의 목표를 동시에 달성했다. 한 나라가 고성장, 물가안정, 경상수지 흑자를 동시에 달성하기란 매우 어려운 일이다. 경제학에서는 이 세 가지를 같이 이루기 어렵다 하여 마의 삼각이나 세 마리 토끼 잡기라 부르기도 한다. 한국 경제는 1980년대 중반에 이를 달

---

2 김재익에게 한국 경제를 살릴 수 있는 기회를 주기 위해 전두환이 많은 사람을 희생시키고 대통령이 되었다고 생각할 수도 있다. 김재익은 짧게 큰일을 끝내고 1983년 10월 버마 아웅산에서 북한의 테러로 죽었다. 국민경제를 생각하면 참으로 아쉬운 일이다.

3 이 중 저달러는 1985년 9월 미국 뉴욕에서 이루어진 플라자 합의의 결과이다. G5 (미국, 영국, 일본, 독일, 프랑스) 재무부 장관들은 뉴욕의 플라자 호텔에서 미국 달러화의 과도한 고평가를 해소하기 위해 일본 엔화와 독일 마르크화의 가치를 높이기로 합의했다.

성한 것이다.

이때부터 한국은 물가안정 속에서 지속 성장을 이루며, 수출을 통해 번 돈으로 국민경제에 꼭 필요한 식량과 에너지, 투자재와 원자재 등을 구입할 수 있게 되었다. 좀 더 구체적으로 살펴보면 고성장은 많은 일자리와 높은 소득을 제공한다. 물가안정은 불평등을 심화시키지 않으면서 장기간 성장을 가능하게 한다. 경상수지 흑자는 그간 고도성장 과정에서 쌓여 온 외채를 갚을 수 있게 하고 해외 투자의 여력을 높인다. 한국은 지속 가능한 자립 경제를 조선말 이후 처음으로 가져 본 것이다. 조선 후기 몇 차례의 개혁 시도가 있었으나 모두 실패했다. 나라가 망하고 일제에 의해 일본의 이익을 위한 근대화가 시작되었다. 한국은 해방 이후 분단과 6·25 전쟁의 엄청난 혼란을 딛고, 1960~1970년대에 이룬 산업화를 1980년대에 완성한 것이다.

이때 우리 국민은 역사상 처음으로 근대화와 산업화가 함께 이루어진 나라를 가졌다고 할 수 있다. 영국, 프랑스, 네덜란드 등 유럽의 1800년대 말 1900년대 초와 비슷하다고 볼 수 있을 듯하다. 유럽 국가들이 이때 근대화와 산업화를 동시에 이룰 수 있었던 것은 대항해 시대를 기반으로 한 식민지 수탈의 덕이 꽤 크다. 한국은 스스로의 힘으로 정상적인 교역을 통해 근대화와 산업화를 이루었다. 당연히 유럽 사람들보다 스스로 이룬 한국 국민이 더 고생했을 것이다. 한국이 이룬 근대화와 산업화는 특별하고 더 값져 보인다. 먼저 1980년부터 1993년 2월까지 정권을 잡았던 전두환·노태우 정부의 경제개혁 내용을 살펴보자.

전두환 정부

전두환 정부는 공식적으로 1980년 9월부터 1988년 2월까지 7년 반 정도 정권을 잡았으며, 제4공화국과 제5공화국 시대였다. 주로 5공이라 불렸다. 전두환 정부의 역사적인 성과는 물가안정이지만, 이를 이룬 정책 내용에 대해서는 잘못 알려진 부분이 있다. 미국에서 공부한 김재익 경제수석이 시장주의와 자유주의에 입각한 과감한 개혁 정책으로 물가를 안정시켰다고 이야기하는 사람이 꽤 있다. 사실은 그렇지 않다. 만약 자유주의적 정책을 썼다면 미국의 경제학자들이 외환위기가 발생한 중남미 국가 등에 일반적으로 적용하는 고금리와 재정 긴축의 정책[4]을 우선 썼을 것이나 전두환 정부는 조금 달랐다.

한국의 기업들은 1960년대 이후 차입 의존도가 높아 금리가 기업들의 중요한 비용요인이었다. 정부는 금리를 가능한 한 낮추어 주고, 대기업 제품의 판매 가격을 직간접적으로 통제했다. 이와 함께 노동자와 농민 각 경제주체의 고통을 분담시키는 강력한 정책을 통해 물가안정을 달성했다. 추곡 수매가와 임금상승률을 동결수준에서 억제하고, 에너지 가격을 정부가 직접 통제했다. 여기에다 공권력을 사용하여 매점매석과 같은 투기적 수요를 강력히 규제했다. 이때 물가안정을 일선에서 지휘 감독하는 기관은 경제기획원 물가정책국이었고, 당시는 대기

---

4 1997년에 IMF가 한국에 자금을 지원하면서 요구한 핵심 정책도 고금리와 재정 긴축이었다.

업이 제품 판매가를 결정하려면 물가정책국의 눈치를 봐야 하는 시기였다. 자유주의적 시장경제와는 거리가 있었다.

당시 특별했고 자유주의적 정책과는 상반되던 저금리정책에 대해 좀 더 살펴보자. 1979년, 1980년, 1981년 소비자물가의 연간 상승률은 제2차 오일쇼크의 영향 등으로 각각 18.5%, 28.7%, 21.3%로 크게 높았다. 여기에 경제성장까지 감안하면 당시 금리는 30% 가까이 되어야 하는 상황이었다. 1980년 초에는 1년 이상 은행의 평균 정기예금금리가 19.5%, 일반대출금리는 20%로 과거 박정희 시대 정도의 저금리 상태가 유지되고 있었다. 이때부터 정부는 실물경제 상황과 관계없이, 1982년 상반기까지 여섯 차례의 지속적인 금리 인하를 단행했다.[5] 결국 1982년에는 은행의 1년 정기예금금리가 8%, 대출금리는 10% 수준으로 낮아졌다. 제도권 금리가 너무 낮아 예금자뿐 아니라 재무 관료 등 일부 정책 당국자들의 반발도 아주 컸다. 시장금리와 규제금리의 과도한 괴리로 자금 흐름의 왜곡 등 부작용도 있었다. 초저금리의 부작용을 최소화하기 위해 한정된 금융자금이 부동산이나 개인 소비대출 등으로 흘러가는 것을 직접 규제했다.

그리고 전두환 정부는 물가안정 등을 위해 각 경제주체의 고통 분담을 설득하고 유도하고자 경제 교육에 진심이었다. 처음에는 힘들더라

---

5 한국은행은 1980년 11월 8일, 1981년 11월 9일, 11월 28일, 12월 29일, 1982년 1월 14일, 3월 27일 여섯 차례에 걸쳐 금리 인하를 했다. 이에 따라 정기예금 최고금리는 1980년 11월 24%에서 1982년 3월 12.6%로 인하되었다.

도 각 경제주체가 조금씩 양보해서 비용요인을 낮추어 물가안정을 이룩하면 장기적으로 모두에게 이익이다, 서로 자기 몫을 먼저 찾겠다고 다투면 결국 물가가 올라 모두에게 손해라는 내용이 교육의 핵심이었다. 이러한 경제 교육 덕에 한국에서 고질적이던 인플레 기대 심리가 진정되어 물가안정의 기반이 조성되었다. 이와 함께 시간이 지나면서 경제의 성장과 분배, 수출과 기업 경쟁력, 환율 등 다양한 분야로 경제 교육이 확대되었다. 군대의 정훈 교육과 비슷한 느낌이었지만 경제를 주제로 국민과 소통을 꾀했다는 데 큰 의미가 있었다. 당시는 공중파 방송만 있어 방송 채널이 몇 개 안 되는 시기였는데 가장 큰 방송사의 황금시간대인 KBS 9시 뉴스에도 경제 교육 시간이 있었다.

한국의 물가는 적절한 정책적 노력과 국민의 동참, 국제 유가의 하락 선환 등에 힘입어 기적적으로 안정되었다. 연평균 소비자물가상승률이 1982년 7.1%, 1983년 3.4%, 1984년 2.2%로 낮아졌다. 한국은 1945년 해방 후 처음으로 2% 초반의 물가를 달성한 것이었다. 한국 경제도 물가 2~3% 상승, 경제성장률 7~8%라는 아름다운 모습을 1980년대 중반 실현할 수 있었다. 이때의 물가안정은 금본위제를 기본으로 했던 일제강점기의 물가하락과는 근본적으로 다르다. 관리통화제도 하에서 손쉽고 인기 많은 통화확대 정책에 대한 유혹을 극복하고 얻은 결과이기 때문이다. 한국 경제는 이러한 안정화의 성과로 기업 경쟁력이 강화되어 1980년대 중반에 펼쳐진 우호적인 세계경제 환경에서 많은 혜택을 볼 수 있었다. 만약 한국 경제가 안정화되었지만 3저라는 세계경제의 호황이 없었다면 어떻게 되었을까? 반대로 3저는 있었지만 우리가 안정화를 못했다면 어떻게 되었을까? 역사에서 의미 없는 가정이지만 양쪽의 경우 모두 지금의 한국 경제를 만들지 못했을 가능성이 크다.

전두환 정부는 물가 이외에는 시장 친화적이고 자유주의적인 정책을 많이 추진했다. 먼저 은행의 대출 한도를 직접 규제하는 통화관리 방식을 각 은행의 자금 사정 등이 반영되는 간접규제 방식으로 조금씩 전환했다. 외환의 규제 완화와 함께 수입 자유화 폭을 확대해 나갔다. 박정희 정부 시절 지방은행 신설, 다양한 비은행 금융기관의 신설에 이어, 전두환 정부 때는 새로운 시중은행도 신설되었다. 1982년 재일교포 자본이 주축이 된 신한은행, 1988년 미국 자본이 주도한 한미은행의 설립이다. 규제 중 가장 큰 규제는 신규 업체의 진입을 제한하는 것이다. 은행산업에서 가장 큰 규제 완화가 이루어진 셈이다. 이때 신설된 은행들은 1997년 IMF 사태 이후 부실화된 기존 은행을 인수하여, 한국의 은행산업 전체가 외국인 소유로 넘어가지 않게 하는 데 중요한 역할을 했다. 1980년 6월에는 공정거래법을 제정하여 독점과 담합이 없는 경쟁·시상이 삭동할 수 있는 기반을 마련했다.[6] 시상경제 성착을 위한 제도적 기반이 마련되었다.

그러나 당시 경제는 좋은 것만 있었던 것이 아니다. 한국 경제의 고질적이며 많은 국민을 지금까지 힘들게 하는 집값, 집세 문제가 이때 크게 표출되었다. 1980년대 후반에는 경상수지의 큰 폭 흑자에 따른

---

6 전두환 정부는 물가를 안정시키기 위해 대기업 통제 수단으로 공정거래법을 사용하기도 했다.

유동성 창출과 단군 이래 최대 호황의 여파로 땅값, 집값, 집세가 폭등했다. 한국은 집값 등 부동산 통계가 부실한 데다, 집값 변동분이 소비자물가에 반영[7]되지 않고 있어 정책금리 조정 등 정책적 대응이 어렵다. 여기에다 중앙은행인 한국은행이 정부에 예속되어 있어 중립적 시각에서 금리 인상과 통화 환수를 충분히 하지 못했다. 이런 요인들이 겹쳐 부동산 가격 폭등이 더 심했다.

전두환 정부는 일반물가안정에는 성공했지만 부동산 가격 안정에는 실패하여 절반만 성공한 셈이다. 전두환 정부로부터 40년이 지난 2025년까지도 거의 모든 정부는 부동산 가격을 안정시키지 못하고 있다. 부동산에 관한 한 역대 모든 정권이 비슷한 길을 택했기 때문일 것이다. 즉 부동산은 한국 기득권 세력의 공동 이익이 되었고, 역대 정권은 기본적으로 이를 지켜 주는 방향으로 정책을 운영했다. 물가안정을 주도했던 김재익 경제수석이 1983년 버마에서 아웅산 테러 사건으로 숨지지 않았다면 이때의 부동산 가격 폭등에 어떻게 대처했을지 궁금하다.

집값, 집세의 폭등은 계속 확산되어 노태우 정부 시기인 1990년대 초반에는 크게 오른 전세 가격을 감당할 수 없어 자살하는 사람까지 나왔다. 당시 신문 기사로는 10건 정도 되었다. 그 후로 2020년부터 2022년까지 전세 사기가 속출했고, 또 자살자도 다수 발생했다. 선진국이

---

7 미국은 집값 부담도 주거 서비스에 대한 비용으로 보고 OER(Owners Equivalent Rent, 소유자 임대료 상당의 기회비용 개념)을 소비자물가지수에 23% 정도의 높은 가중치로 반영하고 있다.

다 되었다는 한국에서 과거와 비슷한 형태의 비극적인 일이 다시 발생한 것이다. 전세와 관련된 자살이 반복되는 것은 대표적인 정책 실패이다. 즉 1990년대 초 전세가격 폭등에 따른 자살과 2020년대 초 전세 사기 피해자의 자살은 모두 잘못된 정책에 의한 간접 살인이다. 그리고 2020년대의 잘못이 더 크다. 역사에서 교훈을 얻지 못했기 때문이다.

한국에만 있다는 전세제도[8]를 어떻게 해야 할까? 전세는 집값이 계속 오른다는 전제 하에서만 존재할 수 있는 제도로 세입자의 위험 부담이 너무 크다. 한 번 일어난 일은 다시 일어나지 않을 수 있어도, 두 번 일어난 일은 반드시 다시 일어난다는 말이 있다. 전세 피해는 전세제도가 유지되는 한 앞으로도 계속 발생할 것이다. 그리고 전세제도의 장점인 주거 사다리 역할은 돈 있는 부모를 두었거나, 소득이 높은 젊은이들에게만 적용되고, 전세가 월세보다 싼 이유는 숨어 있는 위험을 감안하지 않았기 때문이다. 어렵더라도 한국은 전세제도를 시장에서 점진적으로 퇴출시켜야 한다. 주택임대차시장에서 전세를 조금씩 줄여 나가는 것은 그리 어려운 일이 아닌데 못하고 있다.

---

8 한국에만 전세제도가 있는 것은 아니다. 에콰도르 등 몇몇 국가에도 전세제도가 있다고 한다. 대부분의 국가에 전세제도가 없는 것은 임대차 관행이 달라서가 아니라 법으로 전세제도가 운용될 수 없게 했기 때문이다. 유럽, 미국, 일본 등 대부분의 선진국은 집을 임대할 때 법으로 월세의 1배 또는 3배 이상 보증금을 받지 못하게 되어 있어 전세제도가 존재할 수 없다.

노태우 정부, 1988년 2월~1993년 2월

노태우 정부는 1987년 6월 항쟁을 버티지 못한 전두환 대통령이 직선제를 수용함으로써, 1988년 2월 출범했다. 헌법이 크게 개정됨에 따라 5공에서 6공으로 바뀌었다. 이때부터 2025년까지 모든 정부는 제6공화국이라 불린다. 노태우 대통령 임기는 5년 단임으로 1993년 2월까지였다. 노태우 대통령은 그가 선거 과정에서 자주 사용했던 말인 "보통 사람"과는 다르게 특별한 업적을 많이 남겼다.

1991년 8월 남북한 유엔 동시 가입, 1991년 12월에는 남북기본합의서를 체결했다. 기본합의서는 남북 화해, 남북 불가침, 남북 교류협력 등의 내용으로 구성되어 있으며, 남한과 북한의 관계를 국가 간 관계가 아니고 통일을 준비하는 특수 관계라고 정의했다. 1992년 1월에는 남북이 함께 한반도 비핵화에 관한 공동 선언을 했다. 1990년 9월에는 소련, 1992년 8월에는 중국과 외교 관계를 수립함으로써 북방 외교라 불리는 새로운 외교 영역을 개척했다. 이로써 한국은 한반도를 둘러싼 미국, 중국, 일본, 소련 4대 강국 모두와 외교 관계를 맺었을 뿐 아니라, 이로써 수출 시장의 확대와 다변화가 가능해졌다.

노태우 정부는 1980년대 중반부터 빠르게 오르기 시작한 부동산 가격을 안정시키기 위해 토지 공개념의 도입 등과 함께, 200만 호 1기 신도시를 실행했다. 늦었지만 수요 억제와 공급 확대를 동시에 사용한 적절한 대책이었다. 집값, 집세는 1992년경부터 조금씩 안정되었다. 또한 인천국제공항과 KTX 건설에 착수하여 늘어나는 항공과 철도 수요에 선제적으로 대응했다. 1989년 1월에는 해외여행을 전면 자유화하여 국민이 진정한 거주 이전의 자유를 갖게 했다. 조선 시대에는 백성이 해외로 나가는 것이 엄격히 금지되어 있었으며, 일제강점기 이후 이승만·박정희·전두환 정부 때까지도 일반 국민은 특별한 사유가 없는 한 여권을 가질 수 없어 비슷한 상황이었다.

마지막으로 중요한 것은 1987년 7월 의료보험제도를 전 국민 대상으로 확대한 것이었다. 1977년 7월 박정희 정부 시절 최초로 도입된 의료보험제도는 가입자가 500인 이상 사업장으로 한정되어 있어 중견기업 이하 종사자와 자영업자는 의료보험 혜택을 받을 수 없었다. 현재 K-의료라 불리며 국민이 신뢰하고 미국 교포까지 역이민을 생각하게 하는 한국 의료 시스템의 기반이 노태우 정부 때 만들어졌다. 그러나 한국의 의료보험제도도 연금제도와 마찬가지로, 부담한 보험료보다 혜택이 큰 경우가 많아, 지속 가능성에 대해 의심을 받고 있다. 지금처럼 막 쓰다 보면 연금제도보다 먼저 붕괴될 가능성도 있다.

2. 김영삼 정부의 개혁과 아쉬움

김영삼 정부의 주요 개혁 내용

김영삼 정부는 노태우 정부의 뒤를 이어 1993년 2월부터 1998년 2월까지 재임했다. 김영삼 대통령은 1990년 1월 3당(민주정의당, 통일민주당, 신민주공화당) 합당으로 탄생한 민주자유당 후보로 당선되었기 때문에 정권 교체라고 보기는 어려웠다. 다만 김영삼 대통령이 박정희·전두환·노태우 대통령과는 달리 군인 출신이 아니어서 문민정부라 칭했다. 출범 초기에 금융실명제를 전격 실시하고, 하나회를 척결하는 등 많은 개혁 정책을 추진하여 인기가 높았다. 그러나 임기 후반 거시경제 운용에 실패하고 1997년 허망하게 IMF 사태를 맞았다. 뒤돌아보면 IMF 사태는 피하거나 가볍게 지나갈 수 있는 기회가 많았다.

IMF 사태 이후 "민주화 세력은 경제에 무능하다"는 말이 생긴 것 같다. 실제 그러한지, 괜한 비판인지, 왜 그런 말이 나왔는지는 논의해 볼 만한 주제이다. 그러나 김영삼 대통령이 경제를 잘 운영하고 IMF 사태가 오지 않았다면 김대중 대통령의 당선이 어려워 정권 교체가 없었을지도 모른다. 그러면 한국의 민주주의도 신척이 느렸을 가능성이 크다. 세상은 새옹지마란 말과 같이 예상하지 못한 일들이 서로 원인과 결과를 이루며 돌아간다.

김영삼 정부의 경제개혁 1호는 취임 후 6개월 정도 지난, 1993년 8월 12일 저녁에 대통령 긴급명령으로 실시된 금융실명제이다. 그 누구도 하기 어려웠던 대단한 개혁으로 이 정책은 경제정의 실현의 기초가 되었다. 금융실명제는 지하경제와 함께 다음 부분에서 좀 더 자세히 다룰 것이다. 금융실명제 이외에 중소기업청 신설, 지방대학 설립 확대, 지방자치제 확대 등의 정책도 실시했다. 김영삼 정부는 공직자 재산 공개, 부정부패 척결과 같은 비경제적인 정책을 통해 국민의 지지를 많이 받았다. 무엇보다 군내 내 사조직인 하나회를 척결하여 쿠데타 가능성을 차단함으로써 한국 민주주의를 확고히 하는 데 크게 기여했다. 이와 함께 논란이 있는 OECD(Organisation for Economic Co-operation and Development, 경제협력개발기구) 가입과 경제와 사회의 세계화도 추진하여 한국 경제의 개방과 함께 국제적 지위를 높였다.

OECD는 1960년 12월 유럽경제협력기구(OEEC) 회원국 18개국과 미국, 캐나다 총 20개국이 설립한 국제기구이다. OECD는 최초 설립 시 선진국인 유럽과 북미 국가들 간의 경제협력을 도모하는 경제 협의체였으나, 1989년 이후 신흥 시장국과 체제 전환국에게도 문호를 개방했다. 2025년 6월 회원국은 총 38개국이다. 한국은 1995년 3월 가입 신청서를 내고, 금융 자유화와 노동법 개정 등 가입조건 협의를 거쳐 1996년 12월 정식 가입했다. OECD 가입은 한국이 선진국 반열에 올랐다는 의미가 있지만, 준비가 부족했던 자본시장 개방과 너무 이른 선진국 흉내가 1997년 IMF 위기의 원인이 되었다고 주장하는 사람도 있다. OECD 가입이 작은 원인이었을지는 모르겠지만 핵심은 아닌 듯하다. OECD 가입을 1997년 위기의 원인이라고 생각하는 사람들은 경제를 너무 단순하게 보는 것이다. 1997년 금융위기는 엄청난 사건으로 한국 경제의 여러 위험요인이 오랫동안 축적되어 나타난 결과이기 때문이다.

김영삼 정부는 정치사회 면에서 여러 개혁을 추진했다. 특히 문민정부라는 이름으로 과거 권위주의 정부와 크게 차별화했다. 김영삼 대통령은 자신을 코미디의 소재로 쓸 수 있게 하여 국민에게 작은 재밌거리도 주었다. 국민은 대통령을 웃음거리로 삼으면서 권위주의 국가에서 벗어나 진짜 민주화되었다는 것을 실감할 수 있었다. 그러나 경제 면에서는 금융실명제와 부동산실명제, 논란이 있는 OECD 가입 등을 제외하면, 특별히 눈에 띄는 개혁이나 발전 정책이 없었다. 그리고 국민경제 측면에서는 정부의 기본 업무인 물가, 환율과 같은 거시경제의 운용과 관리를 잘하지 못했다.

김영삼 정부의 거시경제정책 운용

한국 경제는 노태우 정부 후반기인 1990년부터 물가 불안, 경상수지 적자 등 거시경제의 불균형이 다시 나타나기 시작했고, 김영삼 정부에 들어 이런 현상이 더 심해졌다. 김영삼 정부의 거시경제정책 운용은 의도하지는 않았겠지만 결과적으로 박정희 정부와 비슷한 점이 많았다. 저금리정책 등을 통해 투자를 확대하여 성장세를 높이려 한 것이 대표적이다. 여기에 국제 위상을 강화하기 위해 인위적으로 저환율(원화 고평가)을 유지한 것도 비슷하다고 볼 수 있다. 이로 인해 한국 경제는 약간 높아진 성장률과 1인당 국민소득 1만 달러 수준 유지라는 혜택은 얻었지만, 대규모의 경상수지 적자와 물가 상승의 부담을 가질 수밖에 없었다. 결국 한국 경제는 운이 좋아야 지속될 수 있는 거시 상황에 다시 빠졌다. 어렵게 만든 물가안정과 경상수지 흑자 기반이 훼손된 것이다.

1991년 소비자물가는 9.3% 올라 한 자리 수 물가를 겨우 유지했다.[9]

---

9 9.3%의 소비자물가상승률도 일부 농산물(무, 배추 등)의 보합기간 조정과 같은 통계 조작에 가까운 방법을 동원하여 인위적으로 한 자리 수 상승률로 만든 결과이

표 3-2 1991~1996년 주요 경제지표 추이

	성장		소비자물가 연간 상승률(%)	경상수지 (억 달러)	대미 달러 환율 (연평균, 원)
	실질 GDP 성장률(%)	1인당 GNI (달러)			
1991	9.2	6,810	9.3	-83	733.83
1992	5.4	7,183	6.3	-39	781.09
1993	5.5	7,811	4.8	10	802.75
1994	8.3	8,998	6.2	-39	803.46
1995	8.9	10,823	4.5	-86	770.94
1996	6.8	11,380	4.9	-230	805.13

자료: 한국은행(2000a: 195~197); 한국은행 경제통계시스템(ECOS).

정권 교체기인 1993년에는 물가, 경상수지 등 거시경제가 일시 안정을 보였으나, 김영삼 정부의 본격적인 활동기인 1994년부터 다시 불안해졌다. 특히 잘못된 것은 환율 운용이다. 1994년부터 경상수지가 적자로 전환되고 1995년에는 적자 폭이 커졌음에도 대미 달러 환율은 1993년 803원(연평균)에서 1995년 771원(연평균)으로 오히려 낮아졌다. 그리고 1996년에는 GDP의 4.1%에 이르는 230억 달러의 경상수지 적자를 기록했으나 환율은 805원(연평균)으로 소폭 상승하는 데 그쳤다. 1995년에는 고성장과 저환율 덕에 1인당 국민소득이 1만 달러를 넘었다. 역사적인 기록이긴 하지만 뭔가 찜찜하고 경제는 불안한 상태였다.

다. 이는 필자가 당시 한국은행에서 물가 분석을 담당했기 때문에 확인한 내용이다. 이후에도 비슷한 방법을 사용하여 지수 물가를 낮춘 듯하다.

1990년 중반에 나타난 높은 물가 상승, 경상수지 적자 누적, 인위적인 저환율 등의 거시경제 불균형은 1997년 IMF 금융위기의 기저요인 중 하나가 되었다.

김영삼 정부는 국민경제에 대한 깊은 고민과 지식이 부족했던 같다. 민주화되고 부정부패만 척결하면 경제는 저절로 잘될 것이라는 생각을 가지고 있었는지도 모르겠다. 김영삼 정부는 박정희 정부와 비슷한 정책을 쓰고 거시경제 면에서 성과도 유사했다. 박정희 정부 시절에는 잘 지나갔고, 김영삼 정부 말기에는 심각한 탈이 났다. 시대가 바뀌고 경제 여건이 바뀌면 정책도 바뀌어야 하는데 그렇지 못했다. 반대로 전두환 정부는 박정희 정부와 정치적으로는 비슷한 면이 있는데도, 경제정책은 전혀 달랐고 문제 해결 방법도 달랐다. 김영삼 정부는 민주주의라는 면에서 과거와는 격이 다른 정부인데 왜 자신만의 제대로 된 정책을 추진하지 못 했을까? 청와대 참모와 장관을 잘못 기용해서인지, 국제경제 환경 탓인지, 운이 나빠서인지 아니면 이런 모든 요인이 복합된 탓인지 알기 어렵다.

김영삼 정부의 또 다른 실책과 아쉬움

경제 운용과 관련한 김영삼 정부의 또 다른 실책은 1994년 12월에 재무부와 경제기획원을 합쳐 재정경제원을 만든 것이다. 재무부와 경제기획원은 이미 양쪽 모두 충분히 많은 권한을 가지고 한국 경제를 끌고 가던 조직이었다. 두 부처를 합친 재정경제원은 공룡이 되어 국민경제에 관한 거의 무소불위의 권한을 행사하게 되었다. 또한 경제 관료들은 커진 경제 권력을 바탕으로 더 쉽게 이익 집단화되었다. 그리고 국민경제보다는 자신의 이익을 위해 권력을 행사하는 관료들도 더 많아졌다. 관료에 의한 관치 경제는 극에 달했고, 정치인들은 이를 통제하지 못했다. 김영삼 정부는 견제와 균형이라는 기본 원리를 무시하고 왜 재정경제원을 만들었을까. 일부 사람들이 주장하는 것과 같이 경제의 컨트롤 타워를 만들어 국민경제 전체를 한곳에서 쉽게 관리 운용해 보려는 의도였을 듯도 하다.

국민경제는 사람의 뜻대로 쉽게 제어되지 않는다. 경제 규모가 커지고 국제화되면 더욱 그렇다. 그 어떤 경제 전문가도 내일의 경제가 어떻게 될지 정확히 알기는 거의 불가능하기 때문이다. 내일의 주가는 귀신도 모른다는 말과 같을 것이다. 미 연준 의장으로 거장이라는 칭호를 받았던 앨런 그린스펀(Allan Greenspan)조차도 내일의 시장금리가 어떻게 될지 모르고 정책금리를 결정한다는 말이 있다. 그래서 국민경제의 정책 수립과 운용은 나침반도 없이 뗏목을 타고 망망대해를 건너는 것과 비슷하다고 하는 것이다. 국내외 경제 환경이 급변하고 위기가 다가올 때는 국민경제의 운용과 관리가 더 어렵고 불안하다. 악천후에 뗏목을 안전하게 몰고 가기 어려운 것과 마찬가지이다. 1996~1997년의 한국 경제는 세계경제 환경이 크게 변하는 가운데 아래에서부터 경제 기반이 흔들리는 위험한 모습이었다. 당시 한국의 관료들 중에는 모든 것을 다 알고 다 할 수 있다는 생각을 가진 사람이 많았지만, 이들은 1997년의 IMF 금융위기를 피하거나 충격을 줄이지 못했다. 더욱이 많은 권한을 가졌던 경제 관료들은 1997년의 엄청난 사태에 대해 책임지려고 하지 않았다.

김영삼 정부에는 아쉬움이 많다. 대통령은 실행력이 강했고, 취임 후 국민의 지지를 받는 정치사회 개혁을 실시하여 국민으로부터 인기가 높았다. 이러한 국민적 지지를 바탕으로 박정희·전두환 정부를 거치면서 남겨진 한국 경제의 구조적 문제를 해결했다면, 한국은 지금 많이 달라졌을 것이다. 즉 1960년대부터 1990년대 초까지 이루어진 산업화와 근대화를 넘어, 현대적인 일류국가로 가는 길을 열었을 수 있다. 그랬다면 IMF 사태도 맞지 않았을 것이다. 한국이 전성기의 독일, 프랑스 이상 가는 일류국가가 되려면, 어떤 정부가 들어서도 거시경제 균형을 바탕으로 지속 성장을 하면서 그 시대의 문제를 해결하기 위해 꾸준히 노력해야 한다. 김영삼 대통령이 금융실명제 외에 더 추진했어야 하는 개혁 과제는 다음과 같은 것들이다.

먼저 소득세 포괄주의 도입 등 소득세 제도를 선진화하는 것이다. 이는 금융실명제와 함께 지하경제를 줄여 경제정의를 실현하는 기초가 된다. 다음은 1주택자에 대한 과도한 우대 축소, 세입자에 대한 지원 강화, 임대소득에 대한 정상 과세 등 부동산 부문에 대한 대대적 개혁이다. 이는 한국 경제의 고질적 난제인 부동산 투기 심리를 억제하고 돈의 흐름을 부동산에서 생산적인 부문으로 흐르게 하는 정책이다. 이러한 정책이 경제의 효율성을 높이고 불평등도 완화한다. 그리고 회계기준 및 감독기준의 강화와 물가 등 기초통계의 신뢰성 제고를 통해 경제의 투명성을 강화하는 것도 필요했다. 이런 개혁은 경제의 투명성,

공정성, 효율성을 높여 민주주의와 시장경제가 잘 작동하게 한다. 민주주의와 시장경제는 권력이 아니라 국민의 감시와 시장의 자율 규제에 의해 많은 문제가 스스로 해결되는 체제이다. 즉 한국 경제는 자생력과 자정력, 다양성을 통해 개혁을 스스로 이룰 정도까지 발전한 것이다. 그러나 한국의 정치 세력은 불행하게도 김영삼 정부의 실명제 이후 추가적인 개혁의 판을 깔아 주지 못했다.

마지막으로 1980~1996년 국민계정의 지출구조 변화를 점검해 보자. 이를 통해 한국 경제의 운용 결과와 구조 변화를 알 수 있으며, 김영삼 정부의 아쉬운 부분도 확인할 수 있다. 표 3-3과 같이 민간소비 비중은 감소 추세가 이어져 1996년 52.5%를 기록했다. 민간소비 비중 감소는 일차적으로는 투자비중 증가에 따른 상대적 위축 효과가 컸겠지만, 불평등 확대도 소비비중 감소에 영향을 주었을 가능성이 있다. 연구가 더 필요하지만 1980년대 중후반 활발한 노동운동은 불평등을 일부 완화시켰을 것이다. 그러나 집값, 집세 폭등과 수출 위주의 빠른 성장이 불평등을 더 확대시키는 요인이 되었을 것이다. 이렇게 보면 불평등은 1960~1970년에 이어 1990년대까지 확대되었을 가능성이 있고, 이는 한계소비성향이 낮은 상위 계층의 소득 증가로 이어져 소비에 부정적 영향을 주었을 것이다.

1990년대 중후반의 정부지출 비중은 10%를 약간 상회하는 수준을 유지하여 정부 역할은 여전히 작았다. 반면 투자 비중은 1980년대 중후반 감소했다가 다시 빠르게 증가하여 1996년 38%를 기록했다. 이는 박정희 정부 시절 중화학 공업에 투자를 크게 늘렸던 1975~1979년

표 3-3 지출 구조 (단위: 명목 GDP의 구성비, %)

	민간소비	정부지출	투자	순수출	(수출)	(수입)
1980	69.2	12.1	33.1	-8.6	(28.5)	(37.1)
1983	57.9	11.3	30.4	-2.1	(28.0)	(30.1)
1986	52.7	10.4	29.6	4.2	(32.5)	(28.3)
1989	50.0	11.0	33.0	2.2	(27.9)	(25.7)
1992	50.2	11.4	37.5	-0.3	(24.6)	(24.9)
1995	51.3	10.4	37.7	-1.0	(25.9)	(26.9)
1996	52.5	10.8	38.0	-2.9	(25.3)	(28.2)

자료: 한국은행(2014).

30% 수준보다 오히려 높다. 이때 38% 투자 비중은 과도하게 높은 수준으로, 2025년까지도 이 수준에 이른 적이 없고 앞으로도 없을 듯하다. 순수출은 마이너스로 전환되어 1980년대 초 이전으로 회귀했다. 한국 경제가 외부 충격에 약한 구조, 운이 좋아야 지속되는 구조로 되돌아간 것이다.

종합해 보면 김영삼 정부의 지출 구조는 민간소비 비중 감소, 투자비중 증가, 순수출 마이너스 등에서 박정희 정부 때와 비슷한 모습이었다. 역설적이게도 정권의 정치적 성격이 크게 다른 김영삼·박정희 정부의 거시경제 운용과 국민소득 지출 구조는 유사했다는 것이다. 아쉬움과 궁금한 점이 많다. 이렇게 된 이유와 국민의 경제생활에 미친 영향에 대한 심도 있는 연구도 흥미로울 것 같다.

3. 금융실명제와 지하경제

한국의 지하경제

한국은 미비한 법과 제도, 잘못된 관행으로 지하경제가 만연해 있었다. 즉 한국은 탈세와 사기, 부정부패, 범죄 등 어떻게 돈을 벌어도 마음대로 재산을 증식하고 상속할 수 있는 나라였다. 한국 경제의 오랜 숙제인 불평등의 원인 중 하나도 지하경제일 것이다. 경제가 선진국 근처에 있고 규모가 큰 나라 가운데 검은돈이 가장 자유로운 나라가 한국인 듯싶다. 실명제 도입 직후인 1993년 12월에 KDI 부설 국민경제연구소에서 만든 자료를 보면 한국의 지하경제 규모가 30% 정도로 추정된다고 설명한다.[10] 지하경제는 공식적인 국민소득통계에 포착되지 않은 합법적·불법적인 모든 경제활동을 가리키며, 비관측 경제라고 부르기도 한다. 지하경제는 말 그대로 관측되지 않아 대략적인 추정만 가능할 뿐이다. 한국은 조금씩 줄고 있으나 지하경제의 비중이 여전히 큰 나라이고, 반면 시장경제의 원칙에 충실한 미국은 엄격한 소득세 제도로 인해 지하경제 규모가 상대적으로 작다고 알려져 있다.

지하경제를 억제할 수 있는 핵심은 소득세 포괄주의와 같은 탈세를 어렵게 하는 조세제도, 철저한 금융거래실명제, 엄격한 자금세탁방지

10 　백용호, 「금융실명제: 주요내용과 기대효과」(국민경제교육연구소, 1993.12).

제도 세 가지가 기본이다, 한국은 김영삼 정부 이전까지 이 세 가지 제도가 모두 미비해, 가히 검은돈의 천국이라 할 수 있었다. 돈 많은 사람들이 박정희·전두환 정부 시절을 그리워하는 이유 중 하나일 것이다. 선진국인 미국, 유럽은 조금씩 내용은 다르지만, 이 세 가지 제도를 잘 활용함으로써 부정부패, 조직범죄, 탈세와 같은 지하경제의 많은 부분을 차단하고 경제정의를 확대해 나가고 있다. 사람들의 성향이나 도덕성은 한국, 미국, 유럽이나 별 차이가 없다. 모두 어떻게 해서든 돈을 벌고, 세금은 내기 싫고, 소유한 돈을 자식에게 세금 없이 물려주려 한다. 금융실명제는 부족하지만 이를 규제할 수 있는 여러 수단 중 하나로, 한국에서는 김영삼 정부가 첫 단추를 끼운 것이다.

그러면 한국은 언제부터 가명·차명거래를 했을까? 일부 사람들은 1961년 9월 박정희 정부 시절에 제정된 「예금 적금 등의 비밀보장에 관한 법률」이 가명·차명 금융거래의 뿌리라고 말한다. 그러나 동 법을 살펴보면 금융정보의 제공 요구와 누설의 금지 등 5개 조항으로 이루어진 아주 간단한 법률이다. 법 어디에도 가명·차명 금융거래를 허용하는 내용과 관련된 조항은 없다. 정황을 살펴보면 한국의 가명·차명 금융거래는 일제강점기부터 이승만 정부 시절에도 가능했을 것이 거의 확실하다. 다만 정확한 사실 확인을 위해서는 1950년대 은행 창구에서 근무하던 사람의 증언이 필요하다. 수소문을 통해 몇 분과 접촉해 보았으나, 이 분들이 연세 때문에 기억이 흐릿해서인지, 신뢰할 수 있는 이야기를 들을 수는 없었다.

일제강점기부터 가명·차명 금융거래가 가능했을 것이라고 추측하는 정황은 세 가지 정도이다. 첫째, 일본은 2025년까지 금융실명거래를 강제하는 법률이 없어 가명·차명 금융거래가 많지는 않지만 가능하다고 한다. 일제강점기에도 비슷했을 것이고 해방 후에도 일제강점기의 민사령(민법) 등이 준용되었기 때문이다. 둘째, 1950년대에는 부정부패, 밀수가 만연했고, 검은돈이 차명·가명 금융거래를 이용했을 가능성이 크기 때문이다. 1961년 9월 제정된 「예금 적금 등의 비밀보장에 관한 법률」은 이들과 타협함으로써 검은돈의 이탈을 막기 위한 수단이 아니었나 싶다. 셋째, 보다 현실적인 이유로 한국에서 주민등록번호가 부여된 시기는 1968년 11월이다. 그 이전에는 정확한 본인 확인이나 금융기관에서의 정보 관리가 어려웠을 것이기 때문이다.

1970~1980년대 한국에서 원화로 하는 금융거래는 참으로 자유로웠다. 아무 이름(홍길동 등)으로나 도장을 새겨 예금, 증권 등 금융거래를 할 수 있어 금융기관에 얼마든지 돈을 숨겨 놓을 수 있었다. 금융기관이 지하경제의 성과물을 보관하는 장소였던 것이다. 또한 뇌물을 주기도 아주 편했다. 현금 다발이나 상품권을 넣은 상자 대신, 입금 통장과 도장, 비밀번호만 넘겨주면 뇌물 받은 사람이 언제든 편할 때 찾아 쓸 수 있었다. 1950년대부터 금융실명제의 필요성이 간간이 제기되었으나 실행되지는 못했다. 1982년 9월 명성사건이라고도 불리는 이철희, 장영자 어음사기 사건이 발생했다. 장영자는 전두환 대통령의 부인 이순자 씨의 인척이었다. 권력층, 금융기관 고위직원, 기업주가 연루된 권력형 금융사기 사건으로, 이 사건으로 인해 금융실명제의 도입 필요성이 더 강하게 요구되었다.

한국의 금융실명제

명성사건 이후 1982년 12월 「금융실명거래에 관한 법률」이 제정되었다. 그러나 금융실명제의 조기 시행을 촉구하는 세력과 한국에서 금융실명제는 불가하다는 세력이 심하게 대립했고, 타협의 산물로 법은 만들되 시행은 1986년 이후로 연기하기로 했다. 조기 시행파의 핵심 인물이었던 김재익 경제수석이 1983년 10월 아웅산 테러로 사망하자 금융실명제는 물거품이 되는 듯했다. 그러나 노태우 대통령의 선거 공약에 포함됨으로써 살아났다. 노태우 정부 출범 이후 1989년 4월에 금융실명제 실시준비단이 출범하고 대대적으로 시행을 준비했으나 1990년 4월 경제 활성화 대책의 일환으로 무기한 연기되었다. 이를 보면 민주정의당 소속이었던 노태우 대통령은 경제정의 실현에 진심이 없었던 것으로 평가된다.

사람들의 기억에서 사라져 가던 금융실명제는 1993년 8월 12일 오후 8시에 「금융실명거래 및 예금비밀보장에 관한 긴급명령」이 헌법상 대통령 긴급명령으로 발동되어 전격 실시되었다. 긴급명령 발동 이후 모든 금융기관 거래는 실명을 사용해야 하고, 기존 비실명 금융자산은 2개월 이내에 실명으로 전환해야 하며, 종합과세는 단계적으로 실시하겠다는 것이 주 내용이었다. 그리고 군 지역의 농업진흥 구역을 제외하고는 국내 전 지역을 토지거래허가 지역으로 지정하여 음성적 자금이 부동산으로 흐르는 것을 차단했다. 당시 비실명거래 비중은 거래자 기준 2%, 금액 기준 30% 정도로 추정되었다. 금융실명제가 실시되면 부정적인 영향이 엄청나서 경제활동이 거의 마비된다고 주장하던 정치인, 기업인, 교수가 꽤 있었는데, 실제 시행 후 검은돈과 관련된 금융거래는 불편해졌겠지만 정상적인 기업 활동과 일반인의 생활에는 별 영향이 없었다.[11] 결과적으로 국가와 사회의 투명성을 높여 국민경제의 효율성이 개선되고, 성장 잠재력도 강화되었을 것이다.

금융실명제는 1993년 제도 도입 후 큰 문제없이 잘 작동했으나, 1997년 IMF 사태 발발 후 경제활동을 저해했다는 비판을 받았다. 1998년 12월 대통령 긴급명령은 「금융실명거래 및 예금비밀보장에 관한 법률」로 대체되었다. 대체 입법과정에서 실명제에 대한 부정적 의견이 있어 강화되지 못했다. 또한 금융경제 환경 변화로 보완 과제도 계속 출현하고 있다. 대표적인 문제가 합의된 차명거래를 규제할 방안이 확실치 않다는 것인데 오래도록 해결이 안 되고 있다. 또한 인터넷 전문은행이 출현하면서 비대면 금융거래의 확대와 함께 신분증 위조로 도명 계좌도 늘어났다. 이에 대한 책임 소재가 불명확하여 금융 소비자가 피해를 보는 경우가 많다. 여기에다 도명·차명 계좌는 보이스피싱과도 연결되어 있다.

한국의 경우 금융기관은 규정에 따른 실명확인 절차만 지키면 책임을 지지 않는 구조여서, 금융기관이 차명·도명의 가능성을 알고도 거래 유치나 실적을 위해 그냥 넘어가는 경우가 많다. 반면 미국, 유럽에

---

11 사채시장이 비실명거래와 관련이 많아 급전이 필요한 일부 기업이 어려움을 겪었다.

서는 금융실명제가 법규보다는 자신들이 거래하는 고객을 바로 알아야 한다는 오랜 금융 관행[12]에 기초해 운영된다. 따라서 금융기관은 스스로 변화된 금융 환경에 맞추어 고객의 신분을 철저히 확인해야 한다. 당연한 말이지만 꼭 필요한 제도를 도입하는 것, 제도가 잘 작동되도록 설계하는 것, 변화하는 환경에 맞추어 제도를 개선해 나가는 것 세 가지가 모두 중요하다. 한국의 금융실명제는 제도 실시로 인해 불편한 세력이 힘 있는 사람들이어서 그런지 부족한 점이 많은 채로 지속되고 있다. 자금세탁방지제도도 금융실명제처럼 도입이 늦었을 뿐 아니라 철저하지도 못하다. 한국은 지하경제가 많을 수밖에 없는 나라이다.

지하경제를 줄일 수 있는 다른 정책 수단들

한국은 1993년 금융실명제가 실시되었음에도 여전히 지하경제가 많다. 음성적 소득 없이 투명한 소득으로만 생활하는 사람은 외형적 소득이 많아도 사는 것이 넉넉지 않다. 부동산 투자도 다운 계약서 작성, 임대소득세 탈루, 미등기 전매 등 세금을 적게 내는 방안을 다양하게 활용해야 돈벌이가 쉽다. 부정부패를 통한 치부는 한국의 나쁜 유산이며,

---

12 철저한 예금 비밀보장으로 유명한 스위스나 룩셈부르크도 예금 비밀보장과 관련 없이 고객의 실명 확인은 금융 관행으로 엄격히 하고 있다. 즉 이들 나라에서도 가명으로 금융거래를 할 수 없다. 금융기관 내부에서는 실명으로 거래 내용이 관리되지만 그 정보가 외부로 나가지 못하게 할 뿐이다. 이렇게 보면 금융실명거래와 예금 비밀보장은 관계가 없는데, 한국은 이상하게 같은 법률로 규제한다.

가진 권력이 클수록 더 규모가 컸다. 또한 마약, 매춘, 도박, 보이스피싱 등 범죄와 관련된 경제활동도 쉽게 돈을 벌게 해 주는 수단의 하나로 여전하다. 일부 자영업자는 허위 세금계산서나 현금거래를 통해 세금을 탈루해서 돈을 버는 경우가 꽤 있다. 이와 같은 음성적 소득과 지하경제가 적은 나라가 경제정의가 바로 서고, 불평등도 적을 것이다.

지하경제나 음성적 거래를 줄일 수 있는 기본 수단은 앞서 말한 대로 금융과 부동산 거래의 실명제, 자금세탁방지제도, 소득세 포괄주의와 같은 엄격한 조세제도이다. 금융실명제에 이어 부동산실명제는 1995년 3월 도입되었다. 자금세탁방지제도는 「특정 금융거래 정보 및 이용에 관한 법률」이라는 이름으로 뒤늦은 2001년 11월 도입되었다. 왜 부르기도 쉽고 다른 나라에서는 많이 쓰는 자금세탁방지법이라는 명칭을 사용하지 않았을까? 아마 외국의 자금세탁방지법에 비해 부족한 점이 많아서일 것이다. 게다가 세 가지 제도 중 가장 중요하다고 볼 수 있는 소득세 포괄주의는 언제 도입될지조차 알 수 없다. 이미 도입된 금융·부동산실명제, 자금세탁방지제도는 부속한 점은 있을지언정 시행 중이라 지하경제를 조금은 줄이고 있다. 한국 지하경제의 온상이 되고 있는 아주 부실한 소득세 제도의 문제점을 간단히 살펴보자.

한국의 GDP 대비 소득세 비중은 2012년 3.7%에서 2023년 5% 수준으로 증가했지만, 미국이나 유럽에 비하면 절반 정도이다. 기본적으로 한국의 소득세율이 낮아서가 아니라 소득세 제도 자체가 부실해서 탈루되는 소득이 많기 때문이다. 한국은 주택임대소득, 종교인 소득 등과 같이 법에 의해 과세되지 않는 소득이 많다. 더욱 문제는 한국의 소득세 제도가 유튜브와 코인, 파생상품 관련 소득 등과 같이 새롭게 생겨나는 소득에는 과세하기 어려운 형태라는 것이다. 경제활동은 아주 다양하고, 새로운 형태의 소득원은 계속 생겨날 수밖에 없다. 한국과 같이 열거주의 방식으로 소득세를 과세하면 법이 미비해서 과세할 수 없는 소득이 많을 수밖에 없다. 경제발전에 따라 계속 생겨나는 수많은 종류의 소득에 빈틈없이 과세하기 위해서는 미국과 같이 소득세 포괄주의를 도입해야 한다.

미국의 소득세 포괄주의는 법에 의해 비과세로 정해진 소득을 제외한 모든 소득이 과세되는 제도이다. 불법적 소득이건 하늘에서 떨어진 소득이건 모두 과세 대상이다. 여기에다 납세자는 언제든 자신이 탈세하지 않았다는 것을 증명해야 한다. 즉 입증책임이 세무 당국이 아니라 납세자에게 있다. 불법으로 돈을 번 사람이 사법 당국에 걸리지 않았다 하더라도 세금을 내지 않으면 탈세범이 되는 것이다. 이렇게 엄격한 미국의 소득세 제도가 글로벌 스탠더드가 되었다. 소득세 포괄주의가 도입되어도 금융·부동산실명제 도입 때와 같이 일반인의 경제활동에는 관계가 거의 없을 것이다. 선량한 국민의 대부분은 지하경제와 상관없이 살아가고 있기 때문이다. 그러나 정치인과 세법 전문가들은 금융실명제 도입 전처럼 부작용과 실익만을 이야기하면서 미적거리고 있다.[13]

_____

13 증여세 포괄주의가 2003년 12월에 도입되었고, 이후 잠시 소득의 유형에 따른 소득세 포괄주의를 도입하자는 논의가 있었다. 일부 세법 전문가들은 소득세 포괄주의를 도입해도 늘어나는 세수가 별로 없고 시끄럽기만 할 것이라는 이유로 반

한국은 세금을 제대로 내지 않거나 지하경제를 이용해 부를 축적한 경우가 많아서인지 소득세보다 상속세를 엄격하게 운영하고 있다. 반면 소득세 제도가 엄격한 미국은 상속세 제도가 약하다. 개인소득에 대해 세금을 두 번 부과할 필요가 없다는 뜻이다. 한국에서 세금을 제대로 안 내고 부자가 된 사람들이 미국으로 이민을 가서 상속세 부담 없이 재산을 상속하면 엄청난 이득이다. 이런 움직임이 2024년경부터 늘어나고 있다. 이와 같은 상황이 계속되면 한국은 자금이 빠져나가고 세수가 부족해지며, 세금을 제대로 낸 중산층의 불만이 커지게 된다. 주변에 세금을 내지 않고 잘사는 사람이 많으면 세금 내기가 더 싫어지는 것이 인지상정이다.

박정희 정부 이후에 몇 차례 세제 개편이 있었으나 법인세나 소득세의 최고 세율을 조금 올리는 정도였다. 즉 1970년대 종합소득세와 부가가치세 도입 이후 근본적인 세제개혁이 없었다. 앞으로 고령화와 저성장으로 국민연금, 공무원 연금과 같은 공적연금이 고갈되고, 의료보험 재정이 적자 전환될 뿐 아니라, 나라의 기본인 재정도 적자를 감당할 수 없을 만큼 커질 것이다. 이는 괜한 전망이 아니고 거의 확정된 미래의 사실이다. 조세정의뿐 아니라 재정 건전화와 미래 세대를 위해서도 조세개혁은 절실하다. 소득세 포괄주의 도입을 통해 탈루 소득에 대한 과세가 우선적으로 이루어져야 한다. 그래야 국민이 다른 세금의 증

대하고 있다.

세도 받아들이기 쉽다. 소득세 포괄주의 도입이 조세개혁과 재정 건전성 확보의 첫걸음이다.

4. 1980~1996년의 평가와 교훈

종합 평가

1980년에는 마이너스 성장, 고물가의 어려움이 아주 컸으나 1980년대 중반부터는 물가안정과 경기회복을 동시에 달성하여 국민의 생활도 점차 개선되었다. 1980년대 초 정치적 불안과 세계경제의 후퇴 속에서 성장세 회복과 물가안정을 어떻게 이룰 수 있었을까? 김재익 수석이 적절한 정책을 썼지만 그것만으로는 부족했을 것이다. 어떤 정책이 성과를 내려면 국민의 지지와 동참이 필수이다. 박정희 정부는 "우리도 한번 잘 살아 보세"라는 슬로건으로 가난에서 벗어나려는 국민의 열망을 깨워 열심히 일하게 했다. 전두환 정부는 경제 교육을 통해 물가안정 정책이 장기적으로 우리의 경제적 삶을 나아지게 할 것이라고 설득하여, 국민의 지지와 동참을 이끌어 낸 것이 아닌가 한다. 즉 감정이 아닌 논리와 설득으로 국민이 열심히 할 수 있는 여건을 만든 것 같다.

여기에다 1982년 시즌부터 프로야구 출범, 1986년 아시안 게임, 1988년 올림픽 게임 개최로 국민의 볼거리도 늘고 자부심도 크게 상승했다. 그러나 다수 국민의 만족감은 오래가지 못했다. 전두환 정부는 정치적 정당성이 결여되어 있어 국민의 저항이 계속되었던 데다, 노조 탄압으로 노동자의 생활수준 향상이 상대적으로 늦고 불만도 쌓여 갔다. 또한 1980년대 후반부터 부동산 가격 폭등으로 다수 서민의 삶이 힘들어졌다. 물가안정에도 불구하고 박정희 정부 이후 계속된 불평등 요인이 누적되고 개선되지 않았다. 부동산 가격 급등, 부정부패와 지하경제, 경기 호황에 따른 격차 확대가 불평등 확대의 주요 원인이었다. 재벌뿐 아니라 비싼 주택과 토지 소유자, 우량 기업 소유자와 대기업 경영진, 의사와 같은 전문직, 교수, 고위 관료와 성공한 정치인 등 신흥 부호도 등장하여 불평등 구조가 더 복잡해졌다.

1980년대 후반부터는 과시적 소비가 신흥 부호에 이어 중산층까지 확산되기 시작했다. 해외여행, 명품 귀금속 등 고가품 쇼핑, 대형 주택과 대형차 선호, 골프나 스키와 같은 과시적 소비가 확산되었다. 이런 현상은 불평등과 빈부격차를 더 눈에 띄게 만들었다. 이와 함께 노동운동이 본격적으로 한국 경제에 영향을 미치는 시기였다. 한국의 노동운동은 일제강점기와 이승만·박정희·전두환 정부를 거치며 오랫동안 다양한 방식으로 탄압을 받아 왔다. 1987년 여름에는 6월 항쟁과 연결되어 전국의 많은 사업장에서 대대적인 노동쟁의와 파업이 발생했다. 이어 노조 전임자의 정치권 진출로 노조의 영향력이 커지고, 기업이 노동자의 요구 조건을 받아들이면서 노동자의 노동조건도 점차 개선되었다. 노동운동이 한국 경제의 한 축을 담당하는 시기가 된 것이다. 그리고 이때 한국은 절대빈곤의 시대를 넘어 상대적 빈곤이 더 중요해지는 시기에 진입했다. 다양한 유형의 고소득자가 생겨나 불평등 구조가 변

화했으며, 상위 10% 정도의 고소득자의 경우 과소비를 염려하는 시대로 접어들기 시작했다.[14]

종합해 보면 1980년대와 1990년대 중반까지 한국 경제는 국민의 살림살이가 개선되고, 일시적이지만 물가안정과 경상수지 흑자도 달성하고, 실명제로 경제의 투명성 제고도 조금 이루어졌다. 그러나 밑에 깔려 있던 불평등 문제가 드러나면서 위화감과 사회 갈등이 커졌다. 불평등의 해결은 김영삼 정부의 몫이었을 텐데 해결하지 못했다. 김영삼 대통령은 본인이 뒷돈을 받지 않고 민주화를 이루면, 경제가 저절로 잘되고 불평등도 감소할 것으로 생각했을지 모른다. 그러나 경제는 그렇게 단순하지 않다. 눈에 보이지 않는 문제나 앞으로 발생할 문제를 미리 찾아서 해결해야 경제가 지속적으로 발전하는 것이다.

교훈과 더 생각해 봐야 할 것

김영삼 대통령에 대해 정치적·도덕적으로는 높이 평가하지만 경제면에서는 높은 점수를 주기 어렵다. 불평등 문제는 개선되지 않았고, 물가안정과 경상수지 흑자 기조가 흔들렸으며, 무엇보다 임기 말에 허

---

14 1989년 해외여행 자유화 이후 1990년대 초에 유럽 여행 1차 붐이 일었다. 이때 벨기에의 안트워프라는 항구도시까지 관광객이 몰렸다. 다이아몬드를 사기 위해서였다. 안트워프에서는 세계 다이아몬드 원석의 절반 이상이 가공되어 상대적으로 저렴한 가격에 다이아몬드를 살 수 있었기 때문이다.

망하게 IMF 사태를 맞았기 때문이다. 반면 정치적·도덕적 평가가 낮은 전두환·노태우 대통령은 앞에서 살펴본 바와 같이 경제적 성과는 상대적으로 우수하다. 이렇게 대통령들의 성과가 엇갈린 이유는 무엇일까? 세계경제 환경, 대통령 개인의 능력과 성향도 어느 정도 작용했겠지만 결정적인 것은 누구와 같이 국정을 끌고 갔느냐인 듯하다. 국가 규모가 커지고 복잡해지면 1~2명이 국민경제를 운영하는 데는 한계가 있기 때문이다. 특히 한국 경제는 규모가 급속도로 커지고 있었을 뿐 아니라 국제화도 빠르게 진행되고 있어 더욱 그랬다.

인사가 만사라 했던 김영삼 대통령이 쓴 인재가 전두환·노태우 대통령이 기용한 인재보다 능력이 떨어진 듯하다. 김영삼 정부는 자신의 진영과 지역 사람을 더 많이 썼던 게 아니었을까. 인재 풀이 좁아지면 그만큼 능력 있는 사람을 구하기 어려워지는 것은 당연하다. 이어지는 정부도 대부분 비슷하게 자기 진영과 지역 사람을 요직에 기용했는데, 진보와 보수 어느 쪽이 더 심했을까? 연구해 볼 만한 과제이다. 진영과 지역을 넘는 인재발굴 노력과 각 정부의 경제 성과를 비교하면 재미있는 결과가 나올 듯도 하다. 이렇게 보면 국민경제의 성과는 누가 대통령이 되는가보다 어떤 정책을 누구와 같이 하느냐에 따라 달라져 왔고, 앞으로도 그럴 것이다.

박정희 정부 시절부터 시작되었다고 하는 지역감정과 진영 논리는 시간이 지나면서 더 심해지는 모습이다. 지금의 정치판은 당파로 나뉘어 백성의 삶은 안중에도 없고 벼슬자리를 놓고 죽기 살기 식으로 싸우던 조선 후기와 다를 바가 없다. 자신이 속한 진영의 승리를 위해 물불을 안 가리는 지식인이나 전문가가 요직을 맡으면 국민경제의 이익과 당파의 이익 가운데 어느 쪽을 우선할지는 자명하다. 어느 나라나 당파와 진영은 있고 각 당파는 정권을 잡기 위해 최선을 다할 것이다. 그러나 좋은 나라는 당파의 이익을 나라 전체의 이익과 연결시키고, 또 정권을 잡은 다음에는 당파와 관계없이 인재를 등용하려고 노력하는 듯하다. 불행하게도 한국은 이제 이러한 노력이 거의 없어진 모습이다. 벼슬자리만 노리는 조선말의 악습이 재현되고 있어 한국의 미래가 불안하다. 조선 후기에 정치인들이 자기 당파의 집권에 모든 것을 걸었듯, 지금은 진영의 이익이 모든 가치에 우선하는 나라가 되었다. 그래서인지 한국의 많은 지식인들은 한쪽 진영에 속해 있고, 당파 싸움을 잘하던 조선의 사대부를 그리워하고 있다.

이와 더불어 이 시기는 세상사에 많은 의문을 갖게 한다. 도덕성과 정치적 정당성이 낮은 사람이 더 많은 경제적 성과를 올렸을 때 어떻게 평가해야 할까. 즉 부정부패를 일삼고 독재를 하면서도 뛰어난 인재를 등용해 경제를 잘 운용한 대통령을 어떻게 평가해야 할까의 문제이다. 당연히 반대의 경우도 있다. 세상사, 인간사가 원래 부조리한 것이라고 그냥 받아들여야 할까? 만약 사악하지만 유능한 지도자와 선하지만 무능한 지도자 중 선택해야 한다면 어느 쪽을 택해야 할까? 이렇게 부조리한 세상의 균형을 잡는 방법은 무엇일까? 역사 평가일까? 종교에서 말하는 최후의 심판일까? 또한 세상에서 정의를 실현하기 위해 헌신한 사람과 정의와는 관계없이 맡은 일에 충실한 사람 중 어느 쪽이 세상의 발전에 도움이 될까? 소수에게 극심한 피해를 주고 다수에게 조금씩 혜택을 준 정치인은 어떻게 평가해야 할까? 모두 답을 내리기 어려운 문제이다. 한 사람의 선악을 평가하기는 쉬울 수 있다. 그러나 세상에서 그가 이룬 업적과 연결시키면 평가가 복잡해진다.

정치인은 세상에서의 심판을 선거라고 생각한다. 선거에서 이기면 원하는 것을 얻고 모든 죄를 용서 받고 자신이 옳은 사람이 된다고 믿는 이들이 많다. 지금의 선거는 중세 시대의 결투와 비슷한 꼴이 되어 버렸다. 예전에는 논쟁이나 다툼을 하다 안 되면 결투를 통해 하늘의 뜻을 알아보자고 했는데, 지금의 선거가 이런 양상이다. 정의로운 사람이 결투에서 항상 이기는 것이 아니듯, 선거에서 이겼다고 옳은 것은 아니다. 유럽의 결투는 많은 논란 속에서 1800년대까지 지속되다 사라졌다. 정치인들이 선거에 모든 것을 걸고 어떻게 해서든 이기려 하면, 민주주의의 꽃이라는 선거도 사라지는 시대가 오지 않을까 걱정된다. 그렇게 될 때 민주주의는 어떻게 작동할지 궁금하다.

4

1997~2007년
빠른 위기 극복과 짧은 번영

1. 1997년 위기의 원인과 극복 대책

1997년 위기의 전개 과정

1997년은 한국 경제의 아주 특별한 해였다. 1997년에 IMF 사태가 발생했다. 한국경제사에서 6·25 동란 급에 해당하는 이 사태는 외환위기와 은행위기가 복합된 금융위기였다. 그간 조금씩 흔들린 적은 있었지만 잘 발전해 온 한국 경제가 국가부도 사태를 맞았다. IMF와 미국 일본 등으로부터 가혹한 조건의 구제금융을 받아 위기를 넘겼다. 해태, 삼미, 진로, 대농, 기아 등 재벌급 기업을 포함한 수많은 기업이 도산했다. 대형 시중은행을 포함한 절반 이상의 금융기관이 통폐합되어 신용 경색 등으로 금융 시스템이 한때 마비되었다. 이와 함께 100만 명[1] 이상의 노동자가 정리해고를 통해 일자리를 잃으면서 국민은 엄청난 고통을 겪었다.

1997년 위기는 1월 23일 한보그룹의 부도로부터 시작되었다고 이야기를 많이 한다. 한보는 정경유착과 불법 대출, 문어발 경영 등 한국 재벌의 악습으로 지칭되는 요소를 다 갖춘 기업이었다. 한보는 무리하게

---

[1] 1997년 IMF 사태 당시 일자리를 잃은 노동자 수에 대한 정확한 통계는 없다. 다만 1996년 실업률 2% 실업자 44만 명에서, 1998년 실업률 7% 실업자 150만 명이 되었다. 실업자 수가 100만 명 이상 순증했다는 점에서 일자리를 잃은 노동자 수는 그보다 훨씬 많았을 것이라 추측할 수 있다.

철강 회사 등을 인수하여 사업을 확장하다 부도가 났으며, 1997년에 재계 순위 14위였다. 은행, 제2금융권, 개인 사채 등 부채가 많아 부도에 따른 국민경제에 미치는 충격이 컸다. 이와 함께 정치적으로 김영삼 대통령의 차남 김현철 씨를 포함한 많은 여야 국회의원 등이 수사를 받고 구속되었다. 이 사건 이후 김영삼 대통령은 지지도가 급락하고, 심리적으로 많이 위축되어 정상적인 정국 운영이 힘들어졌다.[2] 1997년 위기의 전개 과정은 다음과 같다.

- 1997년 1월 23일: 한보그룹 부도
- 1997년 2월: 헤지펀드의 태국 바트화에 대한 투기적 공격, 일본에서 한국계 은행 단기차입 불능
- 1997년 2월 5일: 국제수지 대책 차관회의
- 1997년 2월 20일: 무디스사의 조흥·제일·외환은행의 장기 신용 등급 하향 조정
- 1997년 3월: 삼미그룹 부도
  4월: 진로그룹 부도
  5월: 대농그룹, 한신공영 부도
- 1997년 7월: 기아그룹 자금난 시작
- 1997년 8월 25일: 금융시장 안정과 대외 신인도 제고 대책(종금

---

2 김현철 씨는 대통령의 아들이기도 하지만 김영삼 대통령과 정치적 동반자의 역할을 하면서 정치 현안에 대해 깊이 상의하는 관계였다고 한다.

사에 한국은행 특별융자 1조 원 공급)

- 1997년 10월: 동남아시아 금융위기가 싱가포르, 홍콩, 대만으로 확산

- 1997년 10월 24일: 채권단이 기아자동차 법정관리 신청

- 1997년 10월 27일: 대통령 주재 확대경제장관회의

- 1997년 11월: 해태와 뉴코아 부도

  12월: 고려증권과 한라그룹 부도

- 1997년 11월: 외환보유액을 이용해 국내은행 지원 및 환율 개입 지속(11월 말까지 169.4억 달러의 외환보유액 사용)

- 1997년 11월 13일: 강경식, 이경식, 이인호 등 IMF 지원요청 논의

- 1997년 11월 16일: 미셸 캉드쉬 IMF 총재가 비밀리 방한

- 1997년 11월 17일: 4일간 외환 거래 실질적 중단

  - 11월 30일에 가용 외환액 72.6억 달러

- 1997년 11월 19일: 개각과 종합대책 발표

  - IMF 지원 관련 언급이 없어 정부가 정직하지 못했고 국민을 끝까지 속였다는 사실이 중요

- 1997년 11월 21일: IMF에 대해 자금지원 공식 요청

- 1997년 12월 3일: IMF와 자금지원 협약

- 1997년 12월 14일: IMF, IBRD, 미국, 일본 583억 달러 자금지원

위기의 원인

　1997년의 금융위기는 한국 경제에 엄청난 충격을 준 사건이기 때문에 원인에 대해서는 유태계 금융자본의 음모론을 포함한 여러 분석이 있다. 음모론을 주장하는 사람은 경계해야 한다. 음모론은 확인이 불가능하고, 반성과 대안을 찾기 어렵기 때문이다. 세계경제나 국제금융시장은 정의나 자선을 실현하려는 무대가 아니다. 쓸 수 있는 모든 수단을 동원해 자신의 이익을 챙기고 돈을 벌려는 싸움판이다. 따라서 국제금융시장에서 음모나 작전은 언제든 있을 수 있다고 보아야 살아남을 수 있다. 그러나 유태계 금융 재벌을 포함해 그 누구도, 인간인 이상 작전이나 음모를 항상 성공시키지는 못한다. "일을 꾸미는 것은 인간이지만, 일을 성사시키는 것은 하늘이다"라는 제갈공명의 말이 국제금융시장에도 그대로 적용된다. 유태계 금융자본가도 내일 무슨 일이 일어날지 모르는 인간일 뿐이다. 어떤 문제를 음모론 탓으로 돌리는 것은 정책 실패자나 패배자의 책임 회피를 위한 나쁜 습관인 듯하다.

　유태계 금융 재벌의 음모론을 빼고 핵심적이고 기조적인 원인을 모아 보면 다음의 네 가지 정도이다. 1997년 IMF 사태의 원인에 대한 분석이나 주장도 자기가 속해 있는 진영이나 경험과 직업 등에 따라 크게 다르다. 가능한 객관적으로 찾아보려고 노력했다.

　첫째, 기업의 무리한 차입에 의한 과잉투자가 일차적 원인일 것이다. 1960년대 중반 이후 한국 경제는 내부자금 축적 등 경제의 기초 능력에 비해 너무 빠르게 성장하다 보니 기업들은 너도나도 차입에 의존해 투자를 확대해 왔다. 투자를 어떻게든 먼저 더 많이 하는 기업이 더 많은 돈을 벌었기 때문이다. 이 결과 GDP에서 투자가 차지하는 비중이 1979년 35%, 1996년 38% 수준을 기록했다. 당시 세계 최고 수준이었을 것으로 보인다. 과잉 중복 투자와 수익성이 낮은 투자 등 많은 문제가 누적될 수밖에 없었다. 박정희 정부 시절인 1972년에는 8·3 사채동결 조치로 문제를 일차 봉합할 수 있었다. 그러나 1997년에는 그간 이루어진 한국 경제의 국제화로 해외 차입이 많아 1972년의 사채동결 조치와 같은 국내 정책만으로는 해결이 어려워졌다. 과잉투자는 경제개발 시대의 오랜 관행이라, 기업의 외형 확대 경쟁을 막기는 쉽지 않았을 것이라고 생각된다. 기업들은 한번 뒤처지면 따라잡기 어렵다고 생각했을 것이고, 많은 정치인과 경제 전문가들이 성장을 위해 기업의 투자를 독려했기 때문이다. 통찰력 있는 경제 전문가들이 존재했고, 이들이 문제 제기를 많이 했다면 혹시 도움이 되었을지도 모른다.

둘째, 은행 등 금융기관이 기업의 무리한 차입이나 과잉투자를 제어할 수 있는 위험관리를 하지 못했다는 것이다. 당시에는 선단 경영을 하는 재벌 기업군에 대한 신용공여를 안전한 투자로 보아 금융기관들이 서로 하려고 했다. 또한 정부도 대기업에 대한 거액 대출을 방조했다. 위험관리의 기본은 분산투자이다. 신용도가 높은 차주에 대한 거액 대출보다 신용도가 조금 낮은 소액 대출을 여러 곳에 하는 것이 덜 위험하다는 위험관리의 기본을 몰랐다. 즉 대기업 한군데에 몰아 대출하는 것보다 비용이 많이 들더라도 여러 중소기업에 분산 대출하는 것이 훨씬 안전하다. 법에 의해 대기업 대출을 못했던 과거의 국민은행과 주택은행이 1997년 위기 때 살아남은 이유이다. 당시 금융기관들은 자율 경영을 못 했을 뿐 아니라 위험관리의 기본 개념도 없었다. 특히 단기외채 증가를 통해 1997년 위기를 촉발시킨 종합금융사(단자사, 이하 종금사)는 위험관리뿐 아니라 감독마저[3] 아예 없었다.

셋째, 물가, 경상수지, 환율 등 거시경제마저도 불균형이 심해졌다는 것이다. 물가는 계속 오르는데 저금리와 같은 투자 확대를 통한 성장 정책을 계속 썼다. 1990년대 중반의 경우 박정희 시대보다는 물가상승률이 낮아 괜찮을 것이라고 생각했는지도 모른다. 이와 함께 경상수지의 적자 확대에도 불구하고 환율은 비정상적으로 낮은 수준(원화 고평가)을 유지했다. 1인당 국민소득 등 한국 경제의 위상을 높이기 위해 그렇게 했다는 주장이 많다. 이러한 거시경제 불균형은 세계화라는 이름으로 실물을 넘어 금융까지 개방이 확대되는 시기에는 충격이 더 커질 수밖에 없다. 경제 논리를 무시한 불균형 성장은 박정희 시대에는 운이 좋아 가능했을지 모르지만, 금융을 포함 경제의 개방도가 커지면서 지속 가능성이 더 약화되었다는 것을 정책 당국자들은 몰랐던 것이다. 정치인은 욕심 많고 무지했고, 자리만 탐하는 관료들이 득세했다.

넷째, 경제 관료의 오만과 무책임도 큰 역할을 했다. 한국은 1960년대 고도성장을 통해 절대빈곤을 탈피하고, 1980년대 물가안정과 경상

---

3 종합금융사의 실질적인 감독은 재정경제원 공무원 몇 명이 담당했다. 담당 인원도 적었을 뿐 아니라, 종합금융사는 법인카드 제공 등 다양한 방식으로 관련 공무원을 포획했다. 종금사에 대한 정상적인 감독이 이루어지지 않는 상황이었다.

수지 흑자를 달성했으며, 1996년 12월에는 OECD에 가입함으로써 선진국 반열에 발을 디뎠다. 당시 경제 관료들은 이러한 성공에 도취해 오만이 하늘을 찌르는 듯했다. 한국 경제의 성공이 자신들의 덕이고, 박정희 대통령 사후 한국의 실질적인 주인은 자신들이라고 생각하는 이들이 많아졌다. 세상에서 인간이 이룬 일은 모두 실력과 운이 결합[4]되어 나타난 결과이고, 어쩌면 운이 더 컸을 수도 있다는 것을 몰랐던 듯했다. 여기에다 앞에서 언급한 대로 1995년 경제기획원과 재무부를 통합시켜 발족한 재정경제원은 예산과 조세제도, 통화·금융·외환, 경제·사회·발전정책 등 국민경제에 관한 거의 모든 정책을 총괄하고 있었다. 권한이 크면 책임도 커야 하는 것은 당연하다.

1997년 위기의 전개 과정을 살펴보면 피하거나 충격을 줄일 수 있는 기회가 다음과 같이 몇 번 있었다. 그러나 책임지려는 재정경제원 관료는 없었다.

첫 번째 기회는 1997년 2월로, 태국에서 통화위기가 발생하고 한국계 금융기관이 일본에서 차입이 어려워졌을 때였다. 정책 당국자들은 관련 부처 차관회의라는 지극히 형식적인 행사로 끝냈다. 대신 먼저 태국 통화위기의 원인과 일본에서 한국계 금융기관들의 차입이 어려워진 이유 등을 심도 있게 조사했어야 했다. 그리고 금융기관들의 건전성을 제대로 점검한 다음 부실을 정리해 나갔어야 했다. 당시 위기의 조짐이

---

4   주식 투자의 격언 중 하나가 "운과 실력을 혼동하지 말라"이다.

작아 정책 당국자들의 능력으로는 그렇게 했을 가능성이 없었을 것이다. 만약 그렇게 했다면, 1997년 위기가 대만이나 싱가포르와 같이 가벼운 금융 불안 정도로 끝났을 것이다.

두 번째 기회는 1997년 8월로, 금융시장 안정을 위한 대외 신인도 제고 대책을 만들어 자금난에 시달리는 종금사에게 한국은행의 특별융자를 시행할 때이다. 이때 이미 종금사들은 해외 차입금의 만기 연장이 안 되고 심각한 유동성 위기에 빠져 있었다. 그리고 종금사는 해외에서 저리의 단기자금을 빌려 국내에서 장기 고금리 대출로 운영해 자신들은 쉽게 돈을 벌었지만, 국민경제를 위험에 빠트린 단기외채 증가의 주범이었다.[5] 여기에다 종금사는 한국은행법상 특별융자 지원 대상도 아니어서 시중은행을 통해 간접지원 방식으로 특별융자가 이루어졌다. 문제 많은 종금사에 한국은행의 특별융자를 주어 연명시키는 대신 힘들더라도 종금사의 구조조정을 먼저 했어야 했다. 그렇게 했으면 종금사의 부실이 은행으로 확산되지 않아 위기의 충격이 크게 줄었을 것이다.

세 번째 기회는 1997년 11월 외환보유액으로 환율 안정 등을 위해 외환시장에 개입할 때이다. 이때 국내에서 달러 등 외화자금의 공급원은 한국은행의 외환보유액뿐이었다. 외환보유액이 영화 〈국가부도의

---

5 한국의 총 외채 대비 단기외채 비율은 1993년 말 19.2%에서 1996년 말 59.5%로 증가했다. 종금사, 리스사 등 제2금융권 금융기관이 자산부채의 만기 일치라는 위험관리의 기본 원칙을 무시하고 외화를 단기 조달, 장기 운영한 결과였다. 이들 단기외채의 만기 연장이 안 되면서 해당 금융기관은 도산하게 되고 한국 경제는 IMF 사태를 맞게 되었다.

날)과 같이 투기꾼(배우 유아인 분)에게도 흘러 들어가는 상황이었다. 투기 세력은 영화의 내용처럼 달러를 매집하여 엄청난 수익을 올렸다. 외환시장 개입 대신 외환보유액을 수입 업체와 같은 실수요자에게만 배정하는 방식으로 사용했어야 했다. 그러면 IMF 등으로부터의 차입금 규모를 크게 줄일 수 있었을 것이다. 당연히 협상도 쉬웠고 위기의 충격도 작았을 것이다. 이때는 위기가 한창 진행되고 있을 시기라 정상적인 정책 당국자라면 충분히 생각할 수 있는 대책이었다. 지나고 나서 보니 아쉬움이 크게 남는다.

위기극복 정책

위기극복 정책은 1997년 12월 3일, 한국 정부가 IMF 등으로부터 자금지원을 받기 위해 제출한 이행각서(Korean Memorandom on Economic Plan)에 구체적으로 명시되어 있다.[6] ① 통화재정의 강력한 긴축과 고환율 정책, ② 금융기관 및 기업의 과감한 구조조정 정책, ③ 무역 외환 등의 자유화와 금융시장 개방, ④ 회계기준, 감독기준, 외환보유액 산정 기준 등을 국제 모범기준에 맞추는 것이다. 여기에 김대중 정부는 IMF와의 이행각서에는 포함되지 않은 광범위한 부동산 경기 활성화 정책을 추가했다. 위축된 내수를 띄우기 위한 방안이었을 것이다.

---

6 1997년 12월 3일 한국은행 총재와 재정경제원 장관은 연명으로 미셸 캉드쉬 IMF 총재에게 서한을 보냈고, 서한에 이행각서를 첨부했다.

한국 정부는 1997년 12월 583.5억 달러의 구제금융[7]을 받고, 이후 IMF와 합의한 이행각서의 내용을 이행하면서 위기를 극복해 갔다. 핵심은 금융기관과 기업의 과감한 구조조정이었다. 먼저 금융 구조조정은 BIS 자기자본비율을 기준으로 하여 금융감독위원회 주도로 적기 시정조치를 실시했다. BIS 자기자본비율 8% 이상 은행은 건전은행으로 독자 생존, BIS 자기자본비율 마이너스(완전자본 잠식)는 인가 취소 등 퇴출, BIS 자기자본비율이 0%에서 8% 사이인 은행은 인수합병 대상으로 하여 금융 구조조정은 빠르게 진행되었다.

1998년 1월부터 2004년 12월 사이에 33개 은행 중 14개가 퇴출, 인수합병 등을 통해 사라졌다. 그러나 금융 구조조정의 기준이 되었던 BIS 자기자본비율은 객관적인 통계지표가 아니라, 자산 건전성을 어떻게 분류하느냐에 따라 크게 바뀔 수 있는 주관이 개입되는 지표이다. 퇴출은행 선정 등 구조조정 기준에 대한 논란이 많을 수밖에 없었다. 이와 함께 1997년 초 30개에 이르던 종합금융사는 1997년 말부터 부실이 심한 순서로 퇴출되어, 거의 대부분 사라졌다. 이 외에 리스사, 투자신탁회사, 신용협동조합 등의 비은행 금융기관의 구조조정도 이루어졌다.

기업 구조조정은 부채비율 100% 상회 여부, 이자보상배율[8] 1 이상

---

7   1997년 IMF와 대기성 차관 협정을 맺고, IMF 210억 달러, IBRD 100억 달러, ADB 40억 달러 총 350억 달러와 함께 제2선 자금으로 미국, 일본 등으로부터 233.5억 달러를 확보했다. 이 둘을 합하면 583.5억 달러이고, 이 중 실제 사용한 돈은 200억 달러 정도였다.

8   영업이익을 이자비용으로 나눈 비율로 동 비율이 1 이하이면 기업이 영업 활동을

표 4-1 은행 수의 변화, 1998년 1월~2004년 12월

	은행 수	소멸 은행 수		신설 은행 수	은행 수
	1977년 말	퇴출	합병		2004년 말
상업은행	26	5	7	-	14
전국은행	16	3	5	-	8
지방은행	10	2	2	-	6
특수은행	7	-	2	-	5
계	33	5	9	-	19

자료: 한국은행(2005.11).

여부, 현금 흐름의 안정성 여부 등을 기준으로 생존과 퇴출을 결정했다, 또한 금융감독위원회의 기업구조개혁기획단이 채권은행들을 앞세워 민간 주도 형식으로 했다. 기업들은 이제까지 외형 확대에 주력하느라 부채비율 등 재무 건전성에는 관심이 없었기 때문에 기준을 맞추기 어려웠고 반발도 컸다. 금융기관들은 자신의 구조조정이 우선이라 적극적으로 나서기 어려웠다. 이러다 보니 기업 구조조정은 금융기관 구조조정에 비해 시간이 많이 걸릴 수밖에 없었다. 특히 빅딜이라고 불리는 사업 구조조정 또는 사업 교환은 재벌들의 미래 먹거리가 걸려 있어 지지부진했다.

통해 얻은 수익으로 이자도 감당하지 못 한다는 의미이다. 다만 투자가 많은 기업은 많은 감가상각비 부담으로 이자보상배율이 낮아질 수 있어 감가상각 전 영업이익을 기준으로 산정하기도 한다.

표 4-2 1998년 9월 전경련 발표 사업 구조조정(빅딜) 방안

반도체	• LG반도체와 현대전자(반도체)를 일원화하고, 지분 비율은 사후 결정
석유화학	• 대산단지의 삼성종합화학과 현대석유화학을 통합한 후, 외국자본을 유치하여 국제 경쟁력 강화 • 여천과 울산에 있는 SK와 LG의 구조조정 방안은 추후에 논의
자동차	• 기아의 해외 매각이 실패하는 경우 현대, 대우, 삼성의 자동차 구조조정 방안은 추후에 논의
항공기	• 삼성, 대우, 현대 3사기 통합한 후 외국자본을 유치
철도차량	• 현대, 대우, 한진 3사가 통합하여 별도 독립법인 신설
발전설비	• 현대중공업과 한국중공업의 발전설비를 일원화, 삼성의 선박용 엔진 및 보일러 설비는 한국중공업에 이관
정유	• 현대가 한화의 정유 부분을 인수

1998년 6월에 금융감독위원회는 채권금융단을 통해 5대 계열 소속 기업 20개를 포함한 55개 기업을 회생불가 기업으로 선정 발표하여 기업 구조조정을 압박했다. 1998년 9월에 전국경제인연합회는 재벌들의 이해관계가 복잡하게 얽힌 사업 구조조정(빅딜) 방안을 발표했다. 이후 퇴출, 매각, 합병 등의 과감한 기업 구조조정이 빠르게 진행되었다. 1999년 9월에는 재계 순위 2위였고, 월급쟁이 신화를 만든 대우그룹이 해체되면서 기업 구조조정이 일차 마무리되었다.

이러한 기업 및 금융 구조조정 과정에서 주주, 경영진, 채권은행, 노동자 등의 고통 분담이라는 원칙 하에 이루어졌지만 각 경제주체에 미치는 충격은 달랐다. 주주와 채권은행은 금전적 손실이 컸고, 경영진은 높은 보수의 직장을 잃었다. 그러나 이들은 대부분 물적 기반이 있어 경제적으로 그리 어렵지는 않았다. 일부 대주주와 경영진은 구조조정

과정에서 떡고물을 챙기기도 했다. 어떤 채권은행은 세금으로 조성된 공적자금의 투입을 통해 살아나기도 했다. 고통이 컸던 이들은 정리해고로 직장을 잃은 일반 노동자와 영세 소상공인일 것이다. 기업의 도산과 정리해고로 직장을 잃은 전체 노동자 수는 알기 어렵다. 다만 6개 시중은행과 10개 지방은행에서 정리해고로 직장을 잃은 노동자는 1997년 말 재직자 10만 명의 40% 수준인 4만 명 정도였다.

위기극복 정책에 대한 비판적 평가

많은 정책적 노력과 국민의 희생 덕분에 한국은 2001년 8월 23일 IMF 지원자금을 조기에 전액 상환함으로써 IMF 관리 체제에서 벗어나게 되었다. 이로써 한국은 국제사회에서 IMF 구제금융을 받은 국가 중 가장 성공적으로 위기를 극복한 사례로 인정되어 왔다. 또한 IMF의 지원 조건도 위기를 극복하는 데 적절했다는 평가가 대부분이었다. 그러나 세상의 많은 일은 시간이 지나면서 평가가 바뀔 수 있다. IMF 위기극복도 마찬가지이다. 특히 2008년 세계 금융위기와 2020년 코로나 사태에 대한 각국의 정책 등을 볼 때 한국의 1997년 위기극복 정책과 과정에 대한 평가도 다시 할 필요가 있게 되었다. 하나는 통화·재정의 강력한 긴축정책과 초고금리정책이 적절했느냐이고, 다음은 성공적인 위기극복 과정에서 누가 가장 중요한 역할을 했느냐는 것이다.[9]

먼저 1997년 IMF와의 이행각서에 따라 실시된 강력한 재정 긴축과 통화 긴축은 빠른 구조조정을 위해 불가피한 선택이었다고 생각되었다. 그러나 2008년 세계 금융위기와 2020년 코로나 사태에 대응한 미국과 유럽 각국의 정책은 정반대였다. 재정 정책은 재정위기를 초래할 정도로 과감한 확장 정책을 사용했으며 통화 정책은 제로금리라는 초저금리정책을 채택하고, 이것도 부족해 양적완화(quantitative easing)라고 불리는 어마어마한 본원통화 공급확대 정책까지 사용했다. 금융위기에 대응한 1997년 한국의 정책과 2008년 선진국의 정책 중 어느 쪽이 맞는 것일까? 위기극복 속도에 대한 판단은 다를 수 있지만, 2008년 미국, 유럽이 자국의 금융위기를 극복하기 위해 선택한 정책이 국가와 국민을 더 편하게 하면서 위기를 극복한 정책인 것 같다.

1997년 말 한국의 금리 상황은 그야말로 살인적이었다. 회사채유통수익률(3년)은 1997년 6월 11%대에서 11월에는 14%로 상승하고 12월 23일에는 연중 최고치인 31.1%까지 상승했다. 기업어음수익률(91일물)은 더 빠른 상승세를 보여 1997년 6월 12%대에서 1997년 말 41%까지 상승했다. 이러한 고금리 상황은 1998년 들어 조금씩 완화되었지만 1998년 상반기까지 지속되었다. 살인적인 고금리는 재무구조가 부실한 기업뿐 아니라 많은 수의 정상적인 기업까지 도산시켰다. 많은 기업의 도산은 금융기관을 다시 부실화시켜 금융기관 구조조정을 지연시키는 요인이 되었다. 이는 또다시 신용경색을 유발하여 기업의 도산을 늘리면서 악순환의 고리가 되었다. 결과적으로 이때의 고금리정책은 썩

---

9 정대영, 『한국 경제의 미필적 고의』(한울, 2011), 171~176쪽에서 많이 인용했다.

은 환부의 몇 배에 이르는 정상적인 부분까지 도려내는 무책임한 돌팔이 의사의 수술법과 같았다고 보인다. 국민은 피할 수 있는 고통을 겪어야 했다.

여기에다 원화 환율은 1997년 중반 900원대에서 12월 24일에는 최고치인 1,965원까지 상승했다. 이는 당시 외환수급 상황이 불안했던데다, 1997년 12월 16일 환율제도를 바꾸어 환율의 1일 변동 폭 제한을 없앴기 때문이다. 이때에 지금 우리가 사용하는 자유변동환율제도[10]가 도입된 것이다. 당시 적당한 수준까지 환율 상승을 용인하는 것은 경상수지 흑자기조 정착과 외국인 투자 유치에 도움이 될 수 있는 정책이었다. 그러나 지나침은 항상 문제를 일으키듯이 과도한 환율 상승은 우리 경제구조를 왜곡하고 국부 유출을 촉진시켰다. 내수 기업과 수입 원자재 의존도가 높은 부품소재 기업의 경우 환율 상승의 혜택을 볼 수 없어 기술력이 뛰어난 우량 기업들도 고금리의 충격에서 버티지 못하고 도산하게 되었다. 반면 수출 기업은 재무구조가 부실하더라도 고환율 덕에 현금 흐름과 수익성이 개선되어 기업을 확장할 수 있었다. 또 과도한 고환율 정책은 외국인 투자의 자유화와 금융시장 개방 정책과 맞

---

10 한국의 환율제도는 다섯 번 정도 크게 바뀌었다. 1945년 10월~1964년 5월까지 고정환율제도, 1964년 5월부터 1980년 2월까지 단일변동환율제도, 1980년 2월부터 1990년 2월까지 복수통화바스켓제도, 1990년 3월부터 1997년 12월까지 시장 평균환율제도, 1997년 12월 16일 이후의 자유변동환율제도이다. 현재의 자유변동환율제는 환율변동 속도 조절 등을 위한 시장개입이 용인되고 있어 완전한 자유변동환율제도로는 인정받지는 못하고 있다.

물리면서 외국인에게 한국 기업, 금융기관, 부동산 등을 아주 저렴하게 매수할 기회를 제공했다.

다음으로 한국이 1997년 위기를 짧은 시간 내 극복하는 데 누가 가장 중요한 역할을 했느냐에 대한 평가도 당시 정책들이 적절했는지 못지않게 향후 정책 수립과 위기 극복 가능성 평가에 중요한 참고가 된다. 지금까지는 이해관계가 복잡하고 어려운 금융 및 기업 구조조정 업무를 시행착오는 있었지만 큰 무리 없이 추진한 당시의 금융감독위원회 등 정책 당국이 가장 중요한 역할을 했다고 받아들여져 왔다. 더욱이 인수합병(M&A), 자산부채이전(P&A), 공적자금 투입, 출자전환(debt-equity SWAP), 기업개선 작업 등과 같은 다양한 형태의 구조조정 작업이 한국에서 대부분 처음 시행되는 것이어서 정책 당국의 역할이 중요했다고 인정받아 왔다.[11]

그러나 2008년 세계 금융위기와 뒤를 이은 2010년 PIGS(포르투갈, 아일랜드, 그리스, 스페인) 국가의 금융·재정위기 과정에서 한 국가의 위기 극복을 위해 가장 중요한 것은 국민의 지지와 참여라는 것이 드러났다. 이들 국가에 대한 IMF나 EU 차원의 구제금융 지원 조건은 1997년 한국에 부과된 것과 비교하면 아주 평범했다. 소득세 및 부가가치세의 세

---

11 그러나 실제로 이러한 복잡한 금융·기업 구조조정의 실무 작업은 외국계 투자은행과 컨설팅 회사가 담당했고 이들 외국계 회사는 구조조정에 참여하여 엄청난 수수료 수입을 얻었다. 뿐만 아니라 일부는 내부 정보를 갖고 관련자들이 개인의 수익 기반으로 삼은 경우도 있다.

율 소폭 인상, 공무원 신규채용 중지, 공무원 급여 동결 또는 소폭 삭감, 그리고 정년(퇴직 연령) 연장, 노령연금과 생계비 지원 등의 축소 등과 같이 부러울 정도로 잘 갖추어진 사회보장제도를 조금 줄이는 것이 주 내용이었다. 그럼에도 불구하고 이들 국가의 국민 저항은 너무 거세 시장의 신뢰가 흔들리고 위기 극복이 지연되기도 했다.

이에 비해 한국은 사회 안전망이 거의 없는 상황에서 1997~1998년 수많은 사람들이 정리해고, 폐업과 합병 등으로 직장을 잃고 사업을 접었지만, 구조조정에 반대하기는커녕 금 모으기 운동을 통해 위기 극복에 적극 동참했다. 만약에 우리 국민이 1997년 금융위기 극복 과정에서 다른 나라들처럼 강하게 저항했다면 어떻게 되었을까? 금융·기업 구조조정의 지연, 외국인 투자유치 부진, 기업 경쟁력 약화 등으로 위기 극복이 불가능하거나 어마어마하게 장기화되었을 것이다. 이는 필자가 2010년 그리스, 스페인 중앙은행을 방문하여 금융·재정위기의 현황과 전망 등을 논의할 때 확인할 수 있었다. 이들은 자국의 위기 극복을 위해 가장 필요한 것이 국민의 지지와 이를 통한 시장의 신뢰 회복이라고 보고 있었다. 또한 한국의 1997년 위기 당시 금 모으기 운동 사례를 설명하자 자국에서도 그러한 정도의 국민의 지지와 희생이 있다면 현재 자신들의 위기는 위기라고 볼 수도 없다고 놀라워했다.

앞으로 금융위기는 또 발생할 수 있다. 한국 정책 당국의 위기대응 능력과 기법은 더 향상될 수도 있다. 그렇지만 국민의 지지와 동참을 끌어내기에 여건이 어렵다거나 정책의 방향이 잘못되어 국민의 저항이 심하다면 위기 극복이나 경제구조 개혁은 1997~1998년처럼 쉽게 이루어지지 않을 것이다. 그렇기 때문에 1998년 이후 한국에서 개혁다운 개혁이 없었을지도 모른다. 다행히 한국 경제는 그간 큰 위기 없이 잘 지내 왔지만, 2025년 들어 트럼프 행정부의 관세인상 압력과 현금 투자요구 등 외부 환경이 나빠지고 환율이 크게 오르고 있다. 잘못 대응하면 1997년 위기 상태 이상으로 어려워질 수 있다. 비상한 개혁이 필요할 때 개혁을 하지 못하면 어떻게 될까?

2. 빠른 위기 극복 후에 온 짧은 번영

거시경제의 빠른 회복

한국 경제는 1999년부터 경상수지, 물가 성장 등 거시경제지표가 빠르게 회복되어 정상을 찾아갔다. 수출은 다수 국민의 희생과 헌신, 기업 구조조정, 고환율 등으로 경쟁력을 회복하여 급속히 증가했다. 반대로 수입은 고환율과 내수 위축으로 크게 감소했다. 이에 따라 경상수지는 1998년부터 큰 폭의 흑자로 전환되었다. 물가는 고환율에도 불구하고 고금리와 구조조정에 따른 급격한 수요 위축으로 안정되었다. 성장은 큰 폭의 수출 증가와 정부지출 확대 등에 힘입어 정상화되었다. 이와 함께 경상수지 흑자와 외국인 투자 증가로 외환보유액이 늘어 외환사정도 빠르게 개선되었다. 이러한 경제 회복과 거시경제 여건을 바탕으로, 2001년 8월에 IMF 지원자금을 조기에 상환할 수 있게 되었다. 이

표 4-2 외환보유액 추이

	1998년 6월 말	1998년 말	1999년 말	2000년 말
외환보유액(억 달러)	409	520	741	962

자료: 한국은행 경제통계시스템(ECOS).

때의 거시경제 상황을 조금 더 자세히 살펴보자.

1998년은 -6.7% 성장한 데다 소비자물가가 7.5% 상승하여 경제가 엉망이었다. 1980년보다는 괜찮았지만 잘못 관리하면 한국 경제가 망가질 수 있는 위기 상황이었다. 다행인 것은 고환율에 따른 수출 증가, 내수 위축에 따른 수입수요 둔화로 1998년 경상수지가 400억 달러 이상 흑자였다는 것이다. IMF 지원자금과 수출대금 등으로 외환시장의 급한 불을 끌 수 있어 환율이 하향 안정세로 돌아섰다. 그러나 1999년부터는 외환시장 안정만으로는 부족했다. 플러스 성장으로의 전환과 물가안정을 통해 외국인 투자자들에게 한국 경제의 저력을 보여 주는 것이 절실히 필요했다. 즉 변덕이 심한 외국인 투자자들과 해외 기업들에게 한국 경제 전반에 대한 신뢰를 주어야 지속적 성장이 가능했다.

먼저 물가는 내수 위축과 환율의 안정, 1998년 높은 상승에 따른 기저 효과, 1980년대 초의 물가안정 경험 등에 힘입어 빠르게 안정되었다. 1999년 소비자물가상승률은 0.8%로 크게 낮아졌다. 이에 따라 금리인하 여력이 생겨 예금은행 대출평균금리(신규 취급액 기준)를 1998년 1월 17.01%에서 1999년 12월 8.58%로 대폭 낮출 수 있었다. 이러한 저금리 기조로의 전환은 기업의 수익성을 개선시켜 기업 구조조정에도 도움이 되었다. 기업의 수익성 개선은 금융기관의 부실자산 감축으로 이어져 금융 부문의 수익성과 건전성도 개선되었다.

금융과 기업 구조조정의 의욕적 추진, 노동자의 노사분규 자제, 수출 증가, 금리 인하와 환율 하락, 경상수지 흑자와 외국인 투자자금 유입 등에 따른 외환시장 안정 등 경제 환경이 대폭 개선되었다. 1999년에는 마이너스 성장에서 빠르게 벗어나 연간 실질 GDP 성장률이 10.7%를 기록했다. 1998년 마이너스 성장이라는 기저 효과도 한몫했지만 양호한 성적표였다. 2000년부터는 한국 경제가 위기에서 벗어나 성장,

표 4-3 주요 경제지표 추이

	성장		소비자물가 연간 상승률(%)	경상수지 (억 달러)	대미 달러 환율 (연평균, 원)
	실질 GDP 성장률(%)	1인당 GNI (달러)			
1997	5.0	10,307	4.4	-108	953.58
1998	-6.7	6,742	7.5	401	1394.97
1999	10.7	8,581	0.8	218	1188.65
2000	8.8	12,632	2.3	102	1131.12
2001	4.0	11,905	4.1	217	1290.99
2002	7.7	13,592	2.8	407	1250.15
2003	3.1	15,157	3.5	113	1191.85
2004	5.2	17,106	3.6	293	1143.74
2005	4.4	20,026	2.8	122	1024.14
2006	5.2	22,529	2.2	209	955.08
2007	5.8	25,019	2.5	105	929.16

자료: 한국은행(2000a: 195~197).

물가, 경상수지 등 거시경제지표가 다시 정상 궤도로 올라섰다. 국민의 희생과 협력이 가장 큰 기여를 했을 것이다. 또한 이와 같은 거시경제의 빠른 회복이 기업과 금융 부문의 구조조정도 더 원활하게 하는 선순환 단계에 이르렀다.

경제구조의 개선

국민소득의 지출 구조를 통해 위기 이후의 경제구조가 개선된 상황을 확인해 볼 필요도 있다. 먼저 투자 비중이 감소하여 투자 중심의 성장 구조도 조금씩 정상화되는 모습을 보였다. 1996년 38%까지 상승했던 명목 GDP에서 투자가 차지하는 비중이 2007년에는 30.5%로 낮아졌다. 경제에 주는 부담은 많이 줄었지만, 제조업 비중이 높은 일본, 독일, 대만 등의 20% 초반에 비해서는 여전히 높은 수준이다. 투자 비중

표 4-4 지출 구조 (단위: 명목 GDP의 구성비, %)

	민간소비	정부지출	투자	순수출	(수출)	(수입)
1997	52.7	10.6	36.0	-0.7	(29.0)	(29.7)
1999	52.0	11.5	30.1	5.7	(33.6)	(27.9)
2001	54.8	12.2	30.7	0.5	(32.7)	(31.2)
2003	53.6	12.5	31.3	2.0	(32.7)	(30.7)
2005	52.2	13.3	30.9	2.2	(36.6)	(34.4)
2007	52.4	13.9	30.5	1.1	(39.2)	(38.1)

자료: 한국은행(2014).

이 높은 일본도 고도성장기였던 1990년 이전에 30% 초반이었고, 이후 지속적으로 낮아지고 있다. GDP에서 차지하는 투자 비중이 높으면 조금 빠른 성장에는 도움이 되겠지만 투자의 변동성 때문에 경제가 불안해진다.

민간소비 비중은 52~53% 정도로 70% 수준인 미국보다는 크게 낮고 독일, 일본 등의 60% 내외에 비해서도 조금 낮은 수준이다. 그러나 정부소비 비중이 조금씩 늘어나 최종 소비지출(민간+정부) 비중이 증가하여 국민경제의 안정성이 다소 개선되는 모습이었다. 1990년 말 큰 기복을 보였던 순수출은 2000년대 들어 1~2% 수준에서 안정세를 보였다. 투자 비중이 조금 더 감소하고 민간소비 비중이 조금만 더 증가한다면, 1997년 금융위기를 극복하면서 한국 경제의 운용 결과인 지출 구조는 이상적인 모습을 가질 수 있는 상황이 되었다.

짧은 번영

한국 경제는 2000년부터 성장, 물가, 경상수지 등 거시경제지표가 균형을 잡고, 기업과 금융기관의 재무 건전성도 양호해져 아주 딴딴한 모습이 되었다.[12] 여기에다 2005년부터는 1인당 국민소득이 2만 달러

---

12 한국은 미국과 달리 소비자물가에 집값 변동분이 반영되지 않아, 집값이 많이 오른 2005~2007년의 소비자물가상승률을 미국 기준으로 산정하면 한국의 공식 수치인 2~3%보다 훨씬 높았을 것이다.

를 넘었다. 엄청난 위기를 빠르게 극복하면서 국민의 자신감도 생겨났다. 2006년 어떤 국제금융계의 인사가 한국은행을 방문한 자리에서 한국 경제는 신도 만들기 어려운 경제 상황을 이루었다는 칭찬도 했다. 2005~2007년에는 미국 등 세계경제도 한국과 비슷하게 좋았다. 한국 경제의 번영은 세계경제의 호황 덕도 본 셈이다.

그러나 경제가 한창 좋을 때 위기의 씨앗이 싹틀 수 있다. 미국은 2000년대 초 IT 버블의 붕괴와 2001년 9·11 테러 등으로 저금리정책이 2004년까지 지속되었다. 미국 경제는 2004년부터 성장세가 회복되고, 2005년 들어 주식시장과 주택시장이 호황을 보였으며 기업과 금융기관의 수익성이 좋아졌다. 부작용으로 물가는 3% 내외의 약간 높은 수준을 유지하여 불안한 모습이었고, 여기에 주택시장에서는 장기간 활황세가 유지됨으로써 버블 가능성이 제기되고 있었다. 미 연준은 2004년 6월 기준금리를 1%에서 1.25%로 인상한 이후, 2006년 5월 5%에 이를 때까지 0.25%P씩 아홉 차례 인상했다. 그럼에도 주택시장의 호황은 계속되었고, 많은 금융기관은 관성에서 벗어나지 못하고 무소득자 등 상환 능력이 부족한 사람에게까지 주택담보대출을 확대했다.

상환 능력이 부족한 사람에 대한 주택담보대출은 서브프라임 모기지라 하고, 금리가 더 높았다. 이를 취급한 금융기관은 높은 수익을 얻을 수 있었으며, 투자은행들은 이러한 서브브라임 모기지를 기초 자산으로 하여 다양한 파생금융상품을 만들어 팔아 돈을 벌었다. 당장은 모두에게 좋아 보였다. 저소득자도 대출로 산 집값이 올라 좋았고, 대출 금융기관은 더 높은 금리 수익을 얻어 좋았고, 투자은행들은 새로운 수익원이 생겨 좋았고, 파생금융상품 투자기관들은 고수익 상품에 투자할 수 있어 좋았다. 그러나 이러한 행복은 오래가지 못했다. 2007년 초부터 미국의 집값 하락 등으로 서브프라임 모기지의 부실이 상호 거래에 의해 연결된 헤지펀드와 여러 금융기관으로 전염되었다. 2008년 들어서는 서브프라임 모기지 사태가 미국을 넘어 세계 금융위기로 확산되었다. 이것을 보면 내일 무슨 일이 있을지 모르고 살아가는 것이 인간이라는 것을 알 수 있다.

한국 경제는 2000년대 들어 IMF 사태의 충격을 빠르게 벗어나면서 정상화되었고, 2008년 세계 금융위기 전까지 좋았다. 2002년 한일 월드컵의 4강 진출도 국민의 자부심과 단합된 힘을 표출시켰다. 축구 월드컵 4강 진출은 1986년 아시안 게임과 1988년 올림픽 개최 때와는 달랐다. 1980년대는 손님을 모시는 것이 주였고, 월드컵 때는 온 국민이 광장으로 나와 함께 즐겼다. 이와 함께 국민경제의 종합평가지표 중 하나인 환율도 이때 드물게 하향 안정세를 보였다. 당연히 달러 기준 1인당 국민소득도 증가하고, 해외여행과 해외 유학도 편하게 할 수 있었다. 이때는 동남아시아 국가 등에서 팁으로 1달러보다 1천 원을 더 선호하기도 했다. 한국 경제의 좋은 시절이었고, 2007년 10월 31일 원화의 대미 달러 환율은 900원을 기록했다. 1998년 이후 최저 수준이었으며, 환율이 앞으로 이 수준으로 회귀하기는 매우 어려워 보인다.

국민의 살림살이는 2000년대 중후반에 들어 좋아졌으나 그 번영이 오래가지 못했고, 국민경제 내에서 넓게 확산되지도 못했다. 구조조정 과정에서 살아남은 대기업과 금융기관의 정규직원, 구조조정이 거의 없었던 공무원, 교수, 교사 등 공공 부문 종사자, 의사와 같은 전문직 종사자는 아주 여유 있는 생활이 가능해졌다. 재벌 등 대기업 소유자, 많은 부동산 소유자, 권력층과 같은 기존의 특권층에 더해 새로운 기득권층이 생겨난 것이다. 이때쯤부터 한국의 불평등 구조가 바뀌고 더 복잡해졌을 듯하다. 이들의 씀씀이와 사는 모습은 유럽 국가의 평균 수준을 상회하여, 한국이 이미 선진국이 되었다고 생각하는 사람들이 크게 늘어나기 시작했다.

그러나 중소기업 직원, 비정규직 종사자, 농민, 영세 소상공인은 경제 회복의 혜택이 적어 상대적인 박탈감이 커졌다. 한국에서 불평등과 격차 문제가 본격적으로 드러나 사회문제화되기 시작했다. 불평등이나 격차는 1998년 이후와 같이 급격한 구조 변화나 빠른 성장 뒤에 더 커지는 경향이 있다. 빨리 적응한 사람과 뒤처진 사람 사이의 차이가 벌어지기 때문이다. 여기에다 2002~2003년경부터 급등한 집값, 집세는 불평등을 가속화·고착화시켰다. 이러한 불평등 확대로 인해 사람들이 노무현 대통령을 경제를 포기한 대통령이라 비난하고, 많은 소상공인이 거리로 나와 시위에 참가했던 근본 이유일 듯하다.[13]

불평등은 경제체제에 관계없이 인류가 집단생활을 하면서, 형태와 정도는 변했지만 항상 있어 왔던 것이다. 2000년대에 들어 전문가와

---

13 2004년 11월 전국의 식당 주인 3만 명이 서울 여의도에 모여 장사를 하지 못하겠다고 솥단지를 던지는 시위를 했다. 보수 야당과 일부 언론은 노무현 대통령을 경포대(경제를 포기한 대통령)라고 비난했다.

지식인들의 불평등에 대한 논의는 많아졌지만 진영에 따라 입장이 크게 갈렸다. 진보 쪽에서는 한국의 불평등이 1960~1970년대 개발 경제의 부산물, 또는 IMF 사태를 이용한 외국 금융자본의 수탈, 위기극복 대책이 신자유주의적으로 이루어지면서 나타난 결과라고 주장하고 있다. 반면 보수 진영의 학자들은 더 빠른 성장을 위해 불평등과 분배 문제는 희생해야 하거나 잠시 덮어 두어야 할 사안이라는 입장이었다. 이러면서 진보와 보수, 양 진영 간 갈등이 커지기 시작했다. 한국의 불평등은 뒤에서 보다 자세히 설명하겠지만 진보와 보수, 어느 한쪽에서 주장하는 것과 같이 단순한 문제가 아니다.

진보 측 학자들은 불평등 등 한국 경제의 많은 문제가 과도한 경쟁과 시장 원리 때문이라고 생각하는 경향이 있다. 그러나 불평등을 포함한 한국 경제의 꽤 많은 문제는 경쟁과 시장 원리가 부족해서 생기기도 한다. 예를 들면 의사 등 전문직의 고소득은 자신들의 노력과 오랜 공부 때문이기도 하지만 엄격하게 정원을 통제하고 업무 영역을 보호해 준 정부의 덕이 클 것이다. 대통령과 국회의원과 장차관, 관료와 판검사, 고위 공무원과 공기업 직원 등 공공 부문의 높은 보수는 정부가 직접 정한다. 또한 보수와 연금에 대한 재정 지원 등의 특혜도 받고 있다. 민간 부문이어야 할 금융기관은 정부의 진입 규제와 업무 영역 보호로 인해 공공 부문과 비슷하게 되어 있다. 이처럼 공공 부문과 전문직, 금융 부문 등에는 시장 원리가 잘 적용되지 않는다. 그래서 이들 분야에 종사하는 이들은 경쟁적 환경에 놓인 소상공인이나 비정규직보다 훨씬 더 많은 보상을 받는다. 한국 경제는 어떤 부분에서는 과도한 경쟁이,

다른 부분에서는 과도한 보호가 문제이다. 이 때문에 한국 경제의 난제들은 어느 한쪽 방향의 정책으로는 해결이 어렵고, 개혁적 진보와 개혁적 보수가 필요한 이유이다.[14]

어찌 되었든 2000년대 중후반의 번영은 짧게 끝났다. 2008년 세계 금융위기의 충격이 한국 경제에 미치기 시작하고, 이어 1997년 위기극복 과정에서 나타난 부정적 효과가 지속적으로 표면화되면서 한국 경제는 깊은 갈등과 혼돈 속에 빠졌다. 돌이켜 보면 노무현 대통령 시절의 경제는 부동산을 제외한다면 2020년대 초반보다 나쁘지 않았다. 그런데 지금까지도 꽤 많은 사람들이 경제에 관해서는 노무현 대통령이 못했다고 평가하는 이유가 무엇일까? 2010년 이후 장기간 한국 경제의 주춤거림이라든가 불안감이 노무현 대통령 탓은 아닐 것 같다. 아마 노무현 대통령에 대한 기대가 컸고, 당시 시대정신이 요구하는 문제, 즉 시대 과제라 할 수 있는 불평등과 격차 완화를 노무현 대통령이 정면 돌파하지 못했기 때문일 듯하다.[15]

---

14 개혁적 진보, 개혁적 보수라는 말은 고 김기원 교수(1953년 12월~2014년 12월)가 자주 쓰던 말이다.
15 이는 한국 경제가 2000년대 초 번영이 짧게 끝난 대표적 이유이다. 세계적인 개발경제학자이고 아시아개발은행의 독립평가국 국장을 역임한 비노드 토마스 박사의 환경의 지속 가능성, 사회의 포용성, 제도의 강건성을 강조하는 질적 성장론(Quality of Growth)과도 연결된다.

3. 평가와 아쉬움

IMF 사태의 부정적 효과

IMF 사태는 한국 경제에 엄청난 충격을 준 사건으로, 빨리 극복하기는 했지만 많은 후유증과 부정적 효과를 남겼다.[16] 불평등과 격차가 확대되고, 금융 부문이 과도하게 개방되었으며, 부동산 불패신화가 확고히 자리 잡고, 국민의 경제 의식이 과도하게 보수화되었다는 네 가지가 대표적인 부정적 효과이다.

여기서 먼저 불평등과 격차, 양극화에 대한 개념 정의를 분명히 할 필요가 있다. 한국에서는 불평등과 격차를 양극화와 같은 개념으로 보고 혼동해서 사용하는 경우가 많다. 필자도 한때 그랬으나 한국의 불평등 구조는 공부할수록 양극화와 그 모습이 다르다는 것을 알게 되었다. 한국의 소득 불평등은 뒤에서 다시 설명하겠지만 상위 10%가 전체 소득의 절반 정도를 갖고, 90%가 나머지 소득을 나누어 갖는 구조이다. 이를 분포도로 그려 보면 봉우리는 앞쪽에 하나가 크게 있고 꼬리 쪽이 긴 모습일 것이다. 봉우리가 양쪽 끝 부분에 둘인 양극화와 거리가 있다. 또한 양극화는 가진 자와 가지지 못한 자의 대립을 조장하는 용어 같기도 하다. 이 책에서는 양극화 대신 현상을 있는 그대로 설명하는

---

16 부정적 효과와 긍정적 효과에 대해서는 정대영, 『한국 경제의 미필적 고의』(한울, 2011), 176쪽과 186쪽을 참조했다.

불평등이나 격차라는 용어를 사용하려 한다.

첫째, 금융위기의 충격과 이를 극복하는 과정에서 산업, 기업, 고용, 소득 등 경제와 사회 전반에 걸쳐 불평등과 격차가 심화되었다. 산업과 기업 부문에서는 대기업과 중소기업, 수출 기업과 내수 기업, 중화학 공업과 경공업, 제조업과 서비스업 간에서 매출과 수익의 격차가 크게 확대되었다. 구조조정에서 살아남은 대기업, 수출 기업, 중화학 공업, 제조업은 빠르게 성장하고 수익성이 더 좋아졌기 때문이다. 개인도 정규직과 비정규직, 고소득자와 저소득자, 부동산 보유자와 미보유자 간의 소득과 부의 격차가 더욱 커졌다. 또한 수도권과 지방, 도시와 농촌 간의 성장과 소득의 격차도 커졌다. 이러한 불평등과 격차는 세계화와 중국·인도 경제의 부상 등 대외환경 변화에도 기인하는 면이 있지만, 금융위기 극복을 위한 구조조정과 고금리, 고환율 정책, 잘못된 부동산 정책의 부정적인 영향이 이들 문제를 증폭시켰다. 고금리로 인해 불필요한 부분까지 이루어진 구조조정, 고환율로 인한 내수 부문과 수출 부문의 성장 격차, 집값·집세의 폭등으로 경제구조가 빠르게 변화하면서, 적응력이 떨어지는 기업이나 근로자는 도태되거나 뒤떨어지게 된 것이다.

둘째, 외자 유치 등을 위해 빠르게 실시했던 금융 개방은 결과적으로 보면 과도했고, 과도한 금융 개방이 한국 경제를 대외 충격에 취약한 구조로 만들었다. 1997년 위기 이후 1~2년에 걸쳐 채권시장, 주식시장, 단기 금융상품시장이 모두 개방되었다. 외국인이 한국 주식시장에서 차지하는 비중은 2006년 1월 41%까지 상승했다.[17] 특히 삼성전자, 현대자동차처럼 한국을 대표하는 우량 기업은 외국인 주주 비중이 50% 수준에 이르고 국민·신한금융지주와 같은 한국의 대표 금융기관도 외국인 주주 비중이 기업보다 높은 60% 수준이었다. 이와 같은 주식시장 등 금융 부문의 개방은 일부 동유럽 국가나 멕시코 등을 제외하고는 선진국에서는 유례를 찾아보기 어려울 정도로 과도한 상태이다. 여기에다 한국은 실물 부문의 대외 의존도도 높아 수출입 의존도가 100%를 상회하여 몇몇 도시국가 등을 제외하고는 세계 최고의 수준이다. 이와 같은 금융 및 실물 면에서의 과도한 개방은 한국 경제의 불안정성을 크게 확대했다.

셋째, 부동산 불패에 대한 믿음이 뿌리내리는 계기가 되어 한국 부동산 가격의 지속적 상승 원인으로 작용했다. 아파트, 토지 등 부동산 가격은 1992년부터 안정세를 유지하고 있었음에도 금융위기 여파로 1998년에는 20~30% 정도 폭락했다. 그러나 1999년 말부터 정부의 부동산 경기 부양책과 장기간의 가격 조정에 대한 반등으로 부동산 가격이 빠르게 회복되었다. 이와 같은 부동산 가격의 빠른 회복은 많은 국민에게 두 가지 학습 효과를 남겼다. 하나는 IMF 금융위기와 같은 엄청난 위기가 와도 한국 부동산 가격은 조금 지나면 다시 상승한다는 것이고 다른 하나는 1998년과 같은 외부 충격에 의한 부동산 가격 폭락 시기가 부동산을 싼값에 살 수 있는 절호의 기회라는 것이다. 이러한

---

17 주식시장에 대한 외국인 투자 비중은 2015년경부터 감소하여 2025년 말 33% 수준을 유지하고 있다. 그래도 높은 수준이다.

두 가지 학습 효과는 2008년 세계 금융위기와 2020년 코로나 사태 이후에도 영향을 미쳐 부동산 시장의 정상화를 더욱 어렵게 하고 있다.

넷째, IMF 금융위기 과정에서 생존을 위해 경제주체들의 의식이 과도하게 보수화되었고 이에 따라 한국 경제의 역동성과 성장 잠재력이 약화되었다. 금융기관은 주택담보대출 등 안전한 대출에 주력하고, 기업은 여유자금을 갖고 있으면서도 투자를 주저한다. 이보다 더 큰 문제는 개인들의 경제 의식이 과도하게 보수화되면서 직업과 대학 선택에 큰 변화를 가져와 경제의 바탕이 흔들리고 있다는 것이다. 1998년 이후 금융과 기업 구조조정 과정에서 금융기관 종사자의 40% 정도가 직장을 잃었고 기업 부문에서도 그 이상의 일자리가 사라졌다. 민간 부문 종사자는 유수의 대기업에 다닌다 하더라도 언제 직장을 잃을지 모르게 되었다. 직장을 잃을 경우 비슷한 수준의 소득을 얻기 위해서는 자영업에 뛰어들 수밖에 없고, 이때 실패하면 빈곤층으로 전락하게 된다. 이러한 상황은 개인들의 직업 선택 시 우선순위를 빠르게 변화시켰다. 공무원과 공기업 직원, 교수와 교사, 의사와 변호사처럼 안정성이 높은 직업이 최우선 선호 대상이 되었다.

직업 선호의 변화는 대학 선택의 변화로 이어졌다. 한때 한국에서 가장 머리 좋은 사람들이 지원하던 서울대학교 물리학과, 전자공학과 등은 전국에 있는 모든 의과대학 정원을 다 채워야 학생을 받을 수 있는 정도로 지원 순위가 뒤로 밀렸다. 그리고 많은 대학생들이 전공을 불문하고 고시와 공시에 매달렸다. 모험적인 기업가 정신과 과학기술 발전이 자본주의 경제발전의 밑바탕이다. 각 개인들의 의식 보수화와 직업 및 대학 선택의 선호 변화는 한국 경제의 뿌리를 흔들었다. 한국은 뛰어난 학생이 과학기술을 공부하고 꿈이 있는 젊은이가 벤처 기업을 창업하여 성공할 수 있는 경제, 즉 역동성 있는 자본주의 경제로부터 멀어졌다. 한국은 독일의 강소 기업이나 미국의 빅테크와 같은 기업이 나오기 어려운 환경이 된 것이다.

긍정적 효과

세상사에는 음지도 있고 양지도 있다. 국민에게 엄청난 고통을 준 1997년 금융위기가 한국 경제를 긍정적인 방향으로 변화시킨 측면도 있다. 금융기관과 기업의 재무 건전성이 크게 개선되었다는 점, 외환보유액을 크게 늘리고 엄격하게 관리하는 계기가 되었다는 점, 금융감독기준·회계기준·공시기준 등이 국제 수준에 맞추어 선진화되었다는 점, 그리고 금융기관의 위험관리에 대한 관심이 커지고 자율적인 경영 여건이 조금은 조성되었다는 점이 대표적인 네 가지 긍정적 효과이다.

첫째, 금융기관의 재무 건전성은 금융 구조조정이 일단락되고 2002~2003년의 신용카드 사태가 진정되는 2005년부터 빠르게 개선되었다. 특히 한국의 주요 은행들은 2006~2007년경부터는 BIS 자기자본비율이 13% 내외를 유지하여 세계 우량은행 수준의 수익성과 건전성을 갖게 되었다. 기업도 인수합병, 인력 감축 등의 구조조정이 진행되면서 대기업을 중심으로 재무구조가 크게 개선되었다. 한국 상장기업의 평균 부채비율은 2000년 100% 이하로 떨어지고 2007년에는 70%를 기록하여,

당시 미국(제조업 평균) 127%, 일본(제조업 평균) 128%보다 낮아졌다. 또한 삼성전자, 현대자동차, LG화학, 포스코, SK와 같은 대기업은 개선된 재무구조와 자율화, 개방화 등을 바탕으로 세계적인 기업으로 도약하는 계기가 되었다.

둘째, 외환보유액은 1997년 11월 말~12월 초 거의 고갈되어, 가용 외환보유액 수준이 1997년 12월 18일 39억 4천만 달러까지 감소했다. 1998년 들어 IMF 구제금융의 입금, 경상수지 흑자, 적극적인 외자 유치 등으로 외환보유액을 빠르게 증가시킬 수 있었다. 1999년 1천억 달러를 넘고 2007년 말 2,622억 달러, 2025년 9월 4,100억 달러를 기록하여 세계 10위 수준의 외환보유국이 되었다. 아울러 외환보유액 산정 기준도 IMF의 요구에 따라 한국은행이 국내 은행 해외 점포에 예치한 자금 등을 제외하고 실제 사용이 가능한 가용 외환보유액 개념으로 변경하여 매월 공개했다. 이와 같은 외환보유액의 확충과 투명성 제고는 한국 경제의 대외 신인도 제고와 함께 정책 당국의 국내 금융시장의 보호 역량을 어느 정도 강화시켰다.

셋째, 한국의 금융감독기준 등을 국제모범기준(code of international best practice)에 맞추어 선진화하는 계기가 되었다. 1998년부터 은행 건전성 감독의 핵심 지표인 BIS 자기자본비율을 바젤은행감독위원회(BCBS) 기준에 맞추어 엄격히 산정하기 시작했다. 1998년 9월에는 차주의 미래상환 능력을 반영한 자산건전성분류기준(Forward Looking Criteria: FLC)을 도입했다. 또한 1998년부터 기업회계기준도 국제회계기준위원회(ISAB)가 제시한 국제회계기준(International Financial Reporting Standards:

IFRS)과 일치하도록 강화되었다. 이어 채권시가평가제도, 기업집단의 결합재무제표 작성제도 등도 도입했다. 그리고 기관 투자자와 일반 투자자 간 정보 비대칭성의 완화 등 공시제도와 기업 IR(Investors Relationship) 방식도 국제적인 모범 관행에 일치하도록 했다.

이와 같은 감독기준, 회계기준 등을 국제기준에 일치시키는 작업은 금융기관이나 기업의 저항이 심하고 감독 당국도 원하는 과제가 아니어서 통상 많은 시간이 소요된다. 금융기관이나 기업은 더 엄격한 규제를 받거나 더 많은 정보를 공개하기가 싫기 때문이고, 감독 당국은 재량권이 적어지기 때문에 싫어한다. 한국은 감독기준, 회계기준 등을 국제모범기준에 맞추는 것이 1997년 IMF 자금지원 조건에 포함되고, 금융위기 극복이라는 분위기 때문에 금융기관, 기업 감독기관의 저항이 적었다. 그리고 흥미로운 점은 1997~1998년 이후 한국의 많은 정책기관에서 정책 방안을 검토할 때 일본의 사례를 조사하는 관행이 눈에 띄게 사라졌다는 것이다. 이때부터 금융, 회계 분야에서 한국은 미국, 유럽의 선진 제도를 직접 받아들이게 되었기 때문인 듯하다.

넷째, 금융기관이 위험관리에 관심을 갖고 관치에서 벗어나 자율 경영을 추구할 수 있는 계기가 되었다. 금융기관은 구조조정 과정을 거치면서 위험관리의 중요성을 인식했다. 과거에는 정치권력이나 감독 당국의 지원만 있으면 금융기관의 생존이 가능했으나 IMF 금융위기 이후에는 자본 적정성, 유동성 등 자신의 건전성이 생존의 일차 요건이 되었기 때문이다. 이에 따라 금융기관은 위험관리능력 제고를 위해 VaR 등의 새로운 위험측정 기법, 위험기준 성과평가와 위험통합 관리 등 선진 위험관리 시스템을 도입하고 위험관리 전문가를 영입 육성하기 시작했다. 아직까지는 세계 주요 금융기관에 비해 위험관리의 기법이 떨어지고 문화도 충분히 정착되지 못했지만, 1997년 위기 이후 금융기관의 중요 업무 중 하나로는 자리 잡게 되었다.

그리고 금융위기 이전에는 법이나 규정에 의한 금융기관 규제도 심했지만 정부나 감독 당국이 특정 기업에 대한 대출, 임원 선임 등에 대해 지시하는 경우가 많았고 금융기관이 이를 거의 그대로 받아들이는 것이 더 심각한 문제였다. 더욱이 정부나 감독 당국의 지시는 대부분 전화나 회의 형태로 이루어져 책임 소재마저 불투명했다. 금융위기 이후 외국계 금융기관의 등장, 외국인 주주 비중의 증가 등으로 금융기관의 자율성이 조금씩 확대되었다. 정부나 감독 당국의 지시가 금융기관의 경영 건전성 또는 주주의 이익에 반하는 경우 금융기관이 거부하는 사례가 조금씩 나타나기도 했다.

감독기준과 회계기준 등의 선진화가 금융산업 발전을 위한 하드웨어라면 금융기관의 자율 경영은 위험관리와 함께 한국 금융산업 발전에 필수적인 소프트웨어이다. 위험관리는 금융기관이 계속기업으로 생존하기 위한 초석이고 자율 경쟁은 창의성과 경쟁력 확보를 위한 전제 조건이기 때문이다. 이는 금융 기업이 아닌 일반 기업들에게도 비슷할 것이다. 아직 한국 금융기관의 경영 자율성은 충분하지 않고 가끔은 다시 옛날로 돌아가는 모습을 보이기도 하지만 IMF 금융위기와 금융구조조정 과정을 거치면서 큰 진전을 이루었다.

김대중 · 노무현 정부에 대한 비판적 평가

1997년 IMF 사태는 많은 사람에게 큰 시련을 주고, 앞서 살펴본 대로 국민경제에 엄청난 변화를 가져왔다. 이 시기에 김대중 정부(1998년 2월~2003년 2월)와 노무현 정부(2003년 2월~2008년 2월)가 있었는데, 지나고 보니 더 잘했으면 하는 아쉬움이 남는다. 세상일은 같이 휩쓸려 갈 때는 잘 보이지 않지만 판 밖에서 보거나 시간이 지나고 나서 돌아보면 잘잘못이 드러나는 법이다.

먼저 김대중 정부는 업적이 많다. IMF 사태의 빠른 극복, 지방자치의 확대와 지속적인 규제완화 정책 등을 통해 민주주의와 시장경제를 강화했으며, IT산업 육성과 전자정부 추진 등을 통해 경제의 디지털화를 빠르게 실행했다는 것이 대표적인 업적이다. 또한 2000년 7월에는 직장 의료보험조합과 지역 의료보험조합의 통합과 함께 국민연금의 직장 가입자와 지역 가입자의 재정 통합을 시행했다. 국민연금의 구조개혁과 병행하여 시행했으면 더 좋았겠지만, 행정비용 감축 등의 효과가 있는 정책이었다.

이와 함께 김대중 정부는 1998년 10월 일본의 대중문화를 완전 개방했다. 처음에는 반대 여론과 함께 한국의 대중문화가 말살될 것이라는 전문가들의 우려도 많았다. 그러나 장기적으로 한국의 영화, 음악, 만화가 세계적 경쟁력을 갖추는 계기가 되었으며, 2000년대 이후 한류문화 확산의 기초가 되었다. 그리고 2000년 6월 김대중 대통령은 북한의 김정일 국방위원장과 역사적인 남북정상회담을 갖고 6·15남북공동선

언을 발표했다. 이 후속 조치로 개성공단이 설치되고 금강산 관광과 남북 이산가족 상봉 등의 남북 교류가 확대되었다. 아쉽게도 남북 관계의 개선은 오래 지속되지 못했다.

김대중 정부에서 가장 아쉬운 점은 IMF 사태를 빨리 회복하기 위한 조바심 때문에 실시한 것으로 보이는 광범위한 부동산 경기 부양이다. 지나고 나서 보니 부동산 경기를 그렇게 심하게 부양하지 않았어도 한국 경제는 조금 늦었을지는 몰라도 충분히 회복될 수 있었던 것 같다. 다음은 의약분업 추진을 위한 협상 과정에서 의대 입학정원을 350명 정도 감축했다는 것이다. 작은 것을 위해 너무 큰 것을 양보했다. 그리고 불평등 문제에 관심은 가졌으나 크게 개선시키지 못한 점도 아쉽다.

다음으로 노무현 정부는 한국 경제의 여러 문제에 대해 의욕과 진정성은 컸던 것으로 보이나, 실제 이룬 실적은 눈에 띄는 것이 없다. 특히 불평등 문제는 로드맵만 그렸지 실행이 없었다. 한미 FTA, 동북아 금융 중심지, 연금개혁 등이 대표적인 추진 정책이었다. 어떤 것은 의도가 불분명했고, 또 어떤 것은 전혀 성과가 없거나 방향이 잘못되었다. 더욱이 이들 정책은 한국 경제의 고질적 문제인 불평등 완화에 도움이 되지도 못했다.

먼저 한미 FTA는 왜 했을까? 설득력 있는 답을 찾기 어려웠다.[18] 다

---

18 필자는 《창작과 비평》 2012년 봄호에서 이루어진 대화 「2013년 이후 무엇을 먹고 살까?」에 김병준(노무현 정부 정책실장) 등과 함께 참여했다. 김병준 전 실장에게 한미 FTA를 한 이유를 물었으나 시원한 답변을 듣지 못했다.

른 정책에 비해 당시 야권의 반대가 적어 쉽게 추진할 수 있을 것이라고 생각했을지 모르지만 진보 세력에서 반대가 극심했고 국력 낭비도 많았다. 그 노력으로 다른 개혁을 했다면 한국 경제가 많이 좋아졌을 것이다. 한미 FTA가 나쁜 정책은 아니지만 그렇게 많은 정책적 노력을 쏟아야 할 만큼 절실한 것은 아니었다. 협상을 잘하면 한국 경제에 약간의 이익이, 잘못하면 오히려 손해가 될 수도 있는 과제였다. 더욱이 2025년 제2기 트럼프 대통령 집권 후 이루어진 여러 나라와의 관세 협상을 보면 FTA와 같은 국가 간 협약은 언제든 무시될 수 있다는 것을 알 수 있다. 강대국과의 조약은 언제든 휴지 조각이 될 수 있고, 외국의 도움에 의존하는 것보다는 내부의 국력을 키우는 것이 더 중요하다는 사실을 잘 보여 준다.

다음으로 한국을 동북아시아의 금융 중심지로 만들겠다는 정책은 야심 차게 추진했으나 전혀 진전이 없었고, 지금은 기억하는 사람조차 찾기 어렵다. 괜찮은 정책이었지만, 노무현 정부의 정책 당국자들이 금융에 대한 이해가 부족했고, 당시 한국의 실력으로는 너무 어려운 과제였다. 금융 국제화의 과제는 일반적으로 국내 금융시장의 개방, 원화 국제화, 국내 금융기관의 해외 진출, 국내에 국제금융시장 육성이라는 네 가지가 핵심이다. 이 중 국내 금융시장 개방은 1997년 IMF 사태를 계기로 과도할 정도로 이루어져 한국이 추진해야 할 남은 과제는 세 가지였다. 동북아시아 금융 중심지 정책은 국내에 잘 작동되는 국제금융시장을 갖는 것으로, 굳이 순서를 따지자면 금융 국제화의 여러 과제 중 마지막 단계일 것이다. 금융 국제화에 관심을 가졌던 것은 좋았는데 우선순위가 잘못되었고, 너무 서둘렀던 같다. 그리고 노무현 정부의 금융에 대한 무지가 드러난 사건이 또 있다. 2003년 9월, 외환은행을 미국 사모펀드인 론스타에 매각한 일이다. 이는 정치인의 무능과 금융 관료의 탐욕이 집적된 사건으로 우리가 꼭 기억해야 하기에 별도로 자세히 설명하려 한다.

마지막으로 국민연금개혁은 2007년 소득대체율을 60%에서 50%로 일차 인하하고, 이후 매년 0.5%P씩 인하하여 2028년에 40%까지 낮춘다는 것이었다. 이는 국민연금의 재정 안정성을 조금 높일 수 있었지만 미봉책이었다. 따라서 이후에도 국민연금은 지속 가능성과 공정성 등의 문제가 계속 제기되고 개혁 논의가 이어졌다. 이에 따라 2025년 3월 보험료율을 9%에서 13%로 대폭 인상하고 소득대체율은 40%에서 43%로 소폭 인상하는 개혁이 있었다. 그러나 이것도 국민연금의 공정성과 지속 가능성을 개선하지 못한 또 다른 미봉책에 불과했다. 젊은이들은 자신들이 국민연금을 내기만 하고 받지 못할 수도 있다는 불안감 때문에 계속 반발하고 있다. 국민연금과 공무원 연금 등 공적연금 개혁의 핵심은 부담한 것보다 과도하게 받는 사람들, 즉 지금 연금을 받고 있거나 곧 받을 사람들의 수령액을 어떻게 줄일 수 있느냐이다.

여기에다 노무현 정부가 추진했던 연금개혁의 기본적 한계는 국민연금보다 더 지속 가능성이 떨어지고 특혜가 많은 공무원과 사립학교 교직원 등의 특수직 연금은 개혁 대상으로 삼지 않았다는 것이다. 아마 같이 일하는 공무원들의 저항이 두려워서였을 것이다. 노무현 정부가 자주 말했던 경제정의 확립이나 반칙 축소를 위해서라면 공무원 연금을 먼저 개혁하거나 최소한 동시에 개혁했어야 했다. 공무원 연금 개혁은 2015년 5월 박근혜 정부 시절에 찔끔이나마 이루어졌다. 노무현 정부의 개혁 의지가 박근혜 정부보다 못했다고 볼 수도 있다.

한국 경제의 오랜 숙제 중 하나인 불평등 문제는 노무현 정부가 관심과 고민은 많았던 것으로 보이나, 부동산 정책의 실패로 오히려 상황이 악화되었을 가능성이 크다. 집값, 집세가 오르면 집 없는 사람은 상대적으로 가난해지고 집세 부담으로 가처분소득이 줄어든다. 바로 불평등이 심화되는 것이다. 불평등과 관련해 노무현 정부가 꼭 했어야 할 일은 국민의 소득세 납세 통계를 성명이나 주민번호 등 개인식별자료 없이 공개하는 것이었다. 아주 쉬운 일인데 지금까지도 안 되고 있다. 노무현 정부가 이 일만이라도 했다면, 한국의 불평등에 대한 분석과 정책 과제에 대한 연구가 많아졌을 것이고, 많은 사람들이 한국 불평등의 실상을 쉽게 알 수 있었을 것이다. 그러면 민주주의와 시장경제가 갖고 있는 자율 조정능력에 의해 시간이 지나면서 불평등이 조금씩 개선되어 왔을 것이다.

미국, 유럽 등의 국가는 대부분 국민의 소득세 납세 통계를 공개하고 있어 불평등 구조를 쉽게 알 수 있지만 한국은 그렇지 않다. 소득세 납세 통계를 개인 식별정보 없이 공개하는 것은 비용이 거의 들지 않으면서 긍정적 효과가 아주 많은 정책이다. 그러나 한국만 어쩐 일인지 소득세 납세 통계를 공개하지 않고 있으며, 공개하자는 말도 별로 나오지 않는다. 한국에서 정치인과 정책 당국자들이 불평등을 완화하겠다는 말의 진정성을 믿기 어려운 이유 중 하나이다. 스웨덴의 경우는 더 특

별해서, 국민의 납세 통계를 개인식별자료와 같이 공개하고 국민 누구
나 주변 사람이 얼마를 벌고 얼마나 세금을 냈는지 알 수 있다. 이로 인
해 국민의 탈세가 줄고 세무 당국은 세금을 더 열심히 공정하게 걷을
수밖에 없다. 한국은 시장에 의한 자율 조정보다 정부의 직접 규제를
선호하는 나라라 국가주의나 관료주의라는 말이 나오고 있다. 그러면
서 소득세 납세 통계를 공개하지 않는 것을 보면 국가주의나 관료주의
가 부자나 정치인, 관료들을 위해서만 작동하는 듯하다.

외환은행의 황당한 매각 사건, 일명 론스타 사건

외환은행 매각 사건의 핵심은 그다지 부실하지 않은[19] 외환은행을
파는 사람(외환은행 경영진과 감독 당국)이 부실하다고 우겨서 은행 인수
자격도 없는[20] 사모펀드인 론스타에 판 것이다. 이 사건은 2002년 하반

---

19 2003년의 외환은행은 허둥지둥 팔아야 할 정도로 부실하지 않았다. 감독당국이
    수차례 수정시켜가며 만든 최악의 시나리오에 의한 BIS 자기자본이 6.16%였다.
    외환은행은 정상적인 상황에서는 BIS 자기자본비율이 9%를 넘는 정상 은행이었
    다. 여기에다 한국의 다른 여러 은행과는 달리 해외영업 비중이 크고 기업금융과
    수수료 수입이 많은 괜찮은 은행이었다.
20 론스타가 한국에서 은행을 인수할 수 없는 산업자본이라는 논란이 많았으며, 특
    히 미국 금융감독당국은 2003년 론스타가 외환은행을 인수하자 론스타의 은행
    인수자격을 문제 삼아 외환은행의 미국 내 현지법인과 지점의 은행업 허가를 취
    소했다. 한국과 미국에서 은행인수 자격이 없는 론스타가 한국에서는 은행을 인
    수해 큰돈을 번 것이다.

기 김대중 정부 말에 론스타가 외환은행에 투자를 고려하며 시작되었고, 노무현 정부 때인 2003년 9월 론스타의 외환은행 인수가 결정되었다. 그리고 2012년 초 이명박 정부 때 론스타가 외환은행을 하나금융지주에 매각함으로써 일차 마무리되고, 2025년 11월에는 투자자와 국가 간 분쟁(Investors-State Dispute Settlement: ISDS)도 일단락되었다. 그러나 사건의 진상이 정확히 밝혀지지 않았고, 론스타의 추가적인 분쟁 제기 가능성 등으로 아직 완전히 종료된 사건은 아니다.

외환은행 매각을 두고 불법 매각, 헐값 매각이라며 논란이 많았고 이와 더불어 국회와 시민단체 고발, 감사원 감사와 검찰 수사가 있었지만 실체적 진실은 밝히지 못했다. 이 결과 한국은 국부 유출과 함께 금융산업의 경쟁력 약화, 경제정의 훼손뿐 아니라, 외환은행과 금융감독원의 관련 실무자 두 명이 사망하는 사건까지 있었다. 외환은행은 한일청구권자금의 일부가 영업자금으로 투입되었으며, 1997년 금융위기에도 불구하고 어렵게 살아남았고, 인적자원이 훌륭했던 은행이다. 외환은행의 황당한 매각이 이루어진 2003년은 노무현 대통령이 취임한 해로 대통령이 이를 제대로 알 수 없었을 것이다. 그러나 대통령이 임명한 사람들이 한 일이다.

외환은행 사태는 한국 경제의 여러 문제와 관련된 중요한 사건이지만 진실이 밝혀지지 않고 역사 속으로 사라져 버리고 있다. 아쉬움이 많아 제기된 의혹과 의문, 사건의 전개 과정 등을 정리해 기록으로 남겨 보고자 한다.

첫 번째는 가장 근본적인 의혹은 누가 외환은행을 론스타에 팔도록 주도했느냐이다. 론스타는 텍사스에 소재한 미국의 투자 펀드이지만 한국인 투자자가 포함되어 있다는 것이 검찰수사 등에서 나타났다. 그러나 누가, 얼마나 투자했는지는 밝혀지지 않았다. 한국의 투자자는 주도 세력과 깊은 관계가 있을 것이다. 외환은행 사태는 국민의 정부에서 시작되어 여러 정부를 관통하고 있다. 주도한 사람은 한국의 정권이 바뀌어도 항상 힘을 가질 수 있는 세력인 듯하다. 과거 대선 과정에서 남북정상회담 회의록까지 공개되었음에도 외환은행 사태의 결정적 의혹은 정권이 바뀌어도 밝혀지지 않고 있기 때문이다.

두 번째는 론스타와 외환은행에 얽힌 의혹을 장기간 지켜보면, 론스타 쪽에 섰던 사람들이 참여정부 때부터 계속 출세한다는 것이다. 론스타의 외환은행 인수는 참여정부 시절인 2003년에 이루어지고, 2006년 대대적 검찰 수사가 있었지만 관련자들은 이후에도 승진하고 좋은 자리를 차지하고 있다. 참여정부, 이명박·박근혜 정부를 지나 문재인·윤석열 정부까지 론스타 관련자들이 국회의원, 장관 등의 꽃길을 걷고 있는 것이다. 이는 외환은행 매각을 주도한 세력이 한국의 정권 교체를 무의미하게 만들 수 있을 정도로 강한 세력이라는 확실한 정황이다. 그 세력은 과연 누구일까?[21]

---

21 론스타 펀드는 미국 텍사스에 본부를 두고 있기 때문에 미국 부자들의 돈이 투자된 것은 분명하다. 여기에 한국의 재벌과 관료들처럼 정권과 관계없이 계속 힘을 갖는 세력이 참여했을 가능성이 있고, 이들을 통합 기획하는 사람도 있었을 것 같다. 어쩌면 한국 경제와 정치의 탐욕스러운 기득권자들이 참여해 강력한 비밀 조직을 만들었을지도 모른다.

세 번째는 외환은행 사태가 잘 짜인 범죄 드라마와 같다는 것이다. 사건의 전개 과정을 언뜻 보면 주도 세력이 누구인지 쉽게 드러나지만 꼼꼼히 짚어 보면 그들이 아니다. 즉 사람들을 아주 혼란스럽게 만드는 복선이 있는 드라마이다. 여기에다 사건의 열쇠를 쥔 핵심 인물 두 명이 2006년 검찰 수사 전에 갑자기 젊은 나이에 죽었다. 한 명은 감독 당국의 요청에 의해 최악의 시나리오를 가정한 외환은행 BIS 자기자본비율을 추정해 준 외환은행 직원이다. 다른 한 명은 론스타의 외환은행 인수 관련 업무를 담당했던 금융감독원 실무자이다. 두 사람은 병사했다고 하지만 의혹을 밝힐 수 있는 핵심 실무자가 한 명도 아니고 두 명이나 모두 죽은 것은 우연이라고 보기에는 좀 이상하고 찜찜하다. 외환은행 사건은 정지영 감독의 영화 〈블랙머니〉로 2019년 11월 개봉했다.[22] 이때 국민의 관심이 잠시 살아났지만 점점 잊혀지고 있다.

외환은행 매각 관련의 관련 일지

- 2002년 4월 외환은행장을 김경림에서 이강원으로 교체
- 2002년 10월 론스타의 투자의향서 제출

---

22   영화는 론스타가 외환은행을 하나금융에 매각하려던, 2011년 말 2012년 초를 대상으로 여러 사건을 농축하여 집어넣었다. 잊혀져 가는 금융 사건을 흥미 있는 영화로 만들어 많은 사람들이 이 사건을 알 수 있게 되었다. 감독과 제작진에게 깊은 감사를 표한다.

- 2003년 7월 15일 10인 비밀대책회의(변양호, 김석동, 추경호, 유재훈, 주형환, 이강원, 이달용, 전용준 등)
- 2003년 7월 21일 외환은행 실무자(?)가 2003년 말 추정 BIS 비율(6.16%)을 팩스로 금감원에 송부
- 2003년 7월 22일 김진표 재경부 장관은 외환은행을 론스타에 매각할 수 있다고, 외신에 언급
- 2003년 8월 27일 론스타와 외환은행 매각계약 체결
- 2003년 9월 26일 금융감독위원회에서 론스타가 외환은행의 주식보유한도(10%)를 초과하여 취득하는 것을 승인함으로써 외환은행의 매각이 확정됨(이정재 당시 금감위원장은 불참, 이동걸 부위원장이 회의 주재)
- 2005~2006년, 외환은행 담당 실무자와 금감원 담당 실무자가 질병으로 사망
- 2006년 2월 국회 재경위 검찰수사 의뢰
- 2006년 3월 감사원 검사, 검찰(대검 중수부) 수사 착수
- 2006년 6월 국민은행과 매각계약 체결 후 여론이 나빠 파기 (11월)
- 2006년 12월 검찰 중간수사 발표
- 2007년 9월 HSBC와 매각계약 체결, 파기(12월)
- 2008년 11월 변양호 등 론스타 관련자 1심 무죄판결
- 2012년 1월 하나금융지주에 매각(3조 9376억 원)
- 2015년 5월 〈뉴스타파〉가 2006년 검찰수사 시 금융 관료의

자금흔적 발견을 보도

- 2017년 8월 도피 중이던 론스타 한국 대표 스티븐 리를 이탈리아에서 검거, 석방
- 2012년 론스타가 한국 정부를 상대로 투자자 국가 간 분쟁 (ISDS) 제기

4. 한국의 부동산

부동산의 특수성

부동산은 특수해서 잘 다루지 않으면 탈이 나기 쉽다. 첫째, 부동산은 개인의 생활과 기업의 경제활동에 없어서는 안 될 필수 재화라는 것이다. 사용할 수 있는 부동산이 부족하면 살림살이가 엄청 불편하고 기업 활동이 부진해진다. 둘째, 부동산은 수입이 불가능하고 주택 공급의 시차가 크며, 시장의 기본 원리인 수요와 공급의 법칙이 잘 작동되지 않는다는 것이다.[23] 따라서 부동산을 시장 원리에 맡겨야 한다는 말이

---

23 부동산 시장에서 수요와 공급의 법칙이 잘 작동되지 않는 현상을 살펴보자. 가격이 오르면 수요는 줄고 공급은 늘어나고, 가격이 떨어지면 수요가 늘고 공급이 준다. 이러한 수요와 공급의 변화로 시장에서 새로운 균형가격이 생기는 것이 수요와 공급의 법칙이다. 그러나 집값의 경우 반대로 작동하는 경우가 많다. 집값이 오르면 신규 건설주택의 공급은 늘어날 수 있지만, 이보다 훨씬 많은 기존 주택의

나 시장 때문에 부동산이 망가졌다는 말은 둘 다 맞지 않다. 셋째, 정보의 불완전성과 비대칭성이 주식시장 등에 비해 훨씬 더 심하다는 것이다. 이는 부동산 거래가 대부분 거래 단위와 거래 비용이 크고, 거래의 표준화가 어렵기 때문이다. 이에 따라 중앙 집중화된 거래소가 생기기 어렵고, 거품 발생 가능성이 주식시장보다 크다. 넷째, 거품 붕괴 시 금융위기로 이어질 가능성이 금융자산보다 크다. 세계적인 사례로 1990년대 초 스웨덴 등 북유럽 국가의 부동산 거품 붕괴와 은행위기, 2008년 미국의 서브프라임 사태와 세계 금융위기가 있으며, 일본의 잃어버린 30년이라는 장기 침체도 부동산 거품 붕괴와 연관이 있다.

이렇게 특수한 부동산이 한국에서는 더 특수하다. 첫째, 한국은 땅이 좁고 사람이 많아서인지 땅과 집에 대한 집착이 유별나고 그 역사도 오래되었다. 조선 시대부터 1970년대까지는 서울 사대문 안에 기와집 갖는 것이 양반이나 돈 있는 사람의 꿈이었다. 2000년대 이후 들어서는 강남의 아파트를 갖는 것이 전 국민의 희망이 되었다. 그러다 보니 한국의 부동산은 기득권층의 공동 이익이 되어 있다.

둘째, 역대 정부는 정도의 차이는 있지만 모두 부동산을 띄우고, 이를 경기 활성화 수단으로 사용했다. 진보 정권인 노무현·문재인 정부

경우 가격이 더 오른 다음에 팔려고 해서 공급(매물)이 감소한다. 반면 수요는 가격이 더 오르기 전에 사려고 늘어날 가능성이 크다. 즉 집은 일반 상품과 달리 가격이 오르면 공급이 줄고 수요는 늘어나기 쉽다. 집값이 내릴 때는 반대의 현상이 일어난다.

도 겉으로는 집값, 집세를 잡겠다고 했지만, 실제 현장에서 우선한 정책은 부동산 경기가 망가지지 않게 조심하는 것이었다. 이와 함께 세금 부담과 공직자 재산 등록 등 여러 면에서 부동산 투자가 금융자산에 대한 투자보다 유리하게 만들었다.

셋째, 한국은 부동산통 계의 신뢰성이 매우 낮다는 것이다. 금융위기 분석서로 유명한 케네스 로고프, 카르멘 라인하트의 공저『이번엔 다르다(This Time is Different)』259쪽을 보면 2002~2006년 5년간, 세계 주요국의 평균 실질주택가격변동률이 나온다. 한국은 5년간 5% 정도 상승하여 상승률 하위 국가에 속한다. 이때는 김대중 정부 말기와 노무현 정부 시절로 집값이 폭등할 때이다. 당시 부동산 문제가 얼마나 심각했으면, 노무현 대통령이 '부동산 말고는 꿀릴 것이 없다'고 이야기할 정도였다. 그런데 공식 통계는 집값 안정으로 나온다. 다음으로는 문재인 정부 시절 집값이 한창 폭등하고 있을 때인 2018년 7월 23일 김현미 국토교통부 장관이 국회에서 공식 통계로 집값이 11% 올랐다고 발언했다. 현실과 공식 통계의 괴리가 너무 커서 온 국민이 분노하고 좌절했다. 한국의 부동산은 공식 통계를 이용한 추세 분석이나 동향 분석 등의 의미가 거의 없다. 이래서인지 국민은 정부의 말을 믿지 않게 되고, 수많은 부동산 정책의 효과도 무력했던 같다. 이 책에서도 부동산 통계를 다루지 않은 이유이다.

넷째, 한국은 가계금융복지조사 등을 보면 국민의 보유 자산 중 70% 정도가 부동산이다. 반면 미국, 일본 등은 30~40% 수준에 불과하다. 이렇게 차이가 나는 이유는 한국의 부동산 투자 수익이 정부의 제도적 특혜 등으로 높았기 때문이다. 어쩌면 이것이 한국 부동산 문제의 핵심일지 모른다. 그간 한국에서 부동산은 사 놓고 기다리기만 하면 대부분 가격이 올랐다. 빚을 내서 일찍 산 사람은 더 빨리 부자가 되었고, 저축해서 돈을 모아 나중에 사려고 했던 사람은 벼락거지가 되었다. 한국 부동산의 흑역사를 정책 중심으로 알아보자.

부동산 정책의 변화 과정

한국의 부동산 열기의 역사는 오래되었지만 광범위한 지역에서 부동산 가격이 크게 오른 때는 1980년대 중후반부터일 것이다. 이때 3저 효과 등으로 한국 경제가 호황을 보여 국민의 소득이 크게 늘어났다. 소득이 늘어난 사람들이 다양한 형태의 부동산 투자에 나서 대도시 아파트와 주택, 지방의 땅까지 거의 모든 부동산 가격이 오르기 시작했다. 한국에서는 박정희 정부 때부터 1997년까지 주택 등 부동산 투자를 위한 대출이 사실상 금지되어 있어 개인들은 저축 등을 해 놓은 돈이 있어야 집이나 부동산을 살 수 있었다. 다만 기업들은 공장을 짓는다는 명목으로 대출을 받을 수 있어, 수도권 등 땅값이 오를 수 있는 지역에 가능한 한 넓은 공장 부지를 확보하려 했다. 이때까지 크게 보면 부동산 투자(투기)의 주역은 기업이었고, 개인은 돈 많은 소수만 부동산 투자가 가능했다. 그러나 2000년대부터는 부동산 투자에서 개인의 비중이 커지고 있다. 더욱이 2020년부터는 영끌(영혼까지 끌어모아)이라고 해서 돈 없는 사람은 대출과 가족의 지원 등을 최대한 받아 집을 사고 있다.

1980년 후반부터 부동산 가격이 급등하자 노태우 정부는 신도시 건설을 통한 주택공급 확대와 토지 공개념 도입을 통한 수요 억제를 동시에 추진했다. 집값, 집세가 폭등한 이후 늦은 대처였지만 수요와 공급 양면의 적절한 대책이었다. 이후 집값이 안정되어 김영삼 정부 때는 부동산 문제가 크게 불거지지 않았다. 금융실명제에 이어 1995년 3월 실행한 부동산실명제도 부동산 시장의 안정에 기여했을 것이다. 무엇보다 1980년대 말부터 신도시 건설 등으로 양질의 주택이 지속적으로 공급된 것이 부동산 시장 안정의 핵심이었다. 분당, 일산, 평촌, 중동, 산본 신도시를 1기 신도시라 부르고, 여기에 약 30만 호 정도의 신규 주택이 공급되었다. 이제 1기 신도시에 공급된 주택은 노후화되어 재건축을 기다리고 있다. 국민은 생활수준에 맞는 새로운 주택을 원하고 있다.

토지 공개념은 1989년 12월, 택지소유상한제, 개발이익환수제, 토지초과이득세제 3법을 제정함으로써 틀을 잡았다. 이 중 택지소유상한제와 토지초과이득세제는 헌법 불합치 판정 가능성 등으로 1998년 9월 폐지되었다. 개발이익환수제는 유지되고 있지만 헌법재판소 등의 의견에 맞게 개정되어, 토지 공개념의 틀은 거의 무력화된 상태이다. 토지 공개념은 19세기 미국의 사상가 헨리 조지의 토지 사유화 금지 사상에 뿌리를 두고 있으며 노태우 정부 때뿐만 아니라 지금도 지지하는 사람이 많다. 그러나 토지 공개념은 부동산 투기 세력을 혼내 준다는 심리적 만족감을 줄 수 있을지는 몰라도, 시장경제체제를 채택하고 있는 나라에서는 위헌 가능성 등으로 제대로 작동하기 어렵다. 이보다는 미국, 유럽 등에서 시행하고 있는 주택임대소득 철저 과세, 재산세 정상화, 신뢰할 수 있는 주택통계 작성 공표와 같이 상식적인 부동산 정책을 실행했으면 효과가 더 좋았을 것이다.

김영삼 정부 시절 안정을 보이던 부동산 가격은 1997년 IMF 사태 이후 폭락세로 전환되었다. 김대중 정부는 빠른 경기회복을 위한 정책 수단의 하나로 부동산 경기 활성화 대책을 택했다. 이에 따라 당선인 시절부터 광범위한 부동산 경기 부양책을 실행했다. 대통령의 권한이 가장 강하다는 당선인 시절인 1998년 1월 26일, 한국은행의 「금융기관 여신운용규정」을 개정토록 하여 금융기관의 여신금지 부문을 폐지했다. 즉 토지, 주택에 등에 대한 금융기관의 대출제한이 완전 철폐된 것이다. 준비 없이 졸속으로 이루어진 부동산에 대한 대출제한 철폐는 집값 폭등, 가계부채 누중, 영끌 등의 기저 원인 중 하나가 되어 한국 경제의 큰 짐을 만드는 계기가 되었다. 부동산 시장은 주식시장과 달리 공매도가 없기 때문에 소수의 공격적인 투기 세력이 가격을 쉽게 올릴 수 있다. 여기에 대출을 사용한다면 자기 자금이 거의 없어도 부동산 시장을 투기장으로 만들 수 있다. 이를 막을 수 있는 최소한의 장치가 차입자의 상환 능력을 평가하는 DSR(Debt Service Ratio) 규제이다. 그러나 한국은 DSR을 겨우 2021년부터, 그것도 부분적으로 도입했다. 너무 늦었다.

김대중 정부는 1998년 4월 6일에 토지거래허가제 전면 해제, 4월 8일에는 외국인 토지 취득 자유화도 실시했다. 1998년 12월에는 '건설 및 부동산 경기 활성화 대책'이라는 이름으로 민영주택 분양가 전면 자율화, 양도소득세 한시적 전면 면제, 취득세 등록세 인하, 준농림지역의 건축규제 완화, 재건축·재개발 규제 완화, MBS 도입 등 할 수 있는 거의 모든 부동산 경기 부양책을 실시했다. 이후 부동산 경기는 서서히 회복되어 2001년부터 활황세를 보였다. 김대중 정부의 부동산 정책과 그에 따른 시장의 움직임은 IMF 사태와 같은 엄청난 경제위기가 와도 조금만 기다리면 부동산 가격은 다시 오른다는 믿음을 주었다. 즉 한국에서 부동산 불패신화가 확고히 자리 잡는 계기가 된 것이다.

노무현 정부는 김대중 정부의 뒤를 이어 2003년 집권했다. 부동산 가격이 계속 폭등하자 다양한 규제 정책—주택거래신고제, 다주택자에 대한 양도소득세 중과, 종합부동산세 강화, LTV[24] 등 주택담보대출 부분 규제, 신도시 추가 개발과 공공택지 공급 확대, 실거래가격 신고제 등—을 임기 말까지 계속 실시했다. 집권 2년차인 2004년 들어 노무현 정부의 부동산 규제에 대한 강한 의지가 시장에 영향을 주었는지 부동산 가격이 안정되기 시작했다. 이때 노무현 정부는 큰 실수를 했다. 부동산 시장의 연착륙이란 이름으로 부동산 세제 등 강화했던 규제를 일부 완화하고, 2004년 8월과 11월 두 차례에 걸쳐 정책금리를 인하했다. 이로써 노무현 정부 역시 경기가 나빠지면 부동산 시장을 활성화시킬 것이라는 잘못된 신호를 주어 부동산 가격이 다시 폭등했다.

---

24 LTV(Loan To Value) 규제는 담보가치 대비 대출의 비율을 일정수준 이하로 관리하는 것으로 소득 등 상환능력을 보지 않아, DSR 규제보다 투기 억제효과가 크게 적다.

노무현 정부의 또 다른 실수는 부동산 규제를 2003년부터 조금씩 추가하여 시장의 내성이 커지게 만들었다는 것이다. 아마 부동산 시장이 무너지면 안 된다는 걱정 때문이었겠지만, 시장의 반응을 보아 가며 정책을 단계적으로 강화했다. 정책의 효과를 위해서는 여러 정책을 일시에 실시하여 시장을 확실히 제압했어야 했다. 노무현 정부의 여러 부동산 정책 중 가장 잘한 것은 종합부동산세 등 세제 강화가 아니라 2006년 1월 실행된 부동산 실거래가격신고제이다. 이때부터 부동산 실거래 가격이 등기부등본에 기재되어 신뢰성이 높은 부동산 가격 정보가 축적되었다. 한국 부동산 통계의 신뢰성과 투명성 높아질 수 있는 기반이 조성되었다. 그러나 이 제도도 시간이 지나면서 편법 사례가 발생하여 가격 정보를 왜곡하고 있다. 허위로 높은 가격의 계약을 체결하고 실거래 가격을 신고한 다음, 매매 취소를 하고 정정 신고를 하지 않는 것이다. 이렇게 되면 실제 거래되지 않은 높은 가격이 실거래 가격으로 남게 된다. 제도 보완이 필요한 부분이다.

정상화 방안

한국의 부동산은 저출산, 불평등, 산업 경쟁력 약화, 근로의욕 저하, 주거 불안 등 여러 가지 문제의 원인이 되고 있어 가히 모든 악의 근원이라고 할 만하다. 문재인 정부에서도 김대중·노무현 정부에 이어 집값, 집세가 또 폭등했다. 이에 따라 민주당이 정권을 잡으면 집값이 오른다는 이상한 믿음마저 생겨났다. 그리고 영끌과 벼락거지, 전세 사기 피해자의 자살 등 심각한 사회문제까지 야기했다. 부동산 시장을 정상화시킬 정책은 무엇일까?

여기서 먼저 짚고 넘어갈 것이 있다. 나라를 걱정한다는 정치가나 지식인들 중에는 토지 국유화나 이에 준하는 과격한 정책을 주장하는 사람들이 꽤 있다. 과거 토지 공개념의 위헌 시비 등을 볼 때, 이들은 한국에서 시행될 가능성이 거의 없는 정책을 주장하고 있다. 이유를 알기는 어렵지만 문제가 많은 한국의 부동산에 대해 멋있는 정책을 한번 이야기해 봤다는 공명심 때문일 수 있다. 아니면 이 정도의 과격한 정책이 아니면 한국의 집값, 집세 문제는 해결될 수 없다는 믿음 때문일 수 있다. 어찌 되었든 이들의 과격한 주장은 부동산 관련 정책의 방향을 잡기 어렵게 만들고 있다. 즉 주택임대소득 과세와 같이 정상 국가에서 꼭 해야 할 기본 정책마저 후순위로 밀리게 한다. 시장경제원칙에 맞고 미국, 유럽 등에서 오래전부터 시행하고 있는 다음과 같은 상식적인 정책만 제대로 추진해도 한국의 부동산 시장은 정상화될 것 같다.

첫째, 사람들이 살고 싶어 하는 지역, 즉 서울이나 대도시 지역에 사람들이 선호하는 주택인 아파트(APT)를 꾸준히 공급하는 것이다. 재개발·재건축뿐 아니라, 찾아보면 서울의 도심이나 역세권 지역에도 아파트를 지을 땅이 꽤 있다. 서울에 땅이 없어 아파트를 짓지 못한다는 것은 힘든 일을 하기 싫은 핑계일 뿐이다. 서울에서 아파트 지을 땅을 확보하는 것이 이명박 정부의 청계천변 정비 사업보다는 쉬울 것 같다. 그리고 중장기 주택공급 계획을 사전에 발표하고, 이를 꼭 실천할 것이라는 신뢰를 주어야 한다. 그러면 실수요자들이 과도한 빚을 내어 미리 집을 사려는 욕구가 크게 줄 것이다.

둘째, 주택에 대한 가장 기본적인 세금이라 볼 수 있는 주택임대소득을 정상 과세하는 것이다. 주택임대소득은 이미 실현된 소득에 대한 과세로 반대 논리가 약하고, 제대로 된 나라 중에서는 과세하지 않는 나라를 찾기도 어렵다. 그러나 한국은 정상적인 과세가 이루어지지 않고, 주택임대소득 규모[25]나 과세 실적에 대한 통계도 없다. 한국의 주택임대소득은 금융소득에 비해 엄청나게 규모가 클 것으로 추정되나 거의 과세되지 않는다. 주택임대소득은 당연히 근로소득보다 더 많이 과세되어야 하고, 금융소득과 비슷하거나 그 이상 과세하는 것이 조세정의에 맞는다.

다음으로 재산세도 단계적으로 실제 가격에 맞추어 정상화해야 한다. 한국은 공시 가격이 낮아 실질 재산세 부담이 낮다. 재산세는 어느 정도 과세하는 것이 좋으냐에 대해서는 의견이 다양하지만 가능한 한 빨리 합의점을 찾아야 한다. 미국은 재산세가 높고, 유럽은 전반적으로 낮은 편이다. 한국의 재산세 실질 과세율은 미국과 유럽의 중간쯤으로

---

25 주택임대소득 규모는 대략 추정해 볼 수 있다. 첫째, 주택 시가총액을 추정한 다음, 임대주택 비중을 감안하여 임대주택 시가총액을 산정하고 대략 추정되는 임대수익률을 곱하는 방법이 있다. 둘째, 임대주택 수를 추정한 다음 1채당 대략적인 평균 임대료를 추정해서 산정하는 방법이 있다. AI에게 여러 번 물어 보니 두 번째 방법으로 추정해서 2024년 연간 최소 478조 원 이상이라는 답이 나왔다. 여기에 10%의 세율만 적용해도 임대소득세는 50조 원에 이른다. 제대로 걷으면 재정 건전성에도 큰 도움이 될 것이다.

하면 별문제가 없을 듯하다. 그리고 재산세 등 주택 관련 과세는 보유 주택 수보다는 보유 주택의 가액을 중심으로 누진해서 과세하는 것이 경제 논리에 맞는다. 그래야 똘똘한 한 채에 대한 쏠림이 줄어, 강남 등 서울 요지에 대한 주택 수요가 조금은 감소할 것이다. 재산세가 이러한 방향으로 개선되면, 말 많고 복잡한 종합부동산세는 축소해 나가는 것도 괜찮을 듯하다.

셋째, 세입자에 대한 지원을 강화하여 충분히 저축하지 못한 사람들이 무리하게 집을 살 욕구를 줄여 주어야 한다. 1주택자보다는 세입자가 지원이 더 필요한 계층일 듯한데, 한국은 세입자보다 1주택자에 대한 우대가 많다. 또한 일본이나 미국의 과거 사례를 보면 주택은 주식 못지않은 위험자산일 수 있다. 무리하게 집을 사는 것은 개인이나 국민 경제를 위험에 빠뜨릴 수 있다. 일본의 1990년대 이후 장기 침체나 2007~2008년 미국의 서브프라임 사태와 세계 금융위기가 대표적인 사례일 것이다. 한국은 1주택자에 대한 세제나 금융 등의 지원은 충분한 편이다. 이제부터는 세입자에 대한 지원을 늘려야 한다. 저소득 세입자에 대해서는 임차료 지원 확대, 고소득 세입자에 대해서는 임차료 세액공제 확대 등을 강화해야 한다. 이런 세입자 우대 정책은 독일, 프랑스 등 유럽 국가에서 주로 사용하고 있다. 반면 미국, 영국은 주택 소유자에게 유리한 정책을 많이 써서 자가 보유 비율이 높다. 이에 따라 역사적으로 보면 부동산 거품과 금융 불안도 미국, 영국이 상대적으로 더 심했다.

넷째, 예금, 채권, 주식 등의 금융자산 수익률이 부동산 투자의 수익률보다 높게 만들어야 한다. 투자자금이 생산적 투자, 금융자산 투자, 부동산 투자 순서로 흘러야 경제가 잘 돌아간다. 이는 이재명 정부가 노력하고 있다고 하지만 결과를 봐야 할 것이다. 지금까지 한국은 세제 등 여러 가지 이유로 부동산 투자의 수익률이 월등히 높았다. 국민이 이를 몸으로 알아 부동산 투자를 열심히 하고 있는 것이다. 이것을 바꾸지 못하면 국내 자금은 한국의 부동산을 넘어 해외로 나가게 된다. 사람이 부족해진 한국이 자금마저 부족한 국가가 될 것이다. 이미 서학개미라는 이름으로 이런 현상이 많이 나타나고 있다.

다섯째, 주택통계의 확충과 신뢰성 제고이다. 주택통계는 부동산 정책의 기본 인프라이다. 부동산 통계가 부실하면 정책도 자금 흐름도 이상해지고 결국은 부동산 시장뿐 아니라 경제 전체에 나쁜 영향을 미친다. 현재의 공식 부동산 통계는 신뢰성이 너무 낮아, 통계청이나 한국은행과 같은 한국의 기본 통계 작성 기관이 주택통계를 새롭게 산출해야 한다. 이는 정책 당국이 마음만 먹으면 바로 할 수 있고, 긍정적인 효과도 곧 나타난다. 민간 쪽에서는 스스로 살아남고 돈을 잃지 않기 위해 조금씩 신뢰성 있는 통계를 만들어 가고 있다. 그대로 두면 조만간 한국의 부동산 통계는 정부의 공식 통계보다는 민간 기업의 통계를 봐야 하는 때가 올 것이다.

이 다섯 가지 부동산 정책은 특별한 것이 아니고, 상식적이며 시장 친화적이다. 또한 미국과 유럽 등 앞서간 나라에서 대부분 하고 있는 정책이다. 이런 정상적인 정책을 쓰면 부동산 시장이 정상화되어 벼락거지나 영끌 같은 한국의 이상 현상도 많이 줄어들 것이다.

5

2008~2025년
주춤거림과 미래 불안

1. 2008년 세계 금융위기의 원인과 대응

2008년 위기의 전개 과정과 한국의 상황

한국은 단군 이래 최대의 경제위기라는 1997년의 IMF 사태를 빨리 극복하고, 2000년대 중반부터 번영을 누렸다. 그러나 번영의 시간은 짧았다. 얼마 지나지 않은 2008년에는 1997년과는 성격이 좀 다른 금융위기를 맞았다. 2008년 위기는 금융이 발달되고 위험관리도 잘하고 있다는 미국에서 발생하여 세계화된 경제의 연결 고리를 타고 확산된 것이다. 실물과 금융 면에서 개방도가 높은 한국 경제도 큰 충격을 받았다. 1997년의 위기는 부실하게 지어진 우리 집에 큰불이 난 것이라면, 2008년의 위기는 동네에서 가장 큰 집에 난 불이 동네 전체로 번져 우리 집까지 손해를 본 것이라 할 수 있다.

2007년 초부터 미국의 비우량 주택담보대출인 서브프라임 모기지의 채무불이행이 급증하면서 중소형 은행과 모기지 전문 금융기관, 관련 헤지펀드 등으로 부실이 확산되었다. 2007년 초중반까지만 해도 대부분의 경제 전문가들은 서브프라임 사태가 2008년과 같은 세계적인 금융위기로 번지리라 예상하지 못했다. 일부 비관론자들이 최악의 상황을 예측하기도 했지만 크게 주목받지 못했다. 비관론자들은 항상 비관적인 예측을 해 왔고 이들의 과거 예측이 틀렸기 때문이다. 그러나 2008년 들어 미국의 대형 투자은행인 베어스턴스와 리먼브라더스가 도산했고, 시티은행 등 주요 상업은행과 AIG 같은 초대형 보험사까지 부실화되었다. 이어 위기의 충격은 상호거래 채널과 공포감 등을 타고 전염되어 영국의 노던록과 스코틀랜드 왕립은행(Royal Bank of Scotland), 독일의 코메르츠뱅크와 일부 대형 주립은행 등 선진국의 많은 은행들도 도산하거나 부실화되었다.

이와 함께 세계 거의 모든 나라의 주식시장이 폭락하고 국제금융시장에서 신용경색이 확산되어 시장금리가 급등하고 정상적인 자금 조달이 점점 어려워졌다. 위기 시에는 미국 달러나 스위스 프랑처럼 신뢰성 있는 몇몇 나라의 통화만, 그것도 현금이나 아주 단기 금융상품만 거래된다. 또한 거래 금융기관도 안전하다고 생각되는 초우량 금융기관만이 거래 상대로 선택된다. 금융위기가 와 봐야 어느 통화가 진짜 신뢰성이 있고, 어느 금융기관이 진짜 믿을 만한가를 알 수 있게 된다. 이는 수영장에서 물이 빠져 봐야 누가 수영복을 입지 않았는지 알 수 있다는 워런 버핏의 말과 일맥상통한다.

실물 경기에서도 각국의 소비 위축, 투자 부진과 함께 세계 교역이 급감하여 미국, 유럽, 일본 등 세계 주요 국가가 마이너스 성장을 하고 실업률이 급증했다. 1929년 대공황 이후 세계 최대의 위기였다. 금융 의존도가 높고 자산 거품이 컸던 미국, 영국, 아일랜드, 아이슬란드 등이 일차적으로 큰 타격을 입었다. 경제 기초여건이 취약한 그리스, 포르투갈, 스페인 등 남유럽 국가와 헝가리, 루마니아 등 동유럽 국가도 피해가 컸다. 경제 기초여건이 양호한 국가들도 세계적인 신용경색과 국제 교역의 위축 등으로 금융 부문의 부실이 증가하고 마이너스 성장을 하는 등 어려움이 있었다.

한국은 1997년 위기 이후 금융 및 기업의 구조조정으로, 2008년 즈음에는 이들 부문의 재무구조가 건전했다. 또한 외환보유액이 2007년 말 2,600억 달러를 상회했으며 거시경제도 2000년 중반부터 2007년까지 성장, 물가, 경상수지 등이 양호했다. 여기에다 한국 금융기관들은 해외 영업이 약해 서브프라임 모기지 관련 금융상품에 대한 투자가 적었다. 한국은 이러한 경제 여건 때문에 세계 금융위기 과정에서 나타난 달러 유동성 부족 등의 어려움을 겪었지만, 빠르게 성장과 경상수지 등이 정상화되었다. 그러나 한국은 경제 기초여건이 괜찮았음에도 환율이 2007년 10월 말 달러당 900원 수준에서 2009년 3월 1,580원까지 상승하여 원화 가치가 75% 정도 하락했다. 이는 중국 등 신흥 시장국에 비해 크게 높고 2008년 IMF 구제금융을 받은 헝가리 등 동유럽 국가와 비슷한 수준이었다. 원인은 두 가지로 볼 수 있다. 하나는 2008년 초 이명박 정부의 잘못된 환율 정책 때문이고, 또 다른 하나는 과도한 대외 의존도 등으로 한국 경제의 기초 체력이 생각보다 약했다는 것이다.

미국, 유럽 ,영국 등 세계 금융위기의 충격이 컸던 주요 국가들은 제로금리 수준으로의 금리 인하, 엄청난 수준의 유동성 공급, 공적자금 투입에 의한 부실 금융기관 구제, 예금과 금융기관 대외 채무에 대한 정부의 지급보증, 사회 안전망 확충, 재정지출의 대대적 확대 등을 통해 위기를 극복했다. 이와 같은 과감한 정책들은 과거 경험에서 나온 것으로 위기에서 빠르게 탈출하고 국민의 고통을 줄이는 데 도움이 되었다. 이는 1997년 IMF로부터 한국이 구제금융을 받을 때의 정책과는 크게 달랐다. 위기가 왔을 때 조기에 스스로 판단하고 정책을 수립 추진할 수 있는 국가만이 국민경제의 피해를 최소화할 수 있다. 한국은 성장하면서 경제 규모가 커지고 자립 경제의 길을 찾아가고 있고, 1997년 위기도 빠르게 극복했다. 그러나 2008년 세계 금융위기 당시의 대응을 보니 경제정책을 수립 집행할 능력이 아직 충분하지 못한 것 같다. 1997년의 엄청난 위기로부터, 정책 당국자들이 충분히 배우지 못한 듯했다.

위기의 원인

2008년 세계 금융위기의 원인은 여러 가지가 지적된다.[1] 글로벌 불균형 지속으로 인한 국제적인 과잉 유동성 창출, 장기간의 저금리로 인해 형성된 자산 버블, 감독 사각지대였던 투자은행의 과도한 업무 확대, 파생금융상품에 대한 무지[2], 금융기관의 단기 성과주의와 자체 위험관리의 실패, 신용평가기관의 도덕적 해이, 소득분배 구조의 악화이다. 이 중 좀 특별해 보이는 소득분배 구조의 악화는 소득이 상위 계층

---

1 2008년 세계 금융위기의 원인과 대응에 대해서는 정대영, 『한국 경제의 미필적 고의』 (한울, 2011), 190~201쪽을 많이 인용했다.

2 파생금융상품은 채권, 대출, 주식, 외환 등 기초 자산에서 파생된 금융상품으로 규모가 원래 기초 자산보다 커져 꼬리가 몸통을 흔든다는 말이 여기서 나왔다. 2008년 세계 금융위기도 서브프라임 모기지 대출에서 파생된 MBS(Mortgage back security), CDO(Collateralized debt obligation), CDO of CDO의 규모가 얼마인지 모를 정도로 커져 위기가 더 크고 빠르게 확산된 것이다.

에 집중됨에 따라 중산층이 소비를 유지하기 위해 차입에 과하게 의존하면서 부채가 늘어났고, 이것이 1929년 대공황과 2008년 세계 금융위기의 근본 원인이 되었다는 주장이다.[3]

제기된 여러 원인을 정리해 보면, 먼저 위험하고 불안정한 미국의 부동산 시장에서 위험관리 원칙을 무시한 과다 대출로 인해 버블(거품)이 발생했다. 버블을 기초로 만들어진 금융상품은 투자은행과 헤지펀드 등을 통해 전 세계 금융 부문으로 확산되면서 규모가 늘어나고 위험의 측정과 통제가 어려워졌다. 버블에 의해 장기간 축적되어 온 위험요인이 고금리정책으로의 전환과 같은 경제 여건의 변화, 투자자의 불안과 변심, 금융감독 실패 등에 의해 일시에 터진 것이다. 이것이 2008년 세계 금융위기의 발생 원인과 과정이며 일반적인 금융위기의 발생 패턴이다.

2008년 세계 금융위기는 발생 원인과 패턴뿐 아니라 이후의 처리 방법도 비슷하게 진행되었다. 위기가 와서 큰 충격을 주면, 원인과 대응방안 등에 대해 여러 연구가 이루어지고 반성도 많이 한다. 또한 여러 연구를 바탕으로 새로운 감독기준과 규제도 도입되고 위험관리도 철저히 하지만, 금융위기를 방지하는 데는 한계가 있다. 왜 그럴까? 금융위기의 근본 원인은 인간의 자제하지 못하는 탐욕에 있는 듯하다. 새로운 규제나 감독 방식이 생겨도 시장 참가자들은 규제를 피할 수 있는 또

---

3 로버트 B. 라이시, 『위기는 왜 반복되는가』, 안진환·박슬라 옮김(김영사, 2011).

다른 거래와 금융상품을 항상 찾아내려 노력한다. 그래야 남보다 많은 초과 수익을 얻을 수 있기 때문이다. 또한 위기가 진정되고 새로운 호황이 오면 과도한 규제가 시장을 죽일 수 있다는 비판이 커지면서 규제는 완화되어 왔다. 여기에다 새로운 금융위기는 조금씩 다른 모습으로 나타나기 때문에 기존의 규제나 위험관리 방식이 무력해질 수 있다. 이와 같은 여러 가지 이유로 금융위기는 계속 발생하는 것이다.

한국의 대응 정책과 평가

한국은 서브프라임 사태가 본격적인 금융위기로 바뀌는 2008년 초 노무현 정부에서 이명박 정부로 정권이 바뀌었다. 새로운 정부는 항상 그렇듯이 많은 정책을 의욕적으로 추진한다. 특히 금융위기를 맞아 청와대의 경제 관련 회의를 지하 벙커에서 진행함으로써 전쟁에 임하는 자세로 경제정책을 수립하고 집행했다. 당시 금융위기와 관련된 주요 정책은 미 연준과의 SWAP 체결[4] 등 외화 유동성 확보 정책, 원 달러 환율 상승 유도 정책, 금리 인하 및 유동성 공급 확대 정책, 감세 및 재정 지출 확대 정책, 대폭적인 부동산 경기 부양 정책 다섯 가지였다.

2008년 세계 금융위기는 미국, 영국 등 선진국 금융기관의 부실화로

---

4 한미 통화 스와프는 원화를 담보로 주고 미국 달러를 쓸 때 일정 수수료를 지급하는 방식으로 운용되었고, 수수료 등 자세한 조건은 대외비로 했다. 당시 한국은행과 재무부 간에는 통화 스와프의 성사를 두고 서로 자신의 공이라고 다툼이 많았다.

인한 은행위기였고, 한국과 신흥 시장국 등 주변 국가에서는 국제적인 신용경색 확산에 따른 외화 유동성 부족, 즉 외환위기 성격이 강했다. 한국은 금융 및 실물 면에서 높은 개방, 금융기관의 취약한 외화 조달력, 정책의 낮은 신뢰성과 투명성 등으로 외화 유동성 부족이 다른 신흥 시장국에 비해 더 심각했다. 이렇게 본다면 2008년 당시 가장 중요하고 실질적인 금융위기 대응 정책은 미 연준과 2008년 10월 체결한 300억 달러 SWAP 계약으로 외화 유동성을 확보한 것이었다. 나머지 정책은 금융위기의 이차 충격인 세계 경기의 급격한 후퇴와 이에 따른 국내 경기의 위축을 막기 위한 것이었다.

그러나 실물 부문에 대한 이차 충격은 자국 내 금융 시스템이 손상되지 않은 한국, 중국, 브라질, 인도 등의 경우 처음에 생각했던 것보다 크지 않았고 기간도 짧았다. 이는 신흥 시장국 경제가 어느 정도 자생력을 가질 정도로 커진 데다, 선진국 중앙은행들의 과감한 양적완화 정책[5] 등으로 외화 유동성 부족 문제도 점진적으로 해결되었기 때문이다. 따라서 외화 유동성 확보 이외에 나머지 네 가지 위기극복 정책은 위기가 지난 상황에서 평가해 보면 여러 가지 문제가 있었다.

첫째, 고환율 유도 정책은 부작용이 많고 세계경제 상황의 변화에 감이 없던 정책이었다. 이명박 정부는 대선에서 이긴 2007년 12월부터

---

5 미국, 영국, 일본, 유럽 등의 중앙은행들이 금리를 거의 '0' 수준으로 인하했음에도 신용경색 상황이 지속되자 이들 중앙은행이 대규모의 채권 매입 등을 통해 시장에 유동성을 직접 공급한 정책이다.

환율주권론을 들고 나와 환율 상승을 유도했다. 원화 가치 절하를 통해 수출을 늘리고 성장률을 높여 이명박 정부의 공약인 747(7% 성장, 4만 달러 소득, 세계 7위 경제대국)을 달성하기 위해서였다. 이때는 이미 세계 금융위기가 확산되기 시작하여 외국인 투자자금이 이탈[6]하고 경상수지 흑자가 대폭 감소하고 있었다. 2007년 말 2008년 초는 조만간 환율이 상승할 수밖에 없는 시기여서, 환율 상승 유도 정책은 불난 집에 기름을 부은 것처럼 형편없는 정책이었다. 당시 경제 팀이 환율에 관한 한 아무 일도 안 하고 가만히 있었다면, 한국 경제에 미친 2008년 금융위기의 충격은 훨씬 작았을 것이다.

둘째, 금리 인하 등 유동성 공급 확대 정책은 다른 나라 중앙은행과 보조를 같이한 정책으로 다른 선택의 여지가 별로 없었다. 다만 실물 부분에 대한 충격의 크기가 생각보다 크지 않음을 확인할 수 있었던 2009년 후반부터 한국도 경제 여건이 유사했던 다른 신흥 시장국과 보조를 맞추어 금리 인상 등 출구 전략을 시행했어야 했다. 이렇게 했더라면 부작용이 적은 정책이 되었을 것이다. 그러나 한국은 고성장에 대한 유혹 때문인지 저금리 기간이 장기화되어, 2010년 7월이 되어서야 기준금리를 조금씩 올리기 시작했다. 금리 인하 등 유동성 확대 정책은 출구 전략이 늦어지면서 2010년 하반기 이후 고물가와 가계부채 증가

---

6 외국인 주식투자 자금은 서브프라임 사태가 발발한 2007년 초부터 빠르게 이탈했다. 외국인 투자자의 한국 상장주식 보유 비중은 2006년 말 37.3%에서 2007년 말 32.4%로 감소하고 2008년 말에는 28.9%로 감소했다.

등의 기저 원인이 되었다.

셋째, 감세 및 재정지출 확대 정책은 다른 나라와 보조를 같이했지만 방향과 내용 면에서 문제가 많았다. 우선 감세는 재정 건전성 측면에서 바람직하지 않았다. 그리고 법인세 최고 세율과 소득세율 인하 등의 감세 혜택은 통상 경제적 여유가 있는 계층에 집중되기 때문에 금융위기의 피해 계층인 실업자와 소상공인 등에는 직접적인 도움이 되지 않았다. 다음으로 4대강 등 토목공사 중심의 재정지출 확대는 대상이 잘못되었다. 한국은 건설투자가 과잉 상태인 데다 토목공사 확대는 일자리 창출 효과가 별로 없고 재정상황 악화, 경제구조 왜곡 등 부작용이 컸기 때문이다. 재정지출 확대를 소상공인 지원 확대, 임대주택 건설, 청년 취업지원 등에 사용했다면 금융위기의 충격을 훨씬 줄이고 고용시장 불균형 해소에도 도움이 되었을 것이다.

넷째, 부동산 경기 부양책은 과거 경기가 나쁠 때 항상 있어 왔지만 2008년에는 세계 금융위기를 핑계로 거의 제한 없이 실시했다. 그러나 양도세 감면, 종부세의 사실상 폐지, 재건축·재개발 규제 완화, 분양권 전매 허용 등 광범위한 부동산 경기 부양책에도 불구하고 주택건설 물량이 2007년 이후 계속 감소[7]했다. 이명박 정부가 진정 주택 경기 활성화를 통해 지나친 내수 위축을 방지하려 했다면, 4대강 등 토목공사 대신 임대주택 건설에 대한 공공투자를 대폭 늘렸어야 했다. 주택 건설이

---

7   주택건설 인허가 물량은 2007년 56만 가구에서 2008년 37만 가구, 2009년 38만 가구, 2010년 39만 가구로 감소하여 2008~2010년 3년간 연속 40만 가구를 밑돌았다.

토목공사보다 고용 등 국내 경제의 파급효과가 훨씬 크고 나아가 임대주택의 공급 확대는 집값, 집세의 안정 등 국민의 주거안정 효과도 기대할 수 있었기 때문이다. 결국 부동산 경기 부양 정책은 실질적인 경제 활성화 효과는 거의 없이 부동산 투자자의 세금 부담만 줄여 주고 재정적자를 늘린 정책으로 평가된다.

한국의 2008년 세계 금융위기에 대한 일차 대응은 미국과의 통화 스와프 이외에는 환율 인상, 금리 인하, 재정 확대 등과 같은 확장적 거시경제정책과 부동산 경기 부양책이 대부분이었다. 이러한 단기 부양정책은 경쟁력 강화, 경제 투명성 제고 등에는 도움이 되지 못하고 오히려 불평등과 격차 확대, 물가 불안 등 우리 경제의 구조적 문제를 더 악화시켰다. 또한 2008년 이후 세계경제의 조류 변화인 부동산 거품에 대한 선제적 대응, 재정 건전성 제고 등에 부응하는 정책도 아니었다. 결국 한국의 2008년 대응 정책은 세계 금융위기의 급한 불은 끌 수 있었으나 구조개혁에 거의 도움이 되지 않아, 1997년 금융위기 극복 정책보다 못했다고 보인다.

2. 2008년 세계 금융위기의 파급효과

세계 금융위기의 충격과 변화

2008년 세계 금융위기의 강한 충격과 폭넓은 위기를 극복하기 위한 정책을 추진하는 과정에서 세계경제는 여러 가지 큰 변화를 겪는다. 그리고 그 변화가 2026년 현재까지 영향을 미치고 있다. 신자유주의와 미국식 금융자본주의에 대한 우려, 금융 규제의 당위성과 필요성의 부각, 재정위기와 재정 건전성에 대한 관심 증가, 엄청난 유동성 공급의 후유증으로 인한 물가 상승, 중국의 부상과 미국과 중국의 대립이라는 다섯 가지로 모아 볼 수 있다.

첫째, 2008년 세계 금융위기를 통해 1980년대 이후 세계경제 사상의 주류를 차지해 온 신자유주의와 이를 바탕으로 한 미국식 금융자본주의의 한계와 폐해가 그대로 드러났다. 반면 안정된 사회보장 시스템과 고통 분담을 기반으로 하는 유럽식 자본주의는 잘 작동했다. 미국은 금융위기 과정에서 수많은 사람들이 집과 직장을 잃었다. 실업률이 2006년 말 4.4%에서 2009년 말 9.9%로 상승했다. 실업급여 등 사회 안전망이 충분치 못한 미국에서 10%에 가까운 실업률은 국민에게 큰 고통이었다. 유럽의 대표 국가인 독일도 세계 금융위기로 많은 금융기관이 부실화되었고, 일시 마이너스 성장을 하는 등 어려움이 컸다. 그러나 일자리 나누기[8], 고용 인센티브 확대, 적절한 재정 정책 등에 힘입어 실업률은 2006년 말 7.9%에서 2009년 말 7.4%로 오히려 낮아졌다. 여기에

---

8 많은 독일 기업은 2008년 세계 금융위기 때 직원을 해고하기보다는 주 2일 또는 3일 근무와 같이 근무시간을 대폭 단축하는 방식(일자리 나누기)으로 대처했다. 정부는 근로자의 급여 감소분을 보전하여 근로자의 소득 감소를 최소화했다. 이러한 방식은 숙련 직원의 이탈을 막을 수 있어 2010년 경기회복 시 수요 증가에 빠르게 대처할 수 있도록 했다.

다 2010년 들어서는 수출이 살아나면서 성장률도 높아지고 실업률은 1990년대 이후 최저 수준인 6%대로 하락했다. 2006년까지 유럽의 병자라 불리던 독일은 2008년 위기를 맞아서는 강한 나라가 되었다.

대다수 독일 국민은 그렇게 떠들썩했던 세계 금융위기가 있었는지 없었는지도 모르고 지나간 것처럼 보일 정도였다. 일반 국민에게는 경제성장률, 수출 실적, 세계를 주도하는 기업이나 금융기관의 존재 등이 의미 있는 것이 아니라 괜찮은 일자리와 물가안정 그리고 일자리를 잃었을 때 잠시 안전한 피난처가 있는 것이 훨씬 중요하다. 이러한 이유로 세계 금융위기 직후에는 미국식 자본주의의 한계가 드러났고, 유로화가 강세를 보이는 한편, 유럽이 미국을 대체할 수 있을지도 모른다는 이야기가 잠시 나왔다. 그러나 2010년 후반부터 유럽 재정위기가 불거지면서 이러한 유럽 대망론은 사라졌다. 여기에 2022년경부터는 세계화의 후퇴가 예상되면서 제조업 강국이고 유럽 경제의 견인차 역할을 하는 독일 경제마저 어려워질 것이라고 지적하는 한국의 경제전문가들이 생겨났다. 그러나 독일의 주가와 국채 가격은 강세를 보여 국제금융시장에서의 독일 경제에 대한 평가는 나쁘지 않았다. 독일에 대한 평가가 짧은 기간 동안 크게 바뀐 것을 보면 외국인이 하는 다른 나라에 대한 평가는 믿기 어렵다. 그럼에도, 한국은 한국 경제에 대한 외국인의 평가를 더 신뢰하는 경우가 많은 것 같다.

둘째, 금융 규제의 필요성과 당위성이 확고히 자리 잡는 계기가 되었다. 2008년 세계 금융위기 이전까지는 금융이 위험한 산업이기는 하지만 위험관리 기법의 발전과 시장의 효율성을 감안할 때 규제보다는 자율화가 더 필요하다는 주장이 많았다. 그러나 2008년 위기 발생으로 인해 위험관리 기법이 발전하더라도 금융이 갖고 있는 본질적인 위험은 사라지지 않을뿐더러, 위험관리 실패에 의한 시장 붕괴는 예외적인 현상이 아니라 일상적으로 발생할 수 있다는 생각이 많아졌다. 2008년 이후 제기된 금융 규제의 내용은 광범위하고 강력해서 금융산업에 다양한 영향을 주었다. 금융기관의 자본과 유동성에 대한 폭넓은 규제 강화, 파생금융상품 거래에 대한 규제 강화 및 투명성 제고, 대형 금융기관에 대한 추가적인 규제, 투자은행과 상업은행 업무의 분리, 신용평가기관의 운용방식 개선 등이 있었다. 이러한 규제 내용이 바젤 III[9] 등 건전성 규제를 통해 2025년 한국에서도 상당수 적용되고 있다.

그리고 금융 규제와 관련해 커다란 두 가지 변화가 나타났다. 하나는 그간 터부시되었던 국제 간 자본 이동에 대한 규제 분위기가 초보 단계이긴 하지만 조성되었다는 것이다. 지금까지 말레이시아, 칠레, 브라질 등 자본 이동에 대한 규제를 실시한 국가는 시장경제의 이단으로 취급받아 왔으나 독일, 프랑스 등 일부 선진국도 거시 건전성 관리 차원에서 시행을 고민하는 정책이 되었다. 또 다른 하나는 부동산 거품에 대한 정책 당국의 선제적 대응과 규제를 지지하는 주장이 훨씬 많아졌다는 것이다. 종전에는 부동산 거품은 터지기 전에는 확인할 수 없으므

---

9 바젤 I(1988년 7월)과 바젤 II(2004년 6월)에 이어, 바젤 III는 2010년 12월에 1차 확정된 이후 계속 보완되고 있으며, 대형 은행의 자기자본비율 산정 등의 기준이 되는 건전성 규제이다.

로 정책 당국이 부동산 거품에 대해 선제적으로 대응하는 것보다 거품이 터진 후에 적절히 관리하는 것이 최선이라는 주장이 주류였다. 그러나 2008년 세계 금융위기를 겪으면서 부동산 거품 붕괴에 따른 피해가 너무 커서 어렵고 부작용이 있더라도 정책 당국이 선제적으로 나서야 한다는 주장이 늘어났다.

셋째, 2010년 들어 금융위기는 진정되었지만 후유증으로 그리스, 포르투갈, 스페인, 이탈리아에서 재정위기가 불거졌다. 과거의 재정위기는 주로 후진국에서 외국 차관과 같은 대외 채무를 변제하지 못하는 외채위기 형태로 나타났다. 국가의 국내 채무는 최악의 경우 국채를 중앙은행에 인수토록 하면 해결할 수 있기 때문이다. 그러나 유로 가입국들은 유로라는 단일통화를 공동 사용함으로써 외환위기의 가능성을 낮추었지만, 재정위기의 가능성은 높아졌다. 유럽중앙은행(ECB)과 회원국 중앙은행은 관련 법규에 의거해 회원국의 국채를 직접 인수할 수 없게 되어 있다. 이렇게 되면 시장에서 정상적인 국채 발행이 어려운 국가는 재정위기 상황에 쉽게 빠지게 된다. 그리스, 포르투갈, 스페인, 이탈리아처럼 경제 기초여건이 나쁜 유로 가입국들이 일차로 재정위기를 맞은 것은 이러한 제도적 이유가 크게 작용했다. 2025년 프랑스의 재정불안도 과다한 국가부채와 함께 유로 사용국이라는 문제도 같이 영향을 주고 있다. 유럽 재정위기와 2010년의 그리스 사태는 2025년의 한국 경제와도 관련이 있어 별도로 살펴보려 한다.

넷째, 물가 상승이다. 2008년 세계 금융위기에 대응하여 미국 등 세계 주요국은 초저금리정책과 함께 엄청난 유동성 공급을 통해 위기를 극복해 나갔다. 초저금리정책의 시행 초기에는 인플레이션을 우려했으나, 걱정과 달리 장기간 물가가 오르지 않았다. 그러자 2020년 초 코로나 사태 때도 초저금리와 유동성 확대 정책을 썼다. 오르지 않을 것 같은 물가가 2021년 2/4분기부터 성장세 회복과 함께 빠르게 오르기 시작했다.[10] 이때의 물가 상승은 미국의 민주당 정부가 재집권에 실패한 이유 중 하나였고, 2025년까지 미국 경제를 압박하고 있다. 그리고 재미있는 현상도 있었다. 2008년 이후 초저금리와 엄청난 유동성 확대에도 불구하고 물가가 장기간 오르지 않자, 돈을 아무리 풀어도 물가가 오르지 않는 세상이 되었다. 이에 기존의 경제이론을 완전히 바꾸어야 한다며 '현대화폐이론'이라는 특별한 경제이론을 주장하는 학자들이 나타나기도 했다. 부수적이긴 하지만 세계 금융위기는 통화량이 늘어나면 시차의 문제일 뿐 물가는 오를 수밖에 없다는 경제학의 기본 원칙이 아직 살아 있음을 확인시켜 준 사건이기도 했다.

다섯째, 중국, 브라질, 인도 등 신흥 시장국의 역할과 위상이 상승하는 계기가 되었다. 이들 국가는 2008년 세계 금융위기 와중에서도 자국 내 금융 시스템은 손상되지 않아 경제 회복이 빨랐다. 이들 국가의 경제가 2009년 이후 세계경제의 회복세를 이끌었고 영향력도 커졌다. 2010년 중국, 브라질, 인도의 경제성장률은 8~10% 수준으로 세계 평균 경제성장률의 2~3배 수준이었다. 이들 3개국의 GDP가 세계 GDP에서

---

10 2021년 2/4분기에 미국은 계절 조정 전기 대비 연율로 6.4% 성장했고, 소비자물가는 월평균 전년 동기 대비 4.8% 상승했다.

차지하는 비중도 2005년 10.4%에서 2010년 17.2%로 증가했다. 세계 경제에 대한 국제적인 논의 기구가 종전 미국, 유럽, 일본 등으로 구성된 G7에서 신흥 시장국이 포함된 G20으로 바뀌었다. 특히 중국은 2010년 이후 미국과 함께 G2로서 세계경제를 주도하고, 2025년 제2기 트럼프 행정부 출범 이후에는 미국과 중국의 대립은 격화되고 있다. 2008년 세계 금융위기는 이렇게 국제 정치·경제 질서를 변화시키는 기저요인 중 하나가 되었으며 한국 경제에도 광범위한 영향을 주고 있다.

재정위기와 그리스 사태

재정위기는 늘어난 국가부채로 인해 조세수입, 국채 발행 등 정상적인 재정수입으로 필요한 재정지출을 감당하지 못하면서 발생한다. 한국에서는 다행히 1948년 이후 재정위기가 없어 조금 생소하지만, 세계 역사를 보면 아주 많았고, 앞으로 미국이나 일본, 유럽 등 선진국에서도 발생할 가능성이 있는 위기이다. 한국에 또 위기가 온다면 재정과 관련된 문제일 수 있다. 과거 사례를 볼 때 국가는 재정 상황이 아주 나빠지면 통상 두 가지 방식을 선택하는 경우가 많았다. 하나는 국채의 원리금 상환을 못하겠다는 모라토리엄을 선언하는 것이고, 다른 하나는 인플레이션을 유발시켜 국가부채의 가치를 확 축소시키는 것이다. 늘어나는 국가부채에 대한 정상적인 대응 방법은 세수를 늘리거나 재정지출을 줄이는 것인데, 이렇게 하면 국민의 반대가 높아 정치권에서는 기피한다. 조선말 흥선대원군 시대에 경복궁 중수로 재정 상황이 나빠지자 당오전, 당백전 등을 발행한 것도 인플레이션을 통한 국가부채 해소 방안이었다.

재정위기까지 가지 않더라도 재정 건전성이 악화되면 먼저 국채시장 불안, 해당국의 자금조달비용 상승이 초래되어 경제성장률이 낮아진다. 다음으로는 또 다른 위기가 오거나 위기가 장기화되었을 때, 재정 제약 때문에 추가로 선택할 수 있는 정책이 크게 제한된다. 한국은 2025년 재정 상태가 상대적으로 나쁘지 않지만, 세계 최고 속도로 진행되는 고령화와 저출산으로 재정의 장기 전망은 아주 안 좋다. 여기에다 정부의 부채 규모에 대한 논란도 많아 공식 통계에 대한 신뢰가 떨어진다. 국제금융시장과 외국인 투자자들은 작은 조짐에도 쉽게 흔들리고 변덕이 심하다. 자신의 돈을 지키는 데 최우선인 이들에게 자선을 기대할 수는 없다. 2010년 유럽 재정위기를 촉발시켰으며, 우리의 타산지석이 될 수도 있는 그리스의 사례를 좀 더 자세히 살펴보자.[11]

그리스는 오래전부터 높은 물가와 낮은 경쟁력, 재정수지와 경상수지의 적자 등으로 경제가 늘 불안했다. 예전 그리스 돈인 드라크마는 계속 평가절하될 수밖에 없었다. 드라크마로 표시된 그리스 국채는 금리가 높아도 드라크마화의 평가절하 가능성으로 외국인 투자자들이 선호하지 않는 투자 대상이었다. 그러나 2000년 그리스가 유로존에 가입하고 드라크마 대신 유럽 단일통화인 유로화로 표시된 국채를 발행하

---

11   정대영, 『관점을 세우는 화폐금융론』(창비, 2018), 240~241쪽을 참조했다.

자, 그리스 국채의 환율변동 위험이 낮아졌다. 그리스 국채는 고수익 투자자산으로 인식되어 2000년대 중반에는 투자은행 사이에서 가장 인기 있는 투자 대상의 하나였다. 그리스 국채와 독일 국채의 금리차가 과거 4%P 정도에서 2007년에는 1%P로 좁혀졌다. 그리스는 외국인 투자자금이 유입되고 차입금리가 낮아짐에 따라 성장과 고용이 늘고 부동산 가격이 상승하는 등 유례없는 호황을 누렸다.

2008년 세계 금융위기 이후 일부 투자자들이 그리스 국채에 대해 의문을 갖게 되었다. 유로화 사용으로 그리스 국채는 환율변동 위험이 낮아졌지만, 경상수지 적자와 재정적자는 계속되어 원리금 상환이 어려울 수 있다고 생각한 것이다. 또한 그리스는 과거와 달리 환율 인상을 통해 경쟁력을 조정할 수 없으므로, 임금 하향조정과 재정 긴축으로 국내 불균형을 시정해야 했다. 그러나 이것은 그리스 국내 정치상 스스로는 거의 불가능하다는 것을 투자자들이 알았다. 그리스는 국민이 원하는 것은 거의 다 해 주는 선심성 국가인 데다, 재정통계 조작이 있고 부정부패도 심했기 때문이다. 이러한 인식이 시장에 퍼지자 인기 투자상품이었던 그리스 국채는 순식간에 정크 본드가 되었다. 외국인 투자자들은 자신의 돈을 지키기 위해 갑자기 변심한 것이다. 조세수입 기반이 취약한 그리스는 빠르게 재정위기 상황에 빠졌다.

그리스는 2010년 이후 세 차례에 걸쳐 IMF, EU, ECB로부터 2,850억 유로 정도의 구제금융을 받았다. 구제금융 조건에 따라 공무원 감축, 연금 및 복지혜택 축소, 세금 인상 등의 구조개혁을 통해 재정 안정성을 강화시켜 나갔다. 정부 부채의 통계도 국제적 정합성을 제고했다.

표 5-1 주요국의 일반 정부 부채비율 추이 (단위: GDP 대비, %)

	2010	2015	2017	2020	2023	2024
그리스	130.7	185.3	192.5	233.8	180.2	169.3
스웨덴	47.3	52.5	55.4	53.4	42.1	45.6
스위스	43.0	42.9	42.5	43.8	39.2	39.8
이탈리아	123.8	155.9	150.6	181.4	148.2	148.4
프랑스	101.2	97.3	124.8	144.5	116.5	116.5
독일	86.5	79.2	71.9	80.8	63.8	63.4
미국	94.9	104.8	105.7	132.4	121.3	122.9
영국	87.5	110.0	116.7	147.9	98.2	93.1
일본	183.4	220.7	219.8	246.7	228.1	-
한국	30.6	41.3	38.6	47.1	48.9	-

자료: OECD Data, Public finance indicators, OECD 홈페이지,

국민의 저항이 컸고 개혁 초기에는 경제가 급격히 위축되었으나, 2020
년대 들어 200%가 넘던 국가부채비율은 하락하기 시작했고, 이어 외국
인 투자가 다시 늘어나고 국가신용등급은 투자적격등급으로 회복했
다. 2020년경부터는 경제성장률이 높아져 재정위기의 후유증으로 벗
어나는 모습을 보였다.

국제 정치경제 질서의 불확실성 증대

2008년 위기 발발 시 주요국의 지도자들이 가장 걱정했던 것은 세계
경제가 보호무역주의로 회귀하는 것이었다. 1929년 대공황 이후 세계

각국이 자국만의 빠른 경기회복을 위해 보호무역주의를 채택하면서 결국 제2차 세계대전으로 이어졌기 때문이다. 따라서 세계경제의 급격한 후퇴를 막아 주는 중국, 인도, 브라질 등의 국가들[12]에 대해 관대할 수밖에 없었다. 중국은 박정희 정부와 비슷한 수출과 투자 중심의 성장정책을 통해 경제 규모를 확대해 왔다. 2009년에는 중국이 독일을 제치고 세계 제1위의 수출대국이 되었다. 이후에도 중국의 수출은 2010년 39%, 2011년 25% 증가하여 중국은 압도적 지위의 수출강국으로 자리 잡고, 세계 제2위의 경제대국이 되었다. 중국은 축적된 대외 자산을 바탕으로 2014년 11월부터는 현대판 실크로드라는 일대일로 정책을 추진했다. 이를 통해 아시아, 아프리카, 유럽 등 세계 여러 나라에 영향력을 확대해 나갔다. 세계 패권국가인 미국과 충돌할 수밖에 없는 상황이 된 것이다.

2017년 1월 집권한 트럼프 대통령은 2018년 8월부터 높은 관세 부과 등으로 중국의 빠른 부상을 견제했다. 그러나 2019년 12월 중국 우한에서 발생한 코로나19가 전 세계로 확산되자 2020년 미국은 2.2%의 마이너스 성장을 했다. 트럼프 대통령은 국내문제에 주력할 수밖에 없었고, 중국은 견제를 받지 않고 세계 여러 지역에서 영향력을 키워 나갔다. 2021년 1월 출범한 바이든 정부도 예상과 달리 중국에 대한 압박을 계속했으나, 중국의 부상을 막기에는 충분하지 못했다. 여기에다 미

---

12 2010년경 브라질, 러시아, 인도, 중국, 남아프리카공화국은 경제 상황이 좋았고, 이들 국가는 BRICS라는 경제협력기구를 만들어 공동의 이익을 추구했다.

국은 2008년 세계 금융위기와 코로나19 확산에 대응하여 제로금리와 양적완화, 적극적인 재정 정책을 선택했다. 이에 따라 성장세는 회복했으나, 2021년 들어 물가가 크게 올라 국민의 불만이 커졌다. 미국의 높은 물가 상승은 중국 등의 저렴한 상품에 대한 의존도를 높일 수밖에 없었다.

결국 2008년 세계 금융위기는 보호무역주의에 대한 두려움과 함께 유동성 확대의 후유증인 물가 상승을 통해 중국 경제의 부상에 도움을 준 사건이 되었다. 그리고 독일, 프랑스 등 유럽은 중국의 늘어나는 수입 수요의 혜택, 일대일로를 통한 중국 자금의 유입, 더 나아가 미국의 독주를 막기 위해 오히려 중국 경제의 영향력 확대를 방조하는 입장이었다. 2025년 1월 출범한 제2기 트럼프 정부는 보편관세와 상호관세, 미국으로의 강제 투자할당 등을 통해 미국의 이익을 최우선으로 하고, 미국을 다시 위대하게 만들겠다고 했다. 그리고 중국에 대해서는 징벌적인 관세 부과와 함께 반도체 기술이전 규제 등을 통해 중국을 강력히 견제하는 모습이지만, 중국 경제의 양적·질적 확대 때문인지 한계를 보였다. 앞으로 미국과 중국의 패권 전쟁에서 누가 승리할까? 궁금한 주제이지만 결판이 나지 않는 상태로 오래갈 가능성이 크다.

종합해 보면 미국에서 촉발된 2008년 세계 금융위기와 이어지는 2025년 제2기 트럼프 정부의 출범에 따른 미국 대외정책의 변화는 세계 정치경제 질서와 한국 경제에 엄청난 불확실성을 주고 있다. 세계화의 후퇴로 인한 세계경제의 성장 둔화는 기본일 것이며, 우크라이나 전쟁을 보면 강대국들은 제국주의 시대와 비슷하게 무력으로 문제를 해결할 가능성이 더 커졌다. 중국은 러시아, 북한, 서남아시아 국가들을 가능한 한 많이 끌어들여 미국과 대항할 수 있는 경제 블록을 만들려 할 것이다. 중국은 인구와 제조업 경쟁력, 희토류 등을 무기로 미국과 싸우겠지만, 내세우는 구호나 이념은 역설적이게도 자유무역과 환경보호일 것 같다. 이때 장기간 민주주의와 시장경제, 환경 등을 국가의 기본 가치로 하고 있는 유럽이 어느 쪽에 서느냐가 중요할 것 같다. 유럽 경제는 디지털 전환의 지체, 과도한 복지 등으로 장기간 위축되며 세계 경제 속에서 존재감이 약화되고 있지만, 이익 기준의 미중 대립 속에서 가치 기준으로 판세에 영향을 주는 역할을 할지도 모른다.

마지막으로 세계 금융위기의 영향을 크게 받은 2026년 즈음의 국제 정치경제 질서 변화에 대응한 한국의 정책 선택이다. 이는 앞으로 한국 경제의 명운을 좌우할 가능성도 있다. 미중 패권전쟁, 미국의 관세와 투자 압박, 북한의 위협, 세계경제의 블록화 등의 엄청난 충격이 어느 쪽으로 튈지 모르게 밀려들고 있다. 한국은 불리한 지정학적 위치, 과도한 수출 의존 경제구조, 애매한 경제 규모 등의 약점을 갖고 있어 정책 선택이 어렵다. 국내 정치는 친일, 친중 등으로 갈려 우왕좌왕하던 1800년대 말 조선의 상황과 비슷해질 수 있다. 다행인 것은 한국 경제가 1800년대 말과는 다르게 규모와 세계경제에 대한 영향력이 커졌다는 것이다. 한국의 기본적인 대응 방향은 내부적으로는 경쟁력을 강화하고 경제구조를 개선하는 개혁을 지속하는 것이며, 외부적으로는 불리한 지정학적 위치를 극복하고 영향력을 확대할 수 있는 지역 공동안보 체제나 경제통합[13] 등이 필요할 듯하다. 국가 간 연합이나 협력은 영원한 적도 영원한 친구도 없다는 국제정치의 금언을 마음에 새기고 열린 마음으로 국가의 미래만을 생각해 방향을 잡아야 한다.

3. 한국 경제의 주춤거림

한국 경제의 성장세 둔화

한국 경제는 2008년 세계 금융위기의 충격으로 2009년 0%대 성장 후 2010년에는 빠르게 성장세를 회복했다. 그러나 2011년부터는 수출과 경상수지, 물가가 나쁘지 않음에도 성장세가 지속적으로 둔화되고 있다. 1960년 이후 1990년대까지의 한국 경제와는 많이 다른 모습이다. 과거에는 성장은 괜찮았지만 경상수지와 물가가 좋지 않아 경제가 불안해지곤 했다. 2008년부터는 거의 모든 정부에서 추가 경정예산을 계속 실시했고, 저금리정책과 부동산 경기 활성화도 단골 정책이었다. 그리고 녹색성장, 소득주도성장 등 다양한 성장 정책[14]을 펼쳤음에도

---

13 국가 간 경제통합은 로버트 먼델 등이 주장하는 최적통화지역이론(A Theory of Optimal Currency Area)에 따르면 경제구조가 비슷한 나라끼리 하는 것이 효율적이고 성공 가능성이 높다고 한다. 대표적인 성공 사례가 유럽연합(EU)이다.

14 2008년 이후 이명박 정부는 녹색성장, 박근혜 정부는 창조경제와 혁신, 문재인 정부는 소득주도성장과 포용성장, 이재명 정부는 '진짜 성장'이라는 이름으로 성장 정책을 추진했다.

표 5-2 2008~2025년 주요 경제지표 추이

	성장		소비자물가 연간 상승률 (%)	경상수지 (억 달러)	대미 달러 환율 (연평균, 원)
	실질 GDP 성장률(%)	1인당 GNI (달러)			
2008	3.0	22,247	4.7	175	1103.36
2009	0.8	19,196	2.7	331	1276.35
2010	7.0	24,110	2.9	280	1156.00
2011	3.7	26,334	4.0	166	1107.99
2012	2.5	26,865	2.2	488	1126.76
2013	3.3	28,621	1.2	773	1095.04
2014	3.2	30,247	1.3	830	1053.12
2015	2.9	30,946	0.7	1,051	1131.52
2016	3.4	30,946	0.9	979	1160.41
2018	3.2	35,494	1.4	775	1100.58
2019	2.3	34,094	0.4	597	1166.11
2020	-0.7	33,929	0.5	759	1180.01
2021	4.6	37,898	2.5	853	1144.61
2022	2.7	35,229	5.1	258	1290.20
2023	1.6	36,195	3.6	328	1305.93
2024	2.0	36,745	2.3	990	1364.0
2025(잠정)	1.0	36,000	2.1	1150	1420

자료: 한국은행 경제통계시스템(ECOS).

성장률은 오르지 않고, 오히려 조금씩 하락 추세를 보일 뿐이었다. 그
러면서 경제는 활력을 잃고 국민은 미래를 불안해하고 있다.

이렇게 저성장이 장기화·고착화되는 원인[15]을 찾아보기 위해 우선

경제성장이 주로 어떤 요인에 의해 결정되는지 알아보고, 이들 요인의 상황을 간단히 점검해 볼 필요가 있다. 경제성장은 자본, 노동 등 경제적 요인과 함께 문화, 국가의 위치 등 비경제적 요인까지 포함해 여러 요인의 영향을 받을 수 있다. 이 때문에 경제성장을 결정하는 요인에 대한 주장과 이론도 아주 다양하며, 이를 모두 점검하기는 어렵다. 그러나 경제성장의 여러 결정요인을 경제이론과 연결해서 모아 보면, 공급요인, 수요요인, 산업과 기업요인 세 가지로 볼 수 있는바, 이들을 기준으로 살펴보자.

첫째는 공급 측면으로 국민경제의 잠재적 성장 능력을 결정하는 요인으로 알려진 노동, 자본, 생산성은 실제 경제성장의 결정요인이기도 하다. 경제가 성장한다는 것은 경제 전체의 생산이 늘어난다는 의미이고, 생산 증대는 노동이나 자본의 투입이 많아지거나 생산성이 높아져야만 가능하다. 즉 경제활동에 필요한 노동이나 자본이 부족하다면 생산 증대는 불가능하다. 또한 노동이나 자본을 늘린다고 해서 항상 생산이 증가하는 것도 아니다. 경제 전체의 효율성이 저하되어 생산성이 낮다면 노동이나 자본의 투입을 늘려도 생산증대 효과는 작아질 수밖에 없다. 노동, 자본, 생산성의 증가나 개선 없이 지속적인 경제성장은 불가능하다는 것이 주류 경제학의 기본 원칙 중 하나이다.[16]

---

15   저성장의 원인에 대해서는 정대영·장광수, 『성장과 일자리, 해법은 있다』(백산서당, 2021)에서 많은 부분을 인용했다. 보다 자세한 내용은 같은 책의 30~65쪽을 참조하기 바란다.

한국의 노동, 자본, 생산성을 간단히 점검해 보면, 이 세 가지 요소가 모두 2010년대 이후 나빠지고 있다. 노동은 생산가능인구의 감소와 노동의 수요 및 공급의 불일치가 성장을 제약하는 핵심 요인으로 작용하고 있다. 생산가능인구의 감소는 모두 아는 고령화와 저출산이 기본 원인이다. 여기에다 수입이 좋고 편한 일자리는 구직난, 힘든 일자리는 구인난이라는 노동시장의 불균형이 심화되고 있다. 즉 한국의 노동시장은 보상 체계가 잘못되어 한쪽에는 사람이 없고, 다른 한쪽에는 일자리가 부족한 상황이 아주 심각하다. 다음으로 자본도 과거처럼 한국 경제의 성장 동력으로 작용하기 어렵다. 한국의 자본 스톡이 2012년경부터 선진국 수준에 도달해 투자 확대가 쉽지 않은 데다, 내수 위축 등으로 기업이 수익성 있는 투자 기회를 찾기 어렵기 때문이다. 생산성도 2000년대 초반을 정점으로 낮아지고 있다. 주요 원인은 과학기술 분야에 우수한 인재가 모이지 않는 것, 사회의 신뢰 수준과 국민의 정직성 등 사회적 자본이 한계에 다다른 것, 정책의 불투명성과 편파성 등이 주요 요인일 것이다.

둘째, 국민소득의 수요는 국내 수요인 소비와 투자, 그리고 해외 수요인 수출로 구성된다. 소비와 투자는 경제주체인 가계와 기업, 정부에 의해 이루어지고 이들의 가용 재원과 심리의 영향을 크게 받는다. 해외 수요인 수출은 다른 나라 경제주체의 소비와 투자에 주로 영향을 받는

---

16 N. Gregory Mankiw, *Macroeconomics*(Macmillan Learning, 2006), p.550.

다. 재난지원금이나 민생회복지원금 지급 등과 같은 재정지출 확대, 정책금리 인하 등의 거시경제정책이 소비와 투자에 영향을 주려는 대표적인 정책이다. 단기적인 성과가 필요한 정치인들이 선호하는 정책이다. 수출에 대해서는 해외의 소비와 투자에 영향을 주기가 거의 불가능하므로 환율 조정을 통해 수출 상품의 가격 경쟁력을 변화시키는 정책을 사용하기도 한다.

한국은 소비와 투자, 수출 여건이 나빠지고 있다. 먼저 소비는 고령화와 저출산, 소득과 부의 불평등, 높은 집값과 집세가 주요 위축요인이다. 이들 모두 해결이 쉽지 않은 과제라 소비 부진은 장기화될 것이다. 다음으로 투자는 그간 정부의 다양한 촉진 정책으로 성장을 이끈한 축이었으나, 이제는 자본 스톡이 선진국 수준에 도달하는 등 경제구조상 한계에 왔다. 더 이상 늘리기도 어렵지만, 너무 늘리면 부작용이 클 듯하다. 그리고 수출도 정부의 지원과 기업의 노력으로 성장을 견인해 왔으나, 불확실성이 커지고 있다. 중국 등 경쟁국의 빠른 추격과 함께 세계 보호무역주의 경향과 블록화 가능성이 수출의 새로운 제약요인이 되고 있다. 다만 미국과 중국의 패권 다툼이 한국 수출에 도움이 될 수는 있겠지만, 그 효과가 장기간 지속될 가능성은 크지 않다.

셋째로 경제성장의 결정요인은 산업과 기업 부문의 혁신 능력과 경쟁력이다. 공급 측면의 성장 능력을 결정하는 요인인 생산성과 기술이 거시적 측면에서 접근한 것이라면 산업과 기업 부문의 혁신 능력과 경쟁력은 미시적 측면을 강조한 것이다. 경제학 이론으로는 조지프 슘페터의 혁신이론과 밀접히 연결되어 있다. 혁신은 산업과 기업 부문에서의 생산성 향상과 기술 발전을 통해 경쟁력 강화와 성장 확대를 가져온다. 혁신은 국가의 간섭보다는 창의적인 기업가 정신이 중요한 역할을 하기 때문에 규제 완화와 관계가 깊다. 한국은 이명박 정부에서 말한 '규제의 대못'이나 박근혜 정부에서 강조한 '손톱 밑 가시'와 같은 크고 작은 규제가 많다. 한국은 규제 완화가 절실하지만, 김대중 정부[17] 때 조금 이루어졌을 뿐 이후 역대 정부들은 말만 하고 재대로 실행하지 못하고 있다.

혁신 능력과 기업의 경쟁력을 좀 더 점검해 보자. 한국은 고학력자의 비중이 높으며, 국민이 명석하고 근면하며 잘살겠다는 의지도 강하다는 점에서 긍정적이다. 그러나 잘못된 보상 체계로 인해 의사와 같은 전문직이나 공무원으로의 인재 쏠림이 심하고, 과도한 대학 진학으로 인해 현장 인력이 부족하다. 또한 취업하는 시기가 늦고, 한 가지 업무를 장기간 하는 경우가 적어 기술 축적의 어려움이 크다. 이러한 것들이 대표적인 부정적 요인이며, 비싼 부동산 가격, 자의적이고 행정 편의적인 규제, 금융산업의 낙후성 등도 혁신 능력과 경쟁력을 약화시키고 있다. 이와 함께 창업 실패 시 재기가 어려운 시스템은 혁신 능력을 제약하는 아주 큰 요인이다. 일반적으로 창업 기업은 생존율이 낮아 창업 3년 만에 절반 이상의 기업이 폐업에 몰리게 된다. 한국에서는 잘못된 연대보증제도 등으로 폐업 기업의 대표자는 단번에 신용 불량자로

---

17 김대중 정부는 1998년 규제개혁위원회를 설치하여 불필요한 규제 완화를 강력하게 추진했으나, 이후 정부는 규제 완화에 관심이 적었다.

전락해 재기하기가 어렵다. 한국은 뛰어난 인재가 창업에 나서고, 여러 번의 실패를 이겨 내면서 기업을 발전시켜 나가는 혁신적인 국가에서 멀어지고 있다.

종합해 보면 한국은 이러한 이유로 기업을 하겠다는 사람은 줄고 또 기업해서 성공하기 쉽지 않고, 공무원이나 전문직을 하면서 편안하게 살려는 사람이 많다. 또한 2010년대부터는 부동산, 코인, 주식 등의 투자를 통해 쉽게 돈을 벌려는 사람들이 빠르게 늘고 있어 부자가 되려는 욕구가 창업과 기업의 성장으로 연결되지 못하고 있다. 이처럼 기업과 산업 부문에서의 부정적인 요인과 함께 앞서 살펴본 공급과 수요 측면의 성장결정요인이 거의 모두 나빠지고 있어, 한국 경제의 저성장 기조가 장기화되고 있는 것이다.

한국의 저성장은 2010년대 중반부터 문제 제기[18]가 많았고, 대안 제시[19]도 있었다. 여기에다 역대 모든 정부도 성장에 관심이 많았고 다양한 성장 정책을 펼쳤다. 문재인 정부는 소득주도성장, 혁신성장, 포용성장뿐 아니라 한국판 뉴딜까지 시도했다. 이재명 정부는 과거 정부의 성장 정책은 모두 헛것이고, 자신들이 진짜 성장을 하겠다고 이야기한다. 그러나 이와 같은 노력에도 불구하고 저성장 기조는 고착화되고 있

---

18 보수적인 한국은행마저 2017년 9월 『인구구조의 고령화와 정책과제』라는 보고
    서에서 2020년대에는 잠재성장률이 0.5% 수준으로 하락할 것이라고 경고했고,
    2025년에 와서 보니 대략 맞는다.
19 정대영, 『한국경제 대안 찾기』(창비, 2015)를 참조했다.

으며 앞으로도 쉽게 개선될 것 같지 않다. 무엇이 문제일까? 앞에서 살펴본 대로 성장을 결정하는 요인이 다양하기 때문에 그간 역대 정부의 경제정책은 성장에 조금은 도움이 되었을 것이다. 그럼에도 저성장 기조가 바뀌지 않는 것은 기존의 성장 정책이 핵심은 비껴가고 변죽만 울렸기 때문일 가능성이 크다.

성장의 이러 결정요인에 동시에 연결되어 하나를 해결하면 다른 것들도 좋아지는 볼링의 킹 핀과 같은 정책을 찾아 해결해 나갔어야 했다. 한국의 저성장 기조를 바꿀 수 있는 결정적 정책은 보상 체계의 개혁과 부동산 가격의 하향 안정이라고 생각한다. 한국의 정치판은 권력 다툼 면에서는 수준급이지만, 경제에 대한 고민과 논의는 많이 부족했다. 즉 한국은 2008년 이후 상대편 진영의 실수만 기다리고, 말꼬리를 잡아 상대방을 몰락시키고 정권을 잡으려는 정치 과잉의 판이 되었다. 나라는 어떻게 되든 몇 안 되는 정승 판서 자리를 놓고 다투던 조선 후기, 당파 싸움에 몰두하던 때와 비슷해진 것이다. 반면 한국 경제의 개혁 방안이나 경제정책에 대한 관심은 점점 낮아지고 있다.

환율의 지속적 상승

성장세 둔화와 함께 한국 경제의 주춤거림을 잘 보여 주는 또 다른 지표가 환율과 주가이다. 이 중 환율은 한 나라 통화의 대외 가치를 나타내기 때문에 기본적으로 국민경제의 총체적 신뢰가 반영되어 움직인다. 경제의 기초 여건이 튼튼하고 정치사회적으로 안정되어 있는 국가의 돈은 신뢰를 받고 가치가 오른다. 그런 나라의 환율은 기조적·장기적으로 하향 안정되는 것이다. 다음으로 주가는 기업의 가치가 시장에서 종합적으로 평가된 것이다. 기업은 자본주의 경제의 핵심 주체이고, 기업이 성장해야 국민경제도 성장하는 것이다. 주가가 지지부진하다는 것은 기업의 경쟁력이 없고 그 나라의 성장 잠재력이 약하다는 것으로 볼 수 있다. 먼저 한국에서 환율이 2008년 이후 어떻게 변동했는지 살펴보자.

원화의 대미 달러 환율은 2007년 10월(월평균) 915원을 기록한 후, 2009년 3월에는 세계 금융위기 여파로 1,453원(월평균)까지 상승했다. 한국 경제가 세계 금융위기의 충격을 빠르게 벗어남에 따라 2014년 6월(월평균) 1,019원까지 일시 하락했다. 그러나 이후 한국 경제의 경상수지, 성장, 물가 등 거시경제지표가 나쁘지 않음에도 환율은 장기간에 걸쳐 지속적으로 상승하여 2025년 12월(월평균) 1,467원을 기록했다. 이는 2008년 세계 금융위기 직후보다 조금 높은 수준이다. 이처럼 우리 돈의 가치 하락은 국민의 대외 구매력과 달러 표시 국부를 감소시켰다. 환율의 지속적 상승은 한국에 들어오는 돈보다 나가는 돈이 많다는 것으로 국민경제에 무언가 문제가 있음을 보여 준다. 먼저 환율을 변동시키는 기본 요인을 짚어 보자.

환율에 영향을 미치는 요인은 다양하지만 핵심은 네 가지로 정리할 수 있다. 미국 등과의 금리격차, 물가상승률 차이, 한국의 경상수지 상황, 한국 경제에 대한 종합적인 신뢰도이다. 이 중 경상수지를 제외한 나머지 요인에서 한국은 2010년대 중반 이후 미국보다 나빠지는 모습을 보이고 있다. 먼저 금리는 한국이 미국보다 낮은 역금리 상황이 장기간 지속되어 달러로 예금하면 이자율이 더 높다. 여기에다 주식시장도 미국에 대한 선호도가 높아 자금이 미국으로 흐른다. 물가는 한국도 안정되어 있고 미국이 높은 시기도 있었지만, 한국 소비자물가에는 집값이 반영되지 않아 신뢰도가 떨지는 것이 문제이다. 그리고 경상수지는 한국이 흑자 기조를 유지하고 있어, 엄청난 적자를 보이는 미국에 비해 확실한 환율하락요인이다. 그러나 미국은 기축통화국으로 외환 부족 위험이 없다. 미국은 경상수지 적자가 누적되고 해외 차입이 안 되어도 자신의 발권력에 의존할 수 있기 때문이다. 한국의 경상수지 흑자, 미국의 경상수지 적자는 환율하락요인이긴 하지만 강하게 작용하지 않는다.

마지막으로 한국 경제의 종합적인 신뢰도는 아주 다양한 요인들—민주주의와 시장경제의 원칙, 전쟁 가능성 같은 지정학적 위험, 정책 운영의 투명성과 일관성, 정책 당국자의 능력과 사회의 신뢰수준 등—에 영향을 받는다. 이들 요소를 종합해서 점수를 내기는 어렵지만 많은 투자자들이 미국 경제를 더 믿는 듯하다. 일차적 경제성과지표인 성장률도 2020년경부터 이미 경제대국이 된 미국이 더 성장을 해야 하는 한국을 앞서고 있다. 자본주의 경제를 대표하는 평가지표인 주식시장도 미국이 한국을 압도했다. 그리고 한국이 일부 제조업에서 잘하는 것도 있지만, 에너지와 식량의 자급도, 금융과 교육의 경쟁력 같은 면에서도 미국에 비해 크게 떨어져 경제에 대한 전체적인 신뢰도는 미국이 훨씬 앞선다고 봐야 할 것 같다. 즉 미국이 기업하기나 사람 살기에 더 매력적인 나라라는 것이다.

종합해 보면 경상수지를 제외하고 금리, 물가, 경제 신뢰도 세 가지 모두가 환율상승 요인이다. 특히 경제 신뢰도가 환율에 큰 영향을 주는 듯하다. 이런 이유로 원화 환율이 지금까지 지속적으로 상승해 왔고, 앞으로 이러한 요인이 바뀌지 않으면 계속 상승할 가능성이 크다. 다만 1985년 9월의 플라자 합의와 같은 거대한 정책적 요인이 개입하면 환율이 다른 방향으로 움직일 가능성이 있다는 것은 항상 염두에 두어야 한다. 그리고 환율이 계속 상승 추세를 보인다 하더라도, 지금이 가장 낮은 시기는 절대 아니라는 것이다. 장기적으로 상승세를 보이는 가격 변수도 단기적으로는 상승과 하락의 사이클을 여러 번 나타내면서 움직이기 때문이다.

다음으로 환율 상승이 국민경제에 미치는 영향을 간단히 살펴보자. 환율이 상승하면 수출 기업이나 외화 자산을 갖고 있는 사람은 좋을 수 있지만, 수입 물가가 오르고, 유학이나 해외여행 경비 부담이 증가하며, 국가의 부는 줄어든다. 환율은 부동산 가격이나 물가처럼 경제주체 간에 이익과 손해가 엇갈리는 상대가격 변수이다. 즉 환율이 상승할 때 수출 기업의 수익 증가는, 수입업자나 해외 여행객의 비용 증가가 보이지는 않지만 이전된 것이다. 한국은 장기간 환율 상승으로 수출 기업의 경쟁력은 유지했지만 수출 증가의 혜택이 다수 국민에게 골고루 돌아가지 못한 나라였다. 여기에다 금융위기 시 환율이 크게 오른 경험 때문인지, 2025년 후반기의 고환율은 경제주체를 불안하게 했다.

경제적으로 진정 강한 국가는 환율이 올라도 수출 경쟁력을 유지할 수 있다. 1960년대 초 제3차 화폐개혁 실시 직후에는, 한국 원화와 일본 엔화의 공식 환율은 거의 일대일 수준이었다. 물론 암시장에서는 일본 엔화의 가치가 훨씬 높았지만 엄청난 차이는 아니었다. 그러나 2025년 한국 원과 일본 엔의 환율은 대략 9.5 대 1 수준이다. 그간 공식적으로 한국 돈의 가치가 일본 엔에 비해 10분의 1로 떨어진 것이다. 한국이 일본을 진정 따라잡는 것은 1인당 국민소득의 추월이 아니다. 환율이 다시 일대일에 가까운 수준으로 복귀하고, 더 나아가 원화의 가치가 엔화보다 높아질 때가 아닌가 생각한다.

주가의 주춤거림

성장과 환율 이외에 한국 경제의 주춤거림과 관계가 있는 지표는 주가이다. 주식시장은 주요 기업의 자기자본이 조달되는 장소이고, 성장성과 수익성 같은 기업의 가치가 평가되는 곳이다. 주가가 장기간 지지부진하다는 것은 주식시장에 문제가 있거나 기업의 미래 가치가 좋지 않다는 의미이다. 한국 경제와 북한 경제의 가장 큰 차이는 세계적 경쟁력을 갖춘 기업이 있느냐와 기업의 가치가 시장에서 평가되느냐일 것이다. 한국의 주가는 오랫동안 주춤거렸다. 다행히 2025년 하반기부터 빠르게 오르고 있다. 단기간에 급상승하고 있어, 부작용에 대한 우려와 지속 가능성에 대한 의문이 있다. 주식시장이 투기 대상이 된다면 부작용이 클 것이다. 주식시장이 저축의 대상이 되도록 장기간에 걸쳐 꾸준히 오르게 만드는 것이 중요하다.

한국의 종합주가지수(KOSPI)는 3저 호황의 끝 무렵인 1989년 3월 말 1,000을 돌파했다. 1998년 6월에는 IMF 사태의 여파로 277까지 떨어졌고, 이후 빠르게 회복하여 2007년 7월 2,000을 넘기도 했다. 이후 2008년 글로벌 금융위기로 938까지 급락한 후 2010년 12월 다시 한 번 2,000을 상회했다. 2021년 1월 코로나 팬데믹의 빠른 극복과 늘어난 유동성 덕에 3,000을 돌파하고 9월 초까지 잠시 3,000대 초반을 유지했다. 이렇게 한국의 종합주가지수는 2010년경부터 2025년 중반까지 15년 정도 2,000~3,000 초반 사이의 박스권에서 등락을 보였다. 이를 박스피(box+kospi)라 하여 한국 주식시장을 표현하는 용어가 되었다. 이런 주식시장에서 장기 투자자는 이익을 보기 어렵다. 한국은 경제도 발전했고, 세계적인 기업도 탄생한 데다, 한류 등으로 국가의 브랜드 가치도 높아졌는데 왜 이럴까? 대주주만의 이익을 과도하게 추구하는 한국 기업의 잘못된 지배 구조가 핵심 원인이겠지만, 일부 사람들의 주식 투자에 대한 잘못된 인식도 큰 몫을 했다.

한국에서는 주택에 대한 투자보다 주식 투자를 부정적으로 보는 사람이 꽤 있다. 주택은 생활필수품으로 보아 무리해서 사더라도 건전한 투자이고, 주식 투자는 조금만 많이 해도 투기꾼으로 매도하는 경향이 있다. 한국 사람은 주식 투자보다 주택이나 상가 건물 등에 투자해서 돈을 벌고 노후 대비를 한다. 연예인, 지식인 등을 포함해 돈 있는 다수가 그렇게 한다. 언론도 이를 거들고, 이에 대한 비판도 적다. 그러나 이러한 투자 성향은 국민경제 측면에서 바람직하지 않다. 부동산 투자는 임대료에 기초한 노후 대비이고, 주식 투자는 기업의 수익에 기초한 노후 대비이기 때문이다. 임대료가 오르면 세입자와 영세 자영업자가 어려워진다. 기업의 수익이 늘면 일자리와 임금이 오를 가능성이 있고, 또한 한국 기업의 수익은 많은 부분이 해외에서 창출된다. 이 외에도 부동산 투자는 경제를 불안정하게 하고, 기업의 경쟁력을 떨어뜨리며, 불평등을 심화시키는 등 부정적 효과가 아주 크다.

　자금 흐름을 부동산에서 주식시장으로 바꾸는 정책은 늦었지만 윤석열 정부에 이어 이재명 정부에서도 추진되고 있다. 윤석열 정부는 2024년 12월 기업 밸류업 정책으로, 이재명 정부는 임기 중 종합주가지수 5,000 달성을 목표로 다양한 자본시장 활성화 정책을 시행하고 있다. 덕분에 2025년 중 주가가 크게 올라 2025년 10월 종합주가지수

그림 5-1 한국의 종합주가지수(KOSPI) 추이

주: 1980년 1월 4일=100

는 4,000을 넘었고, 2026년 2월에는 6,000을 돌파했다. 주식시장이 단기간에 빠르게 오르는 것보다 장기간 꾸준히 올라야 주가 상승의 혜택을 보는 사람이 늘어 한국 경제성장의 혜택을 보다 많은 사람이 받을수 있다. 이재명 정부가 조급해하지 말고 임기 말까지 부동산 보다는 주식시장을 우대하는 정책을 꾸준히 추진했으면 좋겠다. 성공하면 한국 경제의 주춤거림이 조금은 완화될 수도 있다.

주춤거림의 결과, 저출산

한국 경제는 1960년대 굶주림의 탈피, 1970년대 공업화, 1980년대 물가안정, 1990년대 말 IMF 사태의 극복과 같이 시대가 요구하는 과제를 해결하면서 발전해 왔다. 그러나 2000년대에 들어 모든 정부는 작은 번영에 안주하면서 국민의 저항이 조금이라도 있을 법한 개혁은 기피하고 있다. 너무 일찍 '부자 몸조심'하는 형국이다. 이에 따라 2010년대부터는 성장세가 둔화되고, 원화의 가치는 떨어지는 가운데, 집값과 집세만 가끔 폭등하는 상황이 지속되었다. 그리고 한국의 구조적 문제인 불공정과 불평등이 개선될 기미를 보이지 않고, 기업 경쟁력과 산업 경쟁력은 약화되고 있다. 이대로 가면 한국은 많은 이들이 걱정하듯 뜨거운 냄비 속의 개구리처럼 될 수 있다.

그간 늘어난 기득권층은 자신의 이익만 챙기고, 국가는 리더십이 부족해 이를 제어하지 못하는 상황이다. 정치인들은 선거 때 표만 생각하고, 나라에는 존경할 만한 어른이 없으며, 전문가들의 대안은 부실하기

짝이 없다. 그렇지만 많은 사람들이 한국의 불평등이 심각하고, 또 불평등이 시장에서의 경쟁보다는 법과 제도의 불공정에서 기인하는 것임을 느끼기 시작했다. 이 때문인지 2020년대 들어 한국의 젊은이들이 가장 예민한 반응을 보이는 것은 불공정한 대우이다. 직장과 사회에서의 갑질, 불공정한 보상 체계, 부동산 보유에 대한 특혜, 공적연금의 세대 간 불공정 등이 젊은이들이 거부하는 대표적인 불공정 사례이다. 이들 중 상당 부분은 잘못된 제도와 관행에 기인한다.

이러한 한국 경제의 주춤거림과 불안, 불만 등이 모여 나타난 결과가 세계 최저를 지속하고 있는 출산율이다. 한국의 합계출산율은 2000년 1.48에서 2025년 0.79로 낮아졌다. 젊은이들은 경쟁이 치열하고 법과 제도가 불공정한 한국 사회에서 자신들의 방식으로 적응하고 살아남기 위해 아이를 낳지 않는 것이다. 2020년대 현재의 한국 젊은이들은 기대 수준은 높은데 현실에서 얻을 수 있는 것은 그에 미치지 못하기 때문에 불만이 많다. 이들의 어린 시절은 고도성장기의 끝자락이었고, 또한 부모들의 엄청난 지원 덕에 그들이 속한 계층보다 높은 생활수준을 영위하면서 자랐다. 젊은이들은 부모가 피 말리는 경쟁 속에서 살아남고 성공하기 위해 죽기 살기로 노력하는 모습을 보면서 자신들은 그런 경쟁 속에서 살고 싶지 않았을 것이다. 젊은이들의 기대 수준은 높아졌

표 5-3 합계출산율 추이

출산율	1990	1995	2000	2005	2010	2015	2020	2023	2025
합계출산율	1.57	1.63	1.48	1.08	1.22	1.23	0.84	0.72	0.79

지만, 한국이 예상보다 빨리 저성장기에 진입하면서 일자리 소득 등이 기대에 못 미치게 되었다.

행복은 결과에서 기대치를 뺀 것이다. 기성세대가 보기에 2020년대 젊은이들의 생활수준은 자신들의 젊은 시절에 비해 엄청나게 높다. 그러나 젊은이들은 기대 수준이 더 높기 때문에 불만이 많고, 행복하지 않다. 여기에서 세대 간 갈등이 시작된다. 젊은이들은 기성세대를 "꼰대"라 욕하고, 기성세대는 젊은이들이 "노오력"하지 않는다고 비판한다. 젊은이들은 결혼하지 않고, 아이를 낳지 않는 것이 기득권층에 대한 저항 또는 쉽게 자신들의 생활수준을 높일 수 있는 수단이라고 생각한다. 여기에다 젊은이들은 지식수준이 높아져 미래의 불확실성에 더 민감하게 반응하기도 한다. 기후위기, 전쟁 위협처럼 자신들의 힘으로는 해결할 수 없지만 어쩔 수 없이 마주해야 미래의 위험 속에서 자식들을 살지 않게 하는 것도 저출산의 이유가 되고 있다.

한국에서 결혼을 기피하고 아이를 낳지 않으려는 원인은 이렇게 복합적이다. 특히 그동안 한국 경제의 발전을 이끌어 왔던 높은 기대 수준과 경쟁, 타인과의 비교 등이 현재는 제약요인으로 작용하고 있다. 제2차 세계대전 이후 급속한 경제성장을 이루었던 대만, 홍콩, 일본 등 동아시아국가들이 낮은 출산율을 기록하고 있는 것도 비슷한 이유일 듯하다. 대책도 프랑스 등 유럽 국가와 달라야 할 것이다. 결혼 장려금, 아동수당 등과 같은 가족 정책은 파격적일 정도로 엄청난 지원이 이루어지기 전에는 큰 효과가 없는 이유이다. 공정한 보상체계 수립, 조세 정의 실현 등을 통해 한국 경제의 미래를 밝게 하고 성장 잠재력을 높이는 것이 힘들고 시간이 걸리더라도 효과가 더 클 것이다. 아니면 국민 다수가 안빈낙도의 삶을 실천해 현재의 생활수준에 만족하며 살게 하는 것인데, 이는 남과 비교를 많이 하는 한국에서 더 어려워 보인다. 부족함은 참아도 고르지 못한 것은 참지 못한다는 옛말이 한국인의 본성을 잘 설명한다고 사람들은 말한다. 한국 경제의 오랜 숙제인 불평등을 살펴볼 때이다.

4. 한국의 불평등

도입

불평등은 인간 세상뿐 아니라 동식물의 세계에도 존재한다. 받아들이기 불편한 자연현상의 하나인 것 같다. 인간은 원시시대부터 왕조시대까지 불평등에 저항하지 못하고 숙명으로 받아들이며 살아야 했다. 가끔 불평등에 반기를 든 사람들이 있었지만 이들은 살아남지 못한 경우가 대부분이었다. 민주주의가 확산되면서 불평등을 거부하는 사람들이 더 늘어나고, 불평등를 혁파하려는 시도도 더 많아졌으나 눈에 띄게 개선되지는 않았다. 불평등에는 경제적 불평등 외에도 정치적·사회적 다양한 불평등이 존재하는바, 복잡하고 체감 정도도 심각하다. 인간은 아직까지 불평등을 완전히 해소할 수 있는 경제체제나 정치체제를 찾지 못한 것 같다.

불평등을 좌우하는 핵심 요소는 시대와 체제에 따라 변화해 왔다. 조선 시대에는 좋은 가문 출신 여부와 과거 공부에 맞는 능력이 기본이고, 당파 싸움에서 줄을 잘 서는 능력과 땅을 늘리는 재주가 중요했다. 여기에다 일제강점기에는 친일과 같이 시류에 잘 영합하는 능력이 추가되었다. 이승만 정부 시절에도 여전히 출신 집안의 비중이 컸으며, 고등고시라 불리는 새로운 과거제도에 맞는 능력, 연줄과 정경유착의 길을 잘 찾는 능력 등도 출세와 부의 축적에 핵심 역할을 했다. 박정희 시대 이후에는 여기에 사업하는 능력이 아주 중요해졌고, 1990년대 민주화 이후에는 자신이 속한 진영과 지역 등도 추가되었다. 그렇다면 공산주의 국가인 북한은 어떤가? 한국보다 못살면서 불평등은 더 심각한 듯하다. 능력에 따라 일하고 필요에 따라 분배한다는 공산주의 원칙은 구호일 뿐이고, 최고 통치자와 공산당 간부가 원하는 대로 분배가 이루어진다. 북한의 분배 방식은 분배하는 사람만 다를 뿐 왕조 국가와 비슷하다.

민주주의와 시장경제가 어느 정도 정착된 2025년 즈음 한국에서 경제적 불평등을 결정하는 핵심 요소는 무엇일까? 부자 부모를 가진 금수저로 태어나는 것, 의대나 약대처럼 돈벌이가 잘되는 대학이나 학과에 진학할 수 있는 능력, 멋진 외모를 갖거나 노래와 같은 예체능 방면에 뛰어난 자질, 사업이나 투자를 잘하는 능력 등일 것이다. 이 중 무엇이 타고나는 것이고 무엇이 각자의 노력으로 얻어지는 것일까? 한국에서는 많은 사람이 공부로 이룬 학벌을 바람직한 신분 상승의 사다리라고 생각하는 경향이 있다. 그러나 공부도 머리를 타고나야 하고 사교육비 부담도 만만치 않은 것이라 좋은 학벌을 자신만의 노력으로 얻기란 매우 어렵다. 차라리 금융이 제 기능[20]을 수행한다는 전제하에 사업이나 투자에서 성공하는 것이 학벌보다 개인의 노력이나 운에 더 많이 영향을 받는 것 같다.

이렇게 보면 불평등을 완전히 없애는 것은 거의 불가능하다. 그러나 사람들이 불평등한 상황을 받아들일 수 있는 전제 정도는 있을 듯도 하다. 가령 첫째, 불평등의 정도가 심하지 않을 것, 둘째, 열악한 계층도 경제적 상황이 개선되고 있고 앞으로도 개선될 가능성이 클 것, 셋째, 불평등이 공정한 과정을 거쳐 나타난 결과일 것이다. 이런 전제도 모두 실현되기는 어렵겠지만 국가가 이런 방향으로 나아가고자 노력하고 있다는 신호를 감지한다면 국민은 불평등 상황을 보다 쉽게 받아들일 듯하다. 한국의 불평등 상황과 구조는 어떠할까?

한국의 불평등 현황

불평등은 한국 국민의 주 관심사이자 심각한 사회문제이다. 그러나 기초통계가 부족해 실상을 제대로 파악하기 어렵다. 세계 주요국의 불

---

20 금융은 원론적으로 보면 이미 성공한 사람보다 자금력이 약한, 아직 성공하지 못한 사람에게 절실히 필요하다. 금융이 아직 성공하지 못한 사람을 위해 작동할 때 제 기능을 한다고 볼 수 있다. 금융을 이렇게 움직이도록 만드는 일은 혁명과 같이 어려운 일이다. 세계 역사에서 정치혁명이나 산업혁명이 성공한 경우는 꽤 있지만, 금융혁명이 성공한 나라는 매우 드물다.

평등 통계를 모아 놓은 세계 불평등 DB(World Inequality Data Base)에는 많은 나라의 불평등에 관한 장기 시계열 통계가 잘 구비되어 있고 업데 이트도 제대로 이루어지고 있다. 세계 불평등 DB의 자료는 거의 모두 소득세 납세 자료를 기초로 작성된다. 그러나 한국은 1976~1985년, 1995~2016년의 통계만 있다. 이마저도 기초 자료가 부실해서 신뢰성 이 떨어진다. 한국은 소득세 납세 자료가 충분히 공개되지 않기 때문이 다. 따라서 한국의 과거 공식 불평등 통계는 신뢰성 논란이 많은 통계 청의 가계동향조사를 기초로 작성되었다.[21] 학자들의 연구도 이를 근 거로 이루어지는 경우가 많았다. 또한 불평등 구조의 또 다른 접근법인 노동소득분배율 분석도 한국의 경우 자본과 노동의 혼합 소득자인 자 영업자의 비중이 높아 신뢰성이 떨어진다. 신뢰성이 낮은 기초통계로 작성된 연구 결과는 당연히 한국의 불평등 현황과 구조에 대한 설명력 이 떨어질 수밖에 없다. 한국은 부동산 통계와 함께 불평등 통계 역시 이처럼 신뢰성이 낮아 실태 분석과 대책 마련이 어렵다.

가계동향조사는 2016년 말 조사 방식의 한계 등으로 폐지가 결정되 었으나, 2017년 문재인 정부가 들어서면서 다시 작성되는 등 우여곡절 을 겪었다. 윤석열 정부 시기인 2024년부터는 공식 불평등 지표가 한

---

21 가계동향조사는 1963년 도시 근로자 1,700가구를 대상으로 지출 항목을 조사한 통계였으나 이후 소득도 조사 대상에 포함되고 표본이 확대되었다. 그러나 조사 방식이 설문조사나 가계부 작성 형태여서 조사 대상자의 의도에 따라 소득 등 핵 심 통계수치가 달라지고, 표본이 많이 바뀌어 시계열 단절 등의 문제가 있다.

국은행, 통계청, 금융감독원이 공동으로 작성하는 가계금융복지조사를 기초로 작성되고 있다. 가계금융복지조사는 가계동향조사보다 조금 개선되었으나, 소득 추정이 설문 방식으로 이루어져 신뢰성의 문제는 여전히 크다.[22] 불평등 통계는 주요국과 같이 소득세 납세 실적을 개인 식별자료 없이 공표하면 신뢰성을 크게 높일 수 있다. 물론 이도 한국과 같이 소득세를 내지 않는 소득이나 지하경제가 큰 경우에는 정확도가 떨어질 수 있지만, 그래도 소득세 납세 통계가 불평등 분석의 기초인 것은 확실하다.

제한된 통계로나마 한국 소득 불평등의 모습을 대략 추정해 보자. 최근 자료에는 신뢰할 만한 것이 없어, 2016년 김낙년의 연구를 참조했다.[23] 오래된 통계이지만 이 연구에 따르면 한국은 금융소득이 포함된 상위 10%의 소득 집중도가 2010년 기준 48.1%로 미국 43.9%, 독일 36.7%보다 크게 높다. 특히 금융소득을 포함할 때 상위 10%의 2010년 소득 집중도가 4.8%P 상승한다. 그리고 이 연구는 소득세 자료를 기반으로 했기 때문에 한국에서 거의 과세되지 않는 주택임대소득은 대부

---

22 2025년 12월 국회에서 불평등에 관한 종합적인 보고서가 나왔다. 『한국사회 불평등의 현주소, 대한민국불평등 종합보고서』이다. 이 보고서는 한국의 불평을 다각적이고 심도 있게 다룬 보고서로, 가계금융복지조사에 기초해 소득 불평등을 분석한다. 기초 자료의 신뢰성 문제와 함께 분석 가능한 시계열 자료가 짧아 보고서의 설명력이 떨어진다.

23 김낙년, 「한국의 개인소득 분포: 소득세 자료에 의한 접근」, ≪한국경제의 분석≫, 22(3)(한국경제의 분석패널, 2016.12), 147~208쪽.

분 포함되지 않았을 것이다. 금융소득보다 규모가 클 것으로 보이는 주택임대소득을 제대로 포함하면 한국 상위 10%의 소득 집중도는 50%를 넘어 세계 최고 수준일 것이 분명하다.

한편 미국은 상위 1%의 소득 집중도가 2010년 17.7%, 2016년 18.6%로 세계 최고 수준을 지속하고 있다. 미국은 상위 0.1%, 1%와 같이 아주 소수에 소득이 집중되어 있다. 반면 한국은 상위 10%와 같이 조금 더 많은 사람들의 소득 집중도가 아주 높고, 이들이 한국 전체 소득의 절반 정도를 가져간다. 한국과 미국의 불평등 현황이 많이 다르듯이 그 원인도 다르다. 미국은 사업과 투자에서의 성공 여부가, 한국은 학벌을 통한 좋은 직업이 불평등에 많은 영향을 미치는 듯하다.

한국에서 상위 10%에 해당되는 사람에는 먼저 대기업 소유자와 경영진, 목 좋은 입지의 건물 소유자와 대규모 임대 사업자, 인기 연예인 등과 같은 최상위 소득자가 있다. 여기에다 성공한 정치인과 관료, 의사나 약사 등 전문직과 교수, 고참 공무원, 공기업·금융기관·대기업의 정규직 등도 포함된다. 범위가 꽤 넓다. 이들의 가족까지 합하면 국민의 20~30%가 상위 소득자의 범주에 속한다. 이렇게 보면 한국의 불평등 상태는 쌍봉낙타 형태의 양극화 구조가 아니고, 앞쪽의 한 봉우리가 크고 두꺼운 외봉낙타 형태에 가까울 것이다. 또한 한국에서 상위 10%의 직업 종사자의 소득은 미국과 유럽의 비슷한 직업 종사자보다 많을 가능성이 크다. 이들의 소득만 비교해 보고 한국이 미국이나 유럽 국가 사람들보다 잘살게 되었다고 자만하는 사람들이 많은 것이다. 나머지 90%에 해당하는 중소기업 노동자, 비정규직, 소상공인, 농민 등의 소득과 생활수준은 아직도 열악하다.

한국에서는 언제부터 이러한 불평등 구조가 시작되었을까? 표 5-4의 통계에 나타나는 2010년 이전일 것이다. 한국은 미국, 유럽 국가들과 달리 불평등 시계열 통계가 부족하여 구조 변화를 확인하기 어렵다. 그래도 성장과 고용, 물가와 부동산 가격 동향 등을 고려해 대략 추정해 보면 한국의 불평등은 이승만 정부와 박정희 정부 때부터 확대되었겠지만, 지금과 같은 독특한 구조는 1980년대 후반 높은 성장과 경상수지 흑자, 부동산 가격 상승 등과 함께 나타났을 가능성이 크다. 한국의 불평등은 고도성장과 자립 경제의 달성 과정에서 나온 부산물이고 여기에 정치인과 정책 당국의 무관심이 가세하면서 확대되어 왔었다. 특히 1997년 금융위기를 극복하는 과정과 2000년대 초반을 거치면서 이러한 불평등 구조가 고착화되고, 2020년 이후에는 신분으로까지 굳어지는 느낌이다.

표 5-4 상위 1%와 상위 10%의 소득 집중도 국제 비교(성인 기준) (단위: %)

	상위 1%			상위 10%		
	2010	2013	2016	2010	2013	2016
미국	17.7	18.9	18.6	43.9	45.7	45.4
영국	12.8	13.7	13.1	35.4	38.8	36.4
독일	12.9	13.1	13.3	36.7	37.6	38.0
프랑스	10.6	9.9	9.9	32.6	31.9	32.1
한국	12.9(13.0)[1]	12.8	12.7	43.3(48.1)[2]	44.0	44.6

주1, 주 2 자료: 김낙년(2016)(금융소득을 추가한 소득불평등도).
자료: World Inequality Data Base(세전소득 기준).

특히 불평등 구조의 고착화에는 부동산 가격의 지역별·차별화, 학벌에 따른 왜곡된 보상 체계, 기득권층의 단합력 등이 중요한 역할을 했다. 이를 피부로 느낀 국민은 부동산과 사교육을 통해 부와 신분을 대물림하려고 필사적으로 노력하고 있는 것이다.

마지막으로 한국의 불평등 구조는 신뢰할 수 있는 통계가 부족해서 확인이 어렵지만, 2020년대 들어 미국과 비슷하게 상위 1%, 0.1%로의 소득 집중도가 크게 높아지고 있을 듯도 하다. 상위 10% 내에서도 계층 분화가 이루어질 수 있는 환경이 조성되었기 때문이다. 즉 2018년부터 서울 요지의 부동산 가격이 폭등했으며, 코인이라는 새로운 투기 수단이 등장했고, 2025년부터는 박스권에 머물던 주식시장이 큰 폭으로 올라 투기장화되었다. 또한 드물지만 생산적인 사업을 통해 돈을 버는 사람도 늘어났다. 이들 네 가지 중 하나나 둘, 또는 그 이상에서 크게 성공한 사람은 초고소득층이 되었을 가능성이 크다. 이러한 것들에 대한 실증적 분석이 가능해야 제대로 된 정책이 나온다.

한국 불평등의 특수성

한국은 시장경제체제를 채택하고 있기에 상위 소득자의 소득 대부분이 시장에서 발생한 경쟁의 결과여야 한다. 그러나 좀 더 자세히 들여다보면 법적·제도적 특혜, 과보호, 단합된 힘처럼 반칙적이고 불공정한 요소가 고소득의 원천이 되는 경우가 많다. 먼저 부동산 투자를 살펴보자. 건물주 등 임대 사업자는 임대소득에 대한 찔끔 과세, 법인 부동산 사업자에 대한 느슨한 과세, 등록주택임대사업자에 대한 특혜와 같은 제도적 혜택을 많이 받았다. 다음으로 의사 등 전문직은 정원 규제와 업무 영역의 보호, 2024년 의료개혁 과정에서 나타난 조직력 등이 고소득의 큰 원천이다. 장관이나 지자체장 등 정무직 공무원, 관료와 공기업 직원, 교수와 판검사 등의 높은 보수는 정부가 직접 결정해서 준 것이다. 한국 금융기관 임직원의 높은 보수는 정부의 진입 규제와 칸막이 영업 규제의 영향이 크다. 대기업 정규직의 일부는 노동조합의 단합력에 힘입어 높은 보수를 얻을 수 있었을 것이다. 이러한 한국의 불평등 구조는 신뢰라는 국민경제의 사회적 자본을 훼손해 성장 잠재력을 약화시킨다.

여기서 금전적 소득 이외에 명예와 권한까지 포함된 종합적 보상 수준을 생각한다면 불평등의 정도는 더 심각하다. 정무직 공무원과 관료, 교수와 의사 등은 명예가 있고 가진 권한이 크기 때문에 금전적 소득이 좀 작아도 불만이 적을 것이다. 반면 위험 부담이 크고 일이 험한 소상공인과 농민 등은 금전적 소득이라도 많아야 종합적 보상의 균형이 맞는다. 이와 비슷한 보상 체계를 갖고 있는 나라가 독일이다. 독일은 교수와 관료 등의 금전적 보수가 소상공인보다 낮다. 한국은 모두 느끼듯 반대이다. 한국에서는 고위직 공무원, 교수, 의사 등의 종합적 보상 수준이 너무 높아 금전적 보수는 조금 낮아져도 이들 직군에 진입하려는 사람은 여전히 많을 것이다. 또한 이들의 보수가 낮아지면 국민경제 내에서 중소기업 노동자, 비정규직 등에게 돌아갈 보수의 몫이 커진다.

한국 불평등의 또 다른 특징은 구조적으로 불평등을 완화하기 쉽지 않다는 것이다. 소득 집중도가 높은 상위 10%에 들어가는 사람들이 정치인, 관료, 지식인, 교수, 교사와 같은 여론 주도층이고, 개혁의 주체가 되어야 하는 계층이다. 또한 포함된 사람의 숫자가 상위 0.1%, 상위 1%보다 아주 많고 일부는 중산층처럼 보이기도 해서, 정치 세력이 개혁을 기피하기 때문이다. 여기에다 상위 10%에 속하는 사람들의 대부분이 똘똘한 부동산을 소유하고 있어 개혁적인 부동산 정책을 추진하기도 어렵다. 미국은 상위 0.1%, 상위 1%의 소득 집중도가 높고, 불평등의 원인이 경쟁과 시장 원리에 의한 사업이나 투자의 성공 여부인 경우가 많다. 한국과 미국은 불평등의 원인이 다르듯 완화를 위한 정책도 달라야 한다.

미국의 경우 시장경제체제를 유지하는 한 불평등이 시장에서 생길 수밖에 없고 그로 인해 정책 선택의 폭 역시 좁다. 고소득자에게 높은 소득세율을 적용하는 것이 핵심일 것이다. 그래서인지 미국의 고소득자들 중 일부는 정부의 세금이 적다고 보고, 스스로 자발적 세금인 기부를 많이 하는 듯하다. 반면 한국의 경우 일차적인 정책은 특혜나 과보호를 받고 있는 직업들을 보다 경쟁적으로 만드는 것이다. 의사정원 확대, 은행신설 허용, 전문직 업무 영역 조정 등이 대표적이다. 이러한 정책들은 소득 불평등을 완화할 뿐 아니라 일자리 창출과 성장세 확대에도 도움이 된다. 그다음에 이차적으로 한국도 고소득자에 대한 증세를 통해 저소득자에게 지원을 늘리는 정책도 쓸 수 있다.

불평등과 한국에서 한때 유행하던 구호인 경제 민주화를 연결해 살펴보자. 경제 민주화는 주장하는 사람에 따라 개념과 과제 등이 크게 다르다. 그러나 필자의 단순한 생각으로는 정치인, 관료 등 권력이 있는 사람보다 일반 국민이 잘사는 것이야말로 경제 민주화가 아닐까 싶다. 주권재민이 정치적 민주화의 시작이라면, 경제력의 재민이 경제적 민주주주의 핵심이라고 할 수 있기 때문이다. 이렇게 보면 경제 민주화와 불평등 완화는 서로 같은 문제를 다른 면에서 말하는 것이라고 할 수 있다. 그러나 정치인과 전문가란 사람들은 불평등 완화라는 명확한 말 대신, 경제 민주화라는 모호한 말을 듣기 좋은 수사로 포장해서 여기저기에 활용한다.

정치인이나 전문가들은 왜 듣기 좋은 말을 명확한 정의와 구체적 실행 방안 없이 자주 쓸까? 아마 자신이 없고 결과에 책임지기 싫어서일 것이다. 한국에는 경제 민주화뿐 아니라 정의사회 구현, 창조경제, 동반성장, 혁신성장처럼 모호한 용어를 즐겨 쓰는 정치인이나 전문가들이 늘어나고 있다. 이들은 선동가일 가능성이 크기 때문에 경계해야 한다. 그래서인지 이재명 정부에서는 '진짜 성장'이란 말까지 등장했다. 그냥 물가와 부동산 가격을 안정시키면서 성장을 잘하겠다고 하면 될 텐데, 이해하기 어렵다.

불평등 완화를 위한 구체적 정책

한국에서 불평등 완화는 쉽지 않은 일이겠지만, 받아들이기 쉬운 불평등 구조로 만들기는 어렵지 않은 듯하다. 미국은 경쟁과 시장이 불평등의 주요 원인이라 정책 선택이 제한되어 있지만, 한국은 법과 제도,

관행 등만 조금씩 바꾸어도 불평등이 완화되면서 받아들이기 쉬운 상황이 되기 때문이다. 더욱이 한국에서는 정치인이 떠들기만 하지 노력을 하지 않아 정책 과제도 찾기 쉽다.

첫째, 국세청이 개인식별자료(이름, 주소, 주민번호 등)를 삭제한 상태로 개인별 소득세 납세 실적을 매년 공표하는 것이다. 파일 형태로 발표하면 비용도 거의 들지 않을 것이다. 대통령 등 정치지도자의 의지만 있으면 바로 할 수 있고, 기대 효과도 크다. 이렇게 되면 불평등 현황과 구조, 변화 과정 등을 정확히 알 수 있어 적절한 대책을 세우기 쉽다. 한국의 불평등에 대한 여러 연구가 이루어질 것이고, 불평등의 심각성에 대해 다수 국민이 알게 될 것이다. 그러면 민주주의와 시장경제가 갖고 있는 자율 조정능력에 의해 불평등이 조금씩 시정될 가능성이 대단히 높아진다. 특히 매년 불평등 현황을 알 수 있어 정권에 대한 평가도 쉬워진다. 이렇게 되면 정의와 공정, 경제 민주화 등과 같이 듣기 좋은 말만 떠드는 정치인이나 전문가들도 줄어들 것이다. 이는 괜찮은 나라에서는 다 하고 있고, 돈도 들지 않는 데다 실행하기도 쉬운데 한국에서는 어찌 된 영문인지 못하고 있다.

둘째, 특혜를 받는 직업과 사람의 특권이나 높은 보수를 축소하고, 취약 계층에 대한 지원을 강화하는 정책을 양쪽에서 동시에 추진하는 것이 기본 방향이 되어야 한다. 재벌과 성공한 정치인, 관료와 교수, 전문직, 금융기관 경영진의 높은 보수를 낮추고 보호막도 제거해 나가는 것이 우선이다. 이들은 국민경제에 기여하는 것보다 과도하게 높은 보수를 받고 있으며, 높은 진입장벽을 이용해 고수익을 보장 받는 특혜를 누리고 있다. 이것이 1차 개혁 대상이고, 이 개혁이 잘되면 한국의 고질병인 교육 문제도 조금은 개선될 것이다. 의사, 관료, 교수, 공기업 직원 등의 직업은 대부분 많은 교육 투자를 통해 얻어지기 때문이다. 다음으로 중소기업 노동자, 비정규직, 소상공인 등 취약 계층에 대해서는 동일업무 동일보수 보장, 농어민 지원 강화, 임대료 안정과 같은 지원은 지속적·점진적으로 확대해 나가야 한다.

단 이 정책이 특권 계층에 대한 특혜 축소는 없고 취약 계층에 대한 지원 강화만으로 이루어진다면, 희생자가 없어 단기적으로는 모두가 좋아할 수 있지만 장기적으로는 지속 가능하지 못할 것이다. 모두에게 좋아 보이는 정책을 장기간 시행하다 보면, 언젠가 국민경제가 감내할 수준을 넘게 되고, 이는 결과적으로 남유럽이나 남미의 포퓰리즘 국가를 뒤쫓는 상황으로 이어질 가능성이 크다. 지금도 취약 계층에 대한 지원은 어느 정도 이루어지고 있다. 반면 특권 계층의 특혜는 줄지 않고 오히려 늘어나고 있다. 특권 계층이 한국을 끌고 가는 주도 세력이라 그렇다. 한꺼번에 모두의 특권을 줄이는 것은 불가능에 가깝다. 우선순위를 정해 순차적으로 특권을 줄여 나가야 한다.

마지막으로 상위 10% 정도에 해당하는 직업들의 특혜를 없앨 때, 우선순위와 구체적 방안을 간단히 짚어 보자. 먼저 대통령, 국회의원, 지방자치단체장, 장차관 등 정치 지도자부터 보수를 줄이고 특권을 내려놓게 하는 것이다. 이들은 국민 모두를 잘살게 해 주겠다고 말하는 사람들이기 때문에 솔선수범할 수 있을 것이다. 그렇지 못하면 국민이 선택하지 않으면 된다. 이어 이들의 낮아진 보수 수준에 맞추어 고위 공무원과 공기업 고위직, 교수 등의 보상 수준을 조금씩 낮추어 가면 된다. 그리고 한국 최고의 직업으로 많은 학생들의 꿈인 의사 정원을 늘리고 업무 범위를 조정하는 것이다.

의사정원 확대는 문재인 정부 때는 살짝, 윤석열 정부 때는 거칠게 추진했으나 실패했다. 이재명 정부는 약간 모호한 방식으로 의사 정원을 확대했다. 의사 정원을 늘리면 엄청난 기대 효과가 있다. 좋은 일자리 창출, 의료 서비스 확대, 의사의 과로 축소와 같은 효과가 바로 나타나고, 장기적으로는 의사라는 직업의 경제적 렌트(rent)가 감소하면서 수험생의 의대 편중도 줄 수 있다. 물론 단점도 조금은 있다. 세상에 부작용 없는 약이 없듯이 정책도 마찬가지이다. 이와 함께 지방은행 등 소형 금융기관을 단계적으로 늘려 가는 것, 주택임대소득 정상 과세 등 부동산 투자에 대한 특혜 축소, 공무원 정원 확대와 동시에 직무급 도입과 같이 찾아보면 아주 많다.

5. 각 정부의 업적과 비판적 평가

이명박 정부, 2008년 2월~2013년 2월

이명박 정부 하면 생각나는 것은 녹색성장과 4대강 사업이다. 녹색성장은 기후 문제 등으로 환경에 대한 관심이 높아지는 시기에 맞추어 잘 꺼내 든 깃발이었다. 그러나 전시 행정이 많았고 구체적으로 실행된 것을 찾기 어렵다. 특별한 것으로는 두 가지 정도가 있다. 첫째는 2012년 말 GGGI(Global Green Growth Institute)라는 국제조직을 한국에 설립했으나 눈에 띄는 활동이 없었고 이 조직을 아는 사람도 많지 않은 듯하다. 둘째는 2010년경 친환경 도시로 유명한 독일 남부의 프라이부르크(Freibourg)에 한국인 출장자들이 아주 많았다는 것이다. 정치인, 중앙정부와 지방자치단체 공무원, 환경 단체 임직원들이 주로 방문했다. 잘 배워 실행했으면 좋았을 것이다. 프라이부르크는 보행자와 자전거 친화적인 도로, 패시브하우스와 같은 에너지 효율적인 건축, 폐기물 재활용 시스템 구축 등을 지역사회와 주민이 협조하며 스스로 만들어 가고 있는 도시이다. 한국에는 이와 비슷한 도시가 아직은 없는 것 같다.

다음은 4대강 사업이다. 이명박 정부는 처음에 한강과 낙동강을 잇는 한반도 대운하 사업을 추진하려다 반대가 거세고 실현 가능성이 없자, 방향을 바꾸었다. 한강, 낙동강, 금강, 영산강 4대강 사업은 20년이 지난 지금까지 논란이 많다. 한쪽은 물 부족 문제 등을 많이 완화한 성공적인 치수 사업이라고 주장한다. 다른 쪽은 강과 주변의 환경을 훼손한 잘못된 사업이라고 한다. 양쪽 주장이 지금도 극단적으로 대립하고 있다. 필자는 환경과 치수에 대한 전문성이 없어 완전한 평가는 못 하겠지만, 이명박 정부가 4개 중 1개 강을 먼저 시범 실시하고, 추후 문제점을 보완하면서 다른 강으로 확대 실시했다면 성공적인 정책이 되지 않았을까 싶다. 왜 한정된 재정을 4개 강에 모두 투입해서 욕을 먹었는지 아쉬움이 많다. 정치인 대부분이 그렇지만, 임기 동안 큰 업적을 남기려는 욕심에다 떡고물에 관심이 많은 사람들의 탐욕까지 가세해, 4

대강 사업이 잘못 흘러간 것이 아닌가 생각한다.

그리고 이명박 정부가 스스로 큰 업적이라고 여기는 2008년 세계 금융위기에 대한 성공적 대처가 있다. 2008년 금융위기는 세계에서 금융이 가장 발전했다는 미국에서 발생한 위기로 주변국들이 어려워진 사건이다. 한국은 은행 시스템이 손상되지 않아, 국제금융시장에서 급격히 위축된 외환(미국 달러) 유동성만 잘 확보하면 별 문제가 없었다. 따라서 원화를 담보로 주고 수수료는 부담하지만 미국 달러를 자동적으로 확보할 수 있는 한미 통화 스와프가 위기 극복을 위한 가장 중요한 정책이었다. 뒤돌아보면 다른 정책들도 조금씩 문제가 있었지만 무엇보다 2008년 초 이명박 정부가 출범하면서 환율주권론이란 이름으로 추진한 고환율 정책이 원화 약세를 가속화시켜 한국 경제에 많은 부담을 주었다. 이명박 정부 초기의 고환율 정책이 없었다면, 세계 금융위기의 충격은 많이 줄었을 것이다.

마지막으로 이명박 정부는 2012년 세계협동조합의 해를 맞아 특별한 정책을 시행했다. 2011년 11월 「협동조합기본법」을 여야 만장일치로 제정하고 협동조합에 대한 규제를 완화했다. 금융보험업을 제외한 모든 업종에 대해 조합원이 5명 이상이면 신고만으로 협동조합을 설립할 수 있도록 한 것이다. 협동조합에 대한 사람들의 관심이 많았고 기대도 컸으나, 법 실행 직후의 반짝 효과를 제외하면 시간이 지나면서 유야무야되고 사람들의 기억에서 사라지고 있다. 한국은 협동조합에 대한 규제 완화가 너무 늦게 이루어진 데다, 시장에서 수요가 남아 있고 핵심 업종이라 할 수 있는 금융보험업에 대해 설립을 금지[24]했기 때문인 듯하다. 협동조합의 성공 모델로 잘 알려진 스페인의 몬드라곤 사례를 살펴보면, 호세 마리아 신부는 1956년 석유난로 제조 협동조합인 울고(Ulgor)를 설립한 후 곧바로 금융협동조합인 노동인민금고를 설립했다. 이는 주변의 거센 반대를 무릅쓴 결정으로 협동조합의 발전과 지속 가능성을 높이기 위함이었고, 몬드라곤 협동조합 공동체는 노동인민금고를 중심으로 지금까지 잘 발전해 왔다.

이명박 정부의 부동산 정책은 공급 확대와 규제 완화를 동시에 추진했다. 서울 주변의 그린벨트를 해제하여 보금자리 주택이라는 이름으로 사람들이 선호하는 지역에 아파트를 싸게 공급했다. 종합부동산세는 징벌적 조세라고 비판하고, 납부 대상자를 대폭 축소하는 등 거의 무력화했다. 이명박 정부 시절에는 집값, 집세는 상대적으로 안정되었었다. 노무현 정부의 강력한 규제가 뒤늦게 효과를 낸 것인지, 공급확대 정책의 영향인지, 순환 주기상 하락 사이클을 벗어나지 못한 것인지 그 원인은 알 수 없다. 조금씩 모두 영향을 주었을 가능성이 크다.

이명박 정부의 큰 특성 중 하나는 한국 경제의 오랜 숙제인 불평등이나 격차 문제에 대한 고민과 대응이 거의 없었다는 것이다. 대통령 본인처럼 열심히 살면 부자가 되고 대통령까지 될 수 있다는 것을 보여주었을 뿐이다. 불평등과 격차가 만들어지는 과정에서 개인의 노력과 운이 작용할 수는 있겠지만, 한번 만들어지면 고착화되어서 개인의 노

---

24 금융 관료와 신협, 새마을금고, 농수협 단위조합 등 기존의 조합형 금융기관이 반대했기 때문인 것으로 알려져 있다.

력만으로는 바꾸기 어렵다. 여기에다 불평등과 격차를 세습하려는 것
은 인간의 본능에 가깝다. 한국은 재산상속뿐 아니라 교육의 격차에 의
해 불평등이 대물림되고 있다. 부모의 재력과 신분이 교육의 결과에 영
향을 적게 미치게 하는 교육개혁도 불평등 완화의 중요한 수단이다.

박근혜 정부, 2013년 2월~2017년 5월

박근혜 정부가 내걸은 핵심 경제 슬로건은 경제 민주화와 창조경제
였다. 둘 다 말은 아주 좋은데 개념이 모호하고 추상적이다. 그래서인
지 이 두 가지 정책 아래 이루어진 구체적인 성과가 무엇인지 찾기 어
렵다. 먼저 경제 민주화는 주장하는 사람에 따라 실질적인 핵심 내용이
아주 다르다. 주창자인 김종인 씨는 재벌개혁이라 생각하는 듯하고, 공
공개혁이라 생각하는 사람, 기본소득과 같은 분배 정책이 더 우선시되
어야 한다는 사람 등 다양하다. 그리고 필자는 경제 민주화의 핵심이
불평등 완화라고 생각한다. 재벌개혁, 공공개혁, 분배 정책, 불평등 완
화는 하나하나가 어려운 주제이고, 실행되어야 할 세부 과제가 아주 많
은 정책 과제이다. 경제 민주화 대신 구체적인 정책 과제들을 제시했으
면 성과가 더 좋았을 것이다.

다음으로 창조경제도 참으로 좋은 말이다. 한국에는 창조(창조성)가
더 필요한 분야가 많고, 한국 경제가 추격 단계에서 선도 단계로 넘어
가기 위해서도 꼭 필요한 사항이다. 그러나 경제 민주화 이상으로 구체
성이 부족했고 막연했다. 어떤 분야를 어떤 방식으로 창조해 나갔어야

할까? 제조업뿐 아니라 농업과 임업, 수산업 등에서도 창조는 필요할 것이다. 한국은 모방의 시기를 벗어나기 위해 문화와 학문 분야에서도 창조성이 절실하다. 한두 분야라도 잘 잡아서 했어야 했다. 서울, 부산, 대구, 광주, 대전 등 주요 지역에 재벌 기업의 협찬을 받거나 창조경제센터를 만든 것 이외에는 눈에 띄는 것이 없었다. 2025년 들어 이들 창조경제센터는 없어지거나 다른 용도의 사무실로 쓰이고 있다. 경제 민주화나 창조경제 모두 좋은 말이고 한국에 필요했던 과제이기 때문에 충분히 준비하고 작은 과제라도 실행했다면 더 의미 있는 구호였을 것 같다.

박근혜 정부는 다른 정부에 비해 상대적으로 국민경제에 대한 공심과 개혁 의지가 많았고 한국을 좋은 방향으로 바꾸려고 나름의 노력을 많이 했다. 박근혜 대통령은 아버지 박정희 대통령이 다져 놓은 한국 경제를 한 단계 더 발전시키려는 의지가 확실히 있었던 것 같다. 연금, 조세, 금융 등 한국 경제의 핵심 과제를 정면으로 개혁하려 했기 때문이다. 이는 대단한 시도로 칭찬받을 만하다. 그러나 기득권 세력의 저항 때문이었는지, 대통령의 공부가 부족해서였는지, 사람을 잘못 써서였는지 알 수는 없지만 성과는 기대에 미치지 못했다.

먼저 연금개혁을 살펴보자. 공적연금 중 특혜가 아주 많고 저항도 가장 큰 공무원 연금을 개혁 대상으로 했다는 것은 엄청난 결정이었다. 그 어느 정부도 힘센 공무원을 개혁 대상으로 삼지는 못했다. 그러나 개혁 내용을 보면 아쉬움이 많다. 2015년 5월 타결된 공무원 연금 개혁은 조금 더 내고 조금 덜 받는 방향으로 개혁되어 특혜를 약간 줄였으나 문제가 많이 남았다. 개혁에 소급 적용이 안 되어서인지 새로 임용되는 공무원에게만 적용되었고, 이마저도 여전히 국민연금보다는 혜택이 컸다. 어렵더라도 연금을 받고 있는 퇴직 공무원과 곧 받을 공무원에게도 적용되는 개혁을 했어야 했다. 그리고 신규 임용 공무원에 대해서는 국민연금과 통합하는 개혁을 시도라도 했어야 했다. 성공했다면 한국 경제를 근본적으로 바꾸는 개혁으로, 성공하지 못했더라도 역사에 남는 개혁 의지로 기록될 수 있었을 것이다. 지나고 보니 공무원 연금은 이미 한 번 개혁을 했다는 면피용 조건만 만들어 준 것이 되어 버린 셈이다.

다음은 조세개혁으로 그간 누구도 손대지 못하던 주택임대소득세를 건드렸으나, 결과는 연금개혁과 비슷하게 되어 버렸다. 2014년 6월 '주택임대차시장 선진화 방안'이라는 이름으로 주택임대소득세 과세 대상을 확대했다. 그러나 공시지가 12억 원 이하 1주택자의 모든 임대소득, 2주택자의 전세임대소득은 계속 비과세 대상으로 했고, 과세 대상 임대소득도 연 2천만 원 이하에 대해서는 분리과세 대상으로 했다. 여기에다 과세 방식에서도 기본공제 200만~400만 원, 필요경비율 50~60%가 적용되어 주택임대소득에 대한 실효세율이 근로소득의 실효세율보다 낮아졌다. 결국 공무원 연금 개혁과 마찬가지로 한 번 개혁을 했다는 모양만 갖추어 준 셈이다. 주택임대소득은 이미 실현된 소득이고 금융소득과 성격이 비슷하며 그 규모도 엄청나다. 미국, 유럽, 일본 등에서는 가장 철저히 과세되고 있는 소득인데 한국에서는 거의 과세되지 않는다. 그리고 주택임대소득세를 과세하면 임대료에 전가된다는 주장도 경제이론으로는 맞지 않는다. 현실적으로는 가능성이 조금 있으나 걱정하는 것만큼 크지는 않을 것이다. 한국은 주택임대소득에 대한 정상 과세를 하지 않고는 조세정의를 이야기할 수 없는 나라라 생각한다.

마지막으로 박근혜 정부는 금융개혁도 했다. 2015년 5월 인터넷전문은행 설립 방안을 발표하고, 2017년 4월 인터넷전문은행 K뱅크가 영업을 시작했다. 한국은 1993년 이후 은행의 신규 설립이 없었다. 미국, 유럽 등 정상적인 국가에서는 은행 설립이 일상화되어 있는데 말이다. 한국은 금융에 있어서는 갈라파고스화된 이상한 나라였다. 주택임대소득에 대한 찔끔 과세가 한국 부동산 특혜의 핵심이라면, 은행 설립이 없었던 것은 한국 금융산업이 낙후된 근본 원인이다. 은행의 신규 설립은 잘한 개혁이지만, 하려면 인터넷전문은행이 아닌 시중은행이나 지방은행과 같은 일반은행을 설립했어야 했다. 즉 금융의 지류가 아닌 본류를 개혁했어야 진정한 금융개혁이었다. 더욱이 인터넷전문은행은 가계대출 중심이라 기업금융에는 도움이 안 되고, 고용창출 효과는 금융권 전체로는 마이너스이다.[25] 결국 은행 설립도 면피용 개혁으로 끝난 셈이다.

박근혜 정부는 조금 부족한 면이 있지만 기초연금을 확대 도입하여

---

25 인터넷전문은행은 업무가 컴퓨터 시스템에 의해 비대면으로 이루어지기 때문에 자체적으로 고용창출 효과가 거의 없는 데다, 일반은행이 인터넷은행과 경쟁하기 위해 지점이나 창구 인력을 줄이기 때문이다. 1980년대 미국에서 생겨난 인터넷 전문은행들이 2025년까지 크게 성장하지 못한 것을 보면 미래의 성장산업 분야라고 보기도 어렵다.

불평등 문제에도 관심을 드러냈다. 그러나 부동산 정책을 잘못해서 불평등 완화에 도움을 주지 못했다. 2014년 하반기부터 기획재정부 장관[26]은 부동산 규제 완화로, 한국은행 총재는 저금리로 합작하여 주택 경기 띄우기에 주력했다. 이는 문재인 정부 시기 집값 폭등의 씨앗이 되었다. 정부는 공공주택 분양 축소를 통해 공급을 줄였고, 양도세·취득세 한시 감면 등 부동산 규제를 대폭 완화했다. 한국은행은 기준금리를 2013년 5월부터 여섯 차례에 걸쳐 2.75%에서 1.25%까지 낮춤으로써 빚내서 집을 살 수 있도록 적극 지원했다. 그러나 정책 당국자의 의도와는 다르게 집값은 오르지 않고 전세값만 폭등했다. 경제정책의 효과는 시차를 두고 나타는 것이 일반적이기 때문일 것이다. 그러나 정책 당국자는 눈에 보이는 효과가 없어도 물 밑에서 나타날 움직임까지 느낄 수 있어야 한다. 이것이 통찰력일 것이다.

박근혜 대통령은 박정희 대통령의 딸로 부녀가 한국에서 대통령을 지낸 아주 특별한 사례일 뿐 아니라, 헌정사상 처음으로 2017년 3월 탄핵으로 파면되었다. 과거 대통령의 비정상적인 임기중단 사례는 몇 번 있었으나 탄핵은 처음이었다. 1960년 4·19 혁명으로 인한 이승만 대통령의 하야, 1961년 5·16 군사 쿠데타에 의한 장면 총리와 윤보선 대통

---

26 당시 기재부 장관이었던 최경환은 2007년 야당인 한나라당 국회의원으로 있을 때, 국회 기획재정위원회에서 물가와 집값이 좀 올라 경제가 들썩들썩해야 사람들이 살기 좋고 성장도 잘한다고 주장했다. 국회 속기록에 이 발언이 남아 있을 것이다.

력의 실각, 1972년 10·26에 의한 박정희 대통령의 죽음이라는 비정상적인 임기중단 사례가 있었다. 여기에 2025년 4월 윤석열 대통령도 탄핵에 의해 임기가 중단되었다. 잘못하면 한국에서 대통령 탄핵에 의한 임기중단은 일상적인 일이 될지도 모른다. 한 번 일어난 일은 다시 일어나지 않을 수 있지만, 두 번 일어난 일은 반드시 또 일어난다는 말이 있기 때문이다.

박근혜 대통령의 탄핵은 대통령도 법을 지켜야 한다는 민주주의 원칙을 정착시키는 데 기여했을 듯하다. 그러나 2025년 4월 같은 당으로 볼 수 있는 국민의 힘 윤석열 대통령이 또 탄핵을 당했다. 윤 대통령은 간접 경험으로 교훈을 얻지 못하는 사람이었던 같다. 사람은 직접 당해 보기 전에는 바뀌지 않는다는 말이 있지만 대통령이 그런 사례에 해당한다면 국민의 피해가 엄청나다. 박근혜 대통령의 탄핵은 박정희 대통령의 뛰어난 능력과 운이 자식에게는 대물림되지 않았다는 교훈도 남겼다. 이 교훈은 재벌 등 한국의 대기업 경영에도 적용될 수 있을 것으로 보인다.

역사에서 가정은 의미가 없지만 아쉬워서 해 본다. 만약 박근혜 대통령이 대통령에 나서지 않고 박정희 대통령의 업적과 정신을 전파하는 정치 지도자로 남았다면 어떻게 되었을까? 가능성 하나는 한국이 벼슬자리만 중시하지 문화와 사상 등 정신적 가치를 높게 평가하지 않는 나라라서, 박정희 대통령과 함께 박근혜라는 사람도 망각 속에 사라졌을 수 있다. 또 다른 가능성은 박정희 대통령의 정신과 성장 모델이 한국을 넘어 아시아 각국과 세계로 퍼졌을 수도 있다. 필자는 후자의 가능성이 더 컸을 것 같다고 본다. 2020년대 이후 한류의 세계적 확산, 한국 배우기 열풍 등을 생각하면, 충분히 가능한 일이다. 그러면 대통령이 아닌 박근혜는 보수 쪽에서 가장 영향력 있는 정치인으로 오래 살아남았을 것이다.

문재인 정부, 2017년 5월~2022년 5월

문재인 정부는 촛불집회, 촛불혁명 등으로 불리는 박근혜 대통령의 탄핵 과정을 거쳐 탄생했다. 국민의 기대가 컸던 만큼 실망도 컸다. 문재인 정부는 노무현 정부의 경험을 가진 사람들이 많이 참여했고, 2011년 12월 대선 패배 후 긴 준비 기간을 가졌다. 여기에다 어대문(어떻게 해도 대통령은 문재인)이라는 말처럼 상대적으로 쉬운 선거를 통해 출범했다. 5년 집권 기간 동안 평등, 공정, 정의처럼 좋은 말을 많이 했으나, 집값과 집세를 폭등시키고, 코로나19를 빌미로 나랏돈을 실컷 쓴 정부로만 기억될 가능성이 크다. 불평등 완화와 불공정 해소라든가 기업과 산업의 경쟁력 강화와 같은 한국 경제의 미래를 밝게 할 성과는 내지 못했다.

경제정책으로는 소득주도성장이라는 이름하에 최저임금의 일시 대폭 인상, 공기업 등 공공 부문 비정규직의 정규직화, 공무원 증원 등을 중점적으로 추진했다. 이와 함께 탈원전에 이어 태양광·수소 등 재생에너지 확대 정책을 시행했으며, 주 52시간 근무, 중대재해법 등 노동자 보호 정책도 강하게 추진했다. 2020년 7월에는 의사 정원을 10년에 걸쳐 4천 명 증원하는 정책을 발표했다. 꼭 필요한 정책이지만 코로나가 한창 유행할 때 발표한 것은 좀 이상했다. 의사정원 확대는 임기 초 문재인 대통령의 인기가 하늘을 찌를 때 추진했어도 쉽지 않았을 정책이다. 결과적으로 정책 발표 두 달 만인 9월에 바로 없던 것으로 했다. 또한 임기 후반에는 소득주도성장이라는 이름을 버리고 혁신성장, 한국판 뉴딜 등으로 구호를 바꾸어 경제에 진심인 듯한 모습은 보였지만 성과는 별로 없었다.

문재인 정부의 정책을 복기해 보면 아쉬움이 많이 남는다. 먼저 대표적인 실책인 부동산 정책이다. 집값, 집세가 본격적으로 오르기 시작하는 2017년에 공급확대 정책과 강력한 규제를 동시에 추진했어야 했다. 그러나 2017년 6월부터 2021년 2월까지 평균 두 달 간격으로 부동산 규제 대책을 찔끔찔끔 간 보는 식으로 발표했다. 발표한 대책 수가 세는 방식에 따라 23번 또는 26번 정도나 된다. 이러니 대책이 처음에는 조금 효과가 있다가 바로 내성이 생겨 다시 집값과 집세가 올랐다. 한국의 부동산은 기득권 세력의 공동 이익이고 불패신화를 바탕으로 상승해 왔는데, 너무 안이하게 대처했다. 특히 노무현 정부의 부동산 정책 실패에서 전혀 교훈을 얻지 못한 듯했다. 문재인 정부 출범 시기는 장기간 안정세를 유지했던 집값, 집세가 막 오르기 시작하는 때였다. 초기 진화에 실패[27]해 국민경제를 태워 먹은 꼴이었다. 영끌, 갭투

---

27 문재인 정부의 부동산 정책 실패는 설명하려면 백서를 만들어야 할 정도로 많다. 찔끔찔끔 대책으로 시장에 내성을 키운 것 외에 대표적인 사례들을 지적하면 다

자, 전세 사기, 벼락거지라는 말이 유행하며, 사회가 혼탁해지고 불평등이 심화되고 국가 경쟁력이 약화되었다. 이에 함께 민주당 정부가 들어서면 집값이 오른다는 이상한 믿음이 확고히 자리 잡게 되었다.

다음은 공무원 증원이다. 한국은 공무원 수는 적지만 그들이 받는 보수는 상대적으로 많다. 9급 공무원의 경우 초임 보수는 적지만 호봉 자동 승급, 승진, 매년 공무원 급여 인상 등으로 20년 정도 무탈하게 근무하면 한국 사회에서 상위 소득자가 될 수 있다. 여기에다 국민연금보다 특혜가 많은 공무원 연금과 정년 보장 등을 감안하면, 9급 공무원이라도 생애 전체 보수가 대기업 직원보다 훨씬 많다. 따라서 공무원 증원과 함께 신규 채용 공무원의 초임을 인상하여 신참 공무원의 처우를 개선하고, 직무급제 도입과 함께 호봉제를 폐지하여 자동적으로 보수가 오르는 것을 막았어야 했다. 이것이 공무원 등 공공부문 개혁의 시작이다. 그러면 괜찮은 일자리 창출과 함께 소득 불평등을 조금 완화할 수 있는 아주 훌륭한 개혁 정책이 되었을 것이다.

그다음은 최저임금 인상이다. 문재인 정부는 집권 초기인 2018년 16.4%, 2019년 10.9% 최저임금을 각각 인상한 후, 반대 여론에 부딪혀 2020년 2.87%, 2021년 1.5 % 인상하는 데 그쳤다. 그야말로 롤러코스터 정책이었다. 길게 보면 최저임금을 크게 올지지도 못하고 욕만 먹은 꼴이다. 대신 최저임금을 명목 GDP 성장률에 2~3%P 추가하는 수준에

음과 같다. 전 정권에 잘못 돌리기, 한국은행 총재의 연임, 등록주택임대사업자에 대한 특혜, 전세대출 확대, 부실한 집값 통계 사용 등이다.

서 인상률 결정 원칙을 세우고, 임기 중에 계속 지켜 나갔으면 더 좋았을 것이다. 그러면 불확실성과 반발은 적고, 장기 인상률은 더 높았을 것이며, 혜택을 받는 사람도 훨씬 늘었을 것이다. 보다 중요한 것은 최저임금에 대해 더 고민해야 했다는 것이다. 최저임금 인상이라는 방식으로 노동자의 소득을 늘리는 것이 맞는지, 최저임금을 인상하면 주로 혜택을 보는 사람들은 누구이고 주로 부담이 늘어나는 사람들은 누구였는지 심도 깊게 논의해야 했다. 최저임금의 급격한 인상도 준비가 안 된 졸속 정책의 하나였다.

마지막으로 탈원전 정책은 기후변화 등을 생각했을 때, 비전문가의 입장이지만 탈탄소 정책을 먼저 추진해야 했던 게 아닐까 싶다. 더불어 한국의 산업 경쟁력에 미치는 영향도 같이 고민해야 했다. 유럽의 사례를 보자. 독일과 프랑스는 유럽의 핵심 국가로 양국 모두 환경에 관심이 많다. 그러나 에너지 정책 면에서는 많이 다르다. 독일은 한때 완전한 탈원전을 실행했었고, 태양광과 풍력의 비중이 높다. 반면 프랑스는 원자력 중심 국가로 원자력 발전의 비중이 65% 정도이다. 프랑스는 원자력 발전소가 해안 쪽에만 있는 게 아니라 센강 상류, 우리로 치면 한강 상류에도 있는 것이다. 독일과 프랑스의 에너지 정책이 이렇게 갈리는 이유가 무엇인지 궁금했다. 독일과 프랑스의 여러 경제계 인사들에게 물었으나 시원한 답은 듣기 어려웠다. 유럽중앙은행 조사국 고위 직원[28]의 답이 그럴듯했다. 독일은 태양광과 풍력 등 재생 에너지 분야에서 산업 경쟁력 우위가 있고, 프랑스는 원전 산업 쪽에 우위가 있기 때문인 듯하다는 것이었다. 결국 에너지 정책은 환경과 함께 자국의 산업 경쟁력을 살펴야 하는 것이다.

기대가 컸던 문재인 정부가 경제에서 이렇다 할 성과를 내지 못했고, 집값, 집세 폭등 등 혼란만 남긴 이유는 무엇일까? 준비할 수 있는 시간이 충분했고 준비된 듯했으나 실제로는 준비가 안 되었던 것이다. 인재가 부족했고 인재를 찾으려는 노력도 별로 안 했던 같다. 무엇보다 경제에 대한 깊은 고민과 공부가 부족했다. 김영삼 대통령처럼 경제를 쉽게 생각해 선한 마음을 갖고 국민경제를 운영하면 결과가 좋을 것이라고 생각했을지도 모른다. 한국 경제를 돌아보면 대통령의 선악, 도덕성은 경제적 성과와는 깊은 관계가 없어 보인다. 각 정부의 경제적 성패는 얼마나 고민하고 분석했는지, 적절한 대책을 사용했는지, 누구와 함께 정책을 추진했는지에 따라 갈리는 것 같다.

윤석열 정부, 2022년 5월~2025년 6월

윤석열 정부는 특별했다. 첫째, 대통령의 임기가 아주 짧았다. 임기를 2024년 12월 4일 국회 탄핵소추 의결 시까지로 보면, 윤 대통령은 2년 7개월 동안 직무를 수행했다. 앞으로 이보다 더 임기가 짧은 대통령이 나오기는 쉽지 않을 듯하다. 둘째, 2024년 12월 3일 황당무계한 비

---

28 이름은 잊었지만 이 직원은 프랑스 중앙은행 소속으로 유럽중앙은행 조사국에 부국장 지위로 파견 나왔고, 경제에 대한 통찰력과 문장력이 뛰어나 당시 장클로드 트리셰 유럽중앙은행 총재의 연설문 작성 등 중요 업무를 담당했다.

상계엄 발령으로 민주주의 원칙을 크게 훼손했다. 비상계엄은 6시간 만에 종료되었지만, 2025년 6월 3일 대선까지 한국의 정치, 사회, 경제는 혼란 속에 있을 수밖에 없었다. 셋째, 전혀 준비가 안 된 대통령이라는 것이다.

한국의 역대 대통령 중에는 준비되지 않은 인물이 많았으나 윤석열 대통령은 특히 심했다. 한국은 대통령 후보의 정책을 소속 당에서 장기간에 걸쳐 고민하고 만드는 것이 아니라, 부동산 떴다방처럼 급조된 대통령 후보 캠프에서 단시간에 만들어 왔다. 여기에다 윤석열 대통령은 대통령이 되겠다는 생각이 전혀 없이 지내던 검사였다. 늦깎이 검사로서 작은 권력을 즐기며 살다 문재인 정부에서 중앙지검장, 검찰총장 등으로 벼락출세를 했다. 윤석열은 대통령 선거 직전에 자신을 키워 준 문재인 대통령의 반대당인 국민의 힘 후보로 나가 대통령이 되었다. 이는 조선말 흥선대원군이 세도정치와는 거리가 멀 것이라 생각했던 민씨 집안의 여자를 왕비로 선택했으나, 결국 대원군이 민비에 의해 축출된 것과 비슷해 보인다. 인간은 일을 도모할 뿐이고, 그 일이 이루어지게 하는 것은 하늘이라는 말이 맞는 듯하다.

윤석열 정부는 기본적으로 문재인 정부와 반대로 가면서, 이명박·박근혜 정부의 정책 중 마음에 드는 일부를 선택하는 방식으로 나라를 운영했다. 쉽게 대통령 노릇을 한 셈이다. 깊은 고민과 분석이 없었고, 임기가 짧아 특별한 성과가 없었다. 그러나 어쩌다 괜찮은 정책을 추진할 수도 있다는 것을 보여 주었다. 의사정원 확대 등 의료개혁과 연금개혁이 그렇다. 그러나 대통령 임기가 짧아서 둘 다 실행하지는 못했다.

윤석열 정부는 2024년 2월 필수의료 부족, 지역의료 격차 확대, 고령화 대비를 위해 OECD 평균에 비해 크게 부족한 의사 수를 대폭 늘리기로 했다. 2025학년부터 의대 정원을 2천 명 증원하여 2035년까지 의사 수를 1만 명 늘리기로 한 것이다. 좀 거칠게 추진한 셈이다. 의사들의 엄청난 반발과 대통령 탄핵으로 2026년 의대 정원은 원래 수준인 3,058명으로 줄이고, 2027년 정원은 원점에서 다시 논의하기로 했다. 의사정원 확대는 의사들의 높은 보상 수준이 조금 낮아질 수 있다는 것을 제외하면 기대 효과가 많은 정책이다. 좋은 일자리 창출, 의료 서비스 확대, 보상격차 축소, 헬스케어 산업의 경쟁력 확대 등이 대표적이다. 그러나 정치권과 언론의 당파적인 이익 추구, 의사라는 기득권 세력의 탐욕, 정부의 정책능력 부족으로 흐지부지되었다. 이는 한국에서 제대로 된 개혁이 얼마나 어려운지를 보여 준 해프닝으로 끝났다.

국민연금개혁도 의료개혁과 비슷한 면이 있다. 윤석열 정부의 국민연금개혁안이 2025년 3월 민주당 주도로 통과된 국민연금개혁보다 지속 가능성, 공정성 면에서 조금 더 우월했다. 윤석열 정부의 방안은 출산율과 경제 상황에 따라 보험료율과 연금 수령액을 조절할 수 있는 자동조절장치가 있었기 때문이다. 공무원 연금과 국민연금 등 한국 공적연금제도 개혁에서 핵심은 기여한 것보다 과다하게 수령하거나 수령할 사람들의 연금을 어떻게 줄이느냐이다. 윤석열 정부의 방안은 국민연금에서나마 이 난제를 해결하려는 의지가 조금은 있었다. 이 문제를 해결하지 않는 연금개혁은 연금개혁이 아니다. 의사정원 확대와 함께 연금개혁은 향후 이재명 정부를 포함해 한국 경제를 살리겠다는 정부의 개혁에 대한 진정성을 평가하는 기준이 될 수 있을 듯하다.

이재명 정부, 2025년 6월~

이재명 정부는 문재인 정부와 비슷하게 전임 대통령의 탄핵을 활용하여 쉽게 출범했다. 그러나 그들이 마주한 국내외 정치경제 환경은 험난했다. 미국 트럼프 행정부의 관세 인상과 무리한 투자 요구, 동북아시아의 지정학적 불안과 같은 외부 여건은 바꾸는 데 한계가 있다. 밖이 어려울수록 안에서 더 큰 성과를 내야 하는데 쉽지 않아 보인다. 이재명 정부의 임기가 아직 많이 남아 있어 평가는 이른 면이 있지만 지금까지 나온 정책을 갖고 대략 점검해 보자.

먼저 민주당 정부의 취약점이라고 이야기되는 부동산 정책은 많이 실망스럽다. 2025년 6월 27일 갑자기 단행한 주택담보대출 제한 조치는 핵심을 강하게 찔렀다고 보이나, 9월 7일 발표한 주택공급정책은 3개월 정도 뜸을 들인 것 치고는 내용이 부실했다. 국민이 선호하는 서울 아파트 공급이 기대에 미치지 못했기 때문이다. 서울에 아파트를 공급할 곳이나 방법은 열심히 찾아보면 많다. 그리고 10월 15일 아주 강력한 주택수요 억제 정책을 또 발표했다. 이것도 문제가 많다. 새로 집을 사려는 사람만 어려워졌지, 이미 집을 갖고 있는 사람은 부담이 거의 없다. 오히려 집을 팔 때 양도소득세 등의 부담이 늘어 매물이 줄어드는 정책이다. 서울 등 인기 지역에 공급을 크게 늘리는 정책이 추가되지 않으면 역효과가 날 수 있다. 지금까지 이재명 정부의 부동산 대책은 문재인 정부 때와 비슷해질 가능성이 커지고 있다. 그러나 한국의 일부 집값, 집세는 조만간 스스로의 무게를 견지지 못하고 조정을 받을지도 모른다.[29]

다음으로 금융감독체계 개편과 관련된 해프닝을 살펴보자. 이재명 정부는 금융감독체계 개편을 대선 공약으로 내세우고 2025년 9월 초 개편 방안을 발표했으나 20일이 안 된 9월 25일에 완전 백지화했다. 한국 금융감독의 중요 업무는 공무원 조직인 금융위원회가, 실무 업무는 민간공적기관인 금융감독원이 담당하는 이원적 구조이다. 이는 책임성, 전문성, 효율성과 거리가 먼 구조로 다른 나라에는 유사 사례가 없다. 이재명 정부의 안을 보면 잘못된 금융감독체계를 개편하려는 의도는 바람직하나 그 내용이 잘못되었다. 금융위원회가 금융감독위원회로 이름만 바꾸어 금융정책을 제외한 거의 모든 금융감독 기능을 그대로 수행하게 되어 있기 때문이다. 그러나 이마저도 석연치 않은 이유로 정부조직법 개정 직전에 철회되었다. 이재명 정부의 개혁 의지를 알 수 있는 일이었다.

금융감독체계 개편 이외에도 한국 경제에 절실한 개혁은 많다. 공무원 연금을 포함한 공적연금 개혁, 지속적인 의료개혁[30], 공무원 보수 체

---

29 주식시장에서 가격조정의 가장 큰 힘은 자신의 높은 가격이라는 말이 있다.

30 이재명 정부는 2026년 2월 의사 정원을 2027년도에 490명, 2030년부터 600명 이상 증원하는 것으로 하면서, 의료개혁을 마무리한 모습이다. 의사 증원 규모가 윤석열 정부의 안에 비해 크게 적을 뿐 아니라, 의료인 업무영역 조정, 의대입시제도 개편, 건강보험 수가체계 조정 등 추가적인 개혁 과제가 아직 많이 남아 있다.

계 개편과 증원, 주택임대소득 정상 과세 등이다. 이런 개혁 정책은 껍질이 깨지는 고통을 수반하고, 기득권층의 반발이 엄청날 것이다. 대중의 인기에 신경을 많이 쓰는 이재명 정부가 잘할 수 있을지 모르겠다. 죽기를 각오하고 개혁을 하면 나라도 살고 정권도 살 수 있다. 마지막으로, 기용하는 인재의 능력이 중요한데, 이재명 대통령과 가까운 사람, 외양이 그럴듯해 보이는 사람으로 이루어지는 듯하다.

한국 경제의 현재 모습과 남겨진 과제

한국은 현재 선진국일까?

한국이 일제의 식민 지배와 남북 분단, 6·25 등을 겪고 지금까지 이룬 경제적 성과는 기적이라 할 정도로 대단하다. 2025년 미국 달러 기준 1인당 국민소득은 3만 6,600달러 정도이다. 이는 인구 5천만 명 이상의 국가 중 세계 4~5위 수준이다. 한국보다 앞에 있는 나라는 미국, 독일, 프랑스 정도이고 영국, 일본, 이탈리아 등과 비슷하다. 이렇게 보면 한국은 이미 선진국이 되었다고 말할 수 있고, 그렇게 이야기하는 사람이나 국제기관도 많다. 그러나 선진국으로 분류되는 분명한 기준은 찾기 어려울 뿐만 아니라, 사람이나 기관마다 다르다. 무엇보다 국민 다수가 이제는 충분하다고 느껴야 한다. 한국이 역사적으로 선진국이 되었다고 볼 수 있던 가장 이른 시기는 한때 선진국들의 경제협력기구였던 OECD에 한국이 가입한 1996년 12월이라고 할 수 있다. 이후

2000년 IMF 사태를 극복한 해, 2002년 월드컵을 개최한 해, 2017년 박근혜 대통령의 탄핵으로 민주주의 원칙을 확고히 한 해 등도 선진국이 되었다는 기준이 될 수 있다.

여기서 좀 더 짚어 봐야 할 것이 몇 가지 있다. 2025년 한국의 1인당 국민소득 3만 6,600달러는 1995년 일본의 1인당 국민소득 4만 1천 달러에 못 미친다는 것이다. 그간의 물가 상승까지 감안한다면 격차는 더 벌어질 것이다. 그런 일본의 1인당 국민소득이 2025년에는 한국과 비슷하게 줄었다. 현재의 경제 수준도 중요하지만 국민경제가 지속적으로 성장해 미래에도 계속 잘살 수 있는지가 젊은이들에게는 더 의미 있을 것이다. 지금 한국의 젊은이들은 부모 세대보다 못살 것 같다고 걱정하고 있다.

한 나라의의 경제 수준을 비교하려면 소득 이외에 국부도 함께 봐야 한다. 소득이 시간과 함께 축적되어 부나 재산을 만들기 때문이다. 30년 전에 1인당 국민소득이 4만 달러를 넘었던 일본의 국부는 한국보다 훨씬 클 것이다. 현재 소득은 한국보다 적지만 부는 더 큰 나라도 많다. 이탈리아, 스페인 등 남유럽 국가의 부는 한국을 압도할 것이고, 체코나 헝가리와 같은 일부 동유럽 국가의 1인당 국부도 한국보다 클 가능성이 있다. 농촌 지역의 집이나 경작지를 보면 한국이 튀르키예보다 못해 보이기도 한다. 한국은 지속 성장을 통해 지금 이상의 소득을 장기간 유지해야 경제적으로 진정한 선진국이 될 수 있다. 그래야 독일, 프랑스, 네덜란드 등의 전성기 시절, 즉 일류국가 수준에 이를 수 있을 것이다.

소득이나 부 이외의 조건을 살펴보면 한국에 대한 평가는 좀 복잡해진다. 한국은 수도권과 지방, 도시와 농촌 간 격차가 크다. 지역균형발전이라는 말은 많이 쓰지만 현실에서는 한참 부족하고 앞으로 개선될 가능성도 없어 보인다. 쾌적한 환경이라는 점에서 한국은 미국, 유럽, 일본에 비해 많이 떨어진다. 특히 공기의 질이 나쁜 편이다. 수도권과 대도시의 교통은 양호하지만, 지방의 대중교통과 철도는 미흡하다. 안전과 치안 상태는 남북 대치 때문인지 CCTV 때문인지는 몰라도 매우 양호하다. 한국은 식량과 에너지의 자급률이 아주 낮은 나라이고, 많은 사람들이 불안해하는 부분이다. 낮은 문맹률 등 교육 수준은 우수하고, 의료 서비스도 좋다. 그러나 지금과 같은 의료 서비스가 지속될지에 대해서는 의문스럽고, 의료 서비스의 지역 간 격차가 심하다. 사회의 신뢰 수준과 도덕성은 사람에 따라 크게 갈리는데, 판단이 어려운 부분이지만 필자의 의견으로는 나라를 끌어가는 계층의 도덕성이 더 문제인 듯하다.

종합해 보면 상위 10~20% 계층의 소득과 부는 이미 선진국의 평균 수준을 훨씬 넘어선 듯하고, 서울·수도권 대도시 지역의 사회 인프라와 편의 시설도 선진국을 앞서는 부분이 많은 것으로 보인다. 그러나 중하위 소득 계층의 소득과 부는 부족하고, 농촌·어촌·산촌에 사는 이들의 삶의 질은 떨어지는 부분이 많다. 소득과 부 이외의 환경, 안전, 교육, 의료 등에서도 서울과 지방, 도시와 시골의 격차가 크다. 따라서 사람들이 속해 있는 계층과 사는 지역에 의해 한국에 대한 평가가 달라질 수밖에 없다. 한국이 일류국가가 되기 위해서는 불평등과 격차 문제를 해결해야 한다는 것을 보여 준다. 즉 농촌이 잘사는 나라가 진짜 선진국이라는 말을 항상 생각해야 한다.

남겨진 과제

한국은 1960년대 이후 그 시대가 절실히 요구하는 개혁을 이루면서 발전해 지금에 이르렀다. 박정희 정부는 굶주림과 헐벗음에서 벗어나기 위해 한국 경제의 거의 모든 부분을 바꾸었다. 지금 쓰고 있는 조세와 금융, 의료, 교육, 연금 등의 기본 틀이 대부분 이때 만들어졌다. 전두환 정부는 물가안정과 경상수지 흑자 기조와 함께 경제 자율화의 기초를 다졌고, 노태우 정부는 인천국제공항과 KTX 등의 인프라 건설, 건강보험 전 국민 확대, 북방 외교 등을 이루어 냈다. 김영삼 정부는 민주주의 원칙을 공고히 했으며, 금융실명제와 부동산실명제를 통해 경제의 투명성을 제고했다. 김대중 정부는 IMF 사태의 빠른 극복과 함께 회계와 금융감녹기준의 선진화, 금융 자율화와 국제화를 추진했다.

그러나 이후 제대로 된 개혁의 결과를 찾기 어렵다. 한국의 미래가 불안한 근본적 이유일 것이다. 노무현 정부는 불평등에 대해 진정성이 있었고 고민도 많았으나 실행한 것이 거의 없다. 나쁘게 말하면 좋은 말만 하고 실제로는 과거 정부의 개혁 성과만 따먹은 셈이다. 이명박 정부는 4대강 사업으로 논란만 키웠고, 박근혜 정부는 몇 가지 개혁은 추진했으나 내용이 부실했다. 문재인 정부는 노무현 정부와 비슷하게 좋은 말만 하고 개혁은 기피했으며, 윤석열 정부는 좀 황당무계했다.

국민의 기대가 높아서일 수도 있지만, 노무현 정부 이후 각 정부는 실력이 좋아지는 것이 아니라 나빠지는 듯하다. 이재명 정부는 어떨까? 이재명 정부의 개혁 결과에 국운이 달렸다고 볼 수 있다. 고령화 속도와 재정 여력 등을 생각할 때 우리에게 남은 시간은 많아 보이지 않기 때문이다.

세상에 완벽한 체제나 제도는 없다. 세상의 모든 일은 시간이 지나면서 과거에 안 보였던 문제가 드러나고, 새로운 문제가 생겨나기도 한다. 여기에다 기존 제도를 활용해 자신의 이익만 챙기려는 사람들도 있어 이들에 의해 제도가 잘못 운용될 수도 있다. 지속적 개혁이 이루어지지 않으면, 좋았던 기존 제도도 나쁜 구제도(ancien regime)가 되는 것이다. 큰 개혁이 어려우면 작은 개선이라도 계속해야 한다. 잘 이루어진 작은 개선들이 모이면 큰 개혁과 비슷해질 수도 있다. 이러한 관점에서 한국 경제에 필요한 크고 작은 개혁 과제들을 찾아보자. 현재에 안주해 개혁하지 못하면 현상 유지도 어렵고, 치열한 국제 정치경제 질서의 변화 속에서 살아남지 못할 가능성이 크다.

첫째, 한국은 성장이 좀 더 필요하다. 어느 정도 이상의 경제성장은 분배구조 개선을 원활하게 하기 위해서도 꼭 필요하다. 그러나 막 하는 성장이 아니라 물가, 환율, 부동산 가격 등을 안정시키는 성장이어야 한다. 물가, 환율, 부동산 가격 중 어느 것이라도 오르면 불평등과 격차가 심화된다. 박정희 정부 시절에는 물가, 환율, 부동산 가격을 포기하면서 성장했다. 그 당시는 성장이 너무 절실했던 때라 이해는 된다. 그러나 이제 한국 경제는 엄청나게 성장했고, 국민 다수가 최소한의 생활수준을 유지할 수 있다. 과거의 쉬운 성장 방식에서 벗어나도 문제가 없다. 한국은 전두환 정부 시절 부동산 가격이 빠진 일반물가만 겨우 안정시킨 상태이다. 지금도 환율과 부동산 가격은 계속 오르고 있다. 실무적으로 말하면 성장과 물가, 경상수지와 환율, 부동산 가격의 적절한 조합 속에서 거시경제 운용 모델을 수립하고 어렵더라도 이를 지켜나가야 한다. 이러한 방식으로 경제를 운용하는 대표적인 나라가 독일과 네덜란드 등이다.

둘째, 괜찮은 일자리를 늘려 불평등을 완화하는 것이다. 일자리 창출이 복지와 불평등 완화의 시작이다. 진짜 복지는 돈을 그냥 주는 것이 아니라, 일하고 소득이 생기는 일자리를 만드는 것이다. 먼저 중소기업 노동자, 영세 소상공인 등의 나쁜 일자리를 괜찮은 일자리로 바꾸어 나가야 한다. 특히 비정규직 정책에서는 비정규직을 없애는 것보다 비정규직이어도 괜찮은 일자리로 바꾸는 것이 더 중요하다. 즉 동일노동 동일임금의 원칙을 강화하는 방향으로 제도를 설계해야 한다. 그리고 의사나 공무원 등 좋은 일자리의 숫자를 늘려 좋은 혜택을 더 많은 사람이 누리도록 해야 한다. 이러한 일자리 정책이 제대로 정착되면 복지는 장애인, 노인, 아동 등 취약 계층에 더 집중될 수 있다.

셋째, 불공정하거나 경제원칙에 맞지 않는 제도와 관행을 바꾸는 것이다. 특히 잘못된 제도와 관행으로 특정 집단이나 사람이 시장에서 공정한 경쟁으로 얻을 수 있는 수익 이상을 가져가는 것을 막아야 한다. 즉 국민경제 내에서 초과 수익인 경제적 렌트가 축소되는 방향으로 개혁이 이루어져야 한다는 것이다. 다음으로는 어떤 제도나 정책을 선택하거나 바꿀 때, 이것이 맞는지 해도 되는지를 판단하는 기준이 필요하다. 이론적으로는 도덕적 해이나 역선택의 발생 가능성이 가장 적은 것을 찾아야 하지만 현실적으로 쉽지 않다. 쉬운 방법은 미국과 유럽을 대표하는 국가인 독일과 프랑스에서 어떻게 하고 있느냐가 중요하다. 미국과 유럽 모두 시행하고 있는 정책과 제도라면 우리가 해도 괜찮을 가능성이 아주 높다. 어느 한쪽에서만 하고 있다면 고민을 꽤 해야 하고, 미국과 유럽 모두 안 하고 있다면 진짜 여러 번 생각해 보고 도입을 결정해야 한다.

구체적으로는 부실하고 정의롭지 못한 조세제도를 우선 개혁해야 한다. 한국은 조세제도의 기본인 소득세 제도에 특히 문제가 많다. 조세개혁은 경제정의 확립의 시작이며, 불안해지고 있는 국가 재정을 안정시킬 수 있는 방안이다. 다음으로 경쟁력이 없고 낙후되어 있지만 정부의 과보호 등으로 수익이 양호한 금융 부문에 대한 개혁이 필요하다. 한국의 금융은 금융기관 임직원과 주주, 금융 관료에게는 좋지만, 다수 국민에게는 별 도움이 되지 않는다. 국민을 위한 금융을 만드는 개혁이 요구된다. 아직 성공하지 못한 사람들에게 절실히 필요한 것이 금융이고, 금융을 이런 사람들이 활용하기 좋게 만드는 것이 금융혁명이다. 금융혁명이 정치혁명이나 산업혁명보다 더 어렵다는 말이 있다. 기득권층의 저항이 그만큼 거세다는 뜻일 것이다. 금융개혁이 어느 정도라도 이루어지면 좋은 일자리 창출, 금융 서비스 확대, 금융산업의 경쟁력 제고 등 많은 경제적 효과를 기대할 수 있다. 이와 함께 불공정하고 지속 가능하지 못한 연금개혁, 특혜가 많은 전문직과 공무원 등 공공 부문에 대한 개혁도 절실하다.

　넷째, 농업과 농촌에 대한 획기적인 지원 확대를 통해 지역균형발전을 유도하는 것이다. 우선 농업정책은 농산물 가격 지지보다 식량자급률 제고로 방향을 전환해야 한다. 멀지 않은 미래에 기후변화 등으로 전 세계적인 식량부족 사태가 발생할 가능성이 있고, 식량 자급은 국민의 생존을 위한 기본 요건이기 때문이다. 한국의 곡물자급률은 20% 초반인 것으로 알려져 있는데, 이는 도시국가를 제외하면 세계 최저 수준이다. 다음은 '농촌 완전고용제' 도입 등을 통해 농촌으로의 인구 유입을 유도해야 한다. 농촌 완전고용제는 농촌 지역에 살면 원하는 모든 사람에게 힘들지 않은 최저임금 수준의 일자리를 보장해 주는 것이다. 현재에도 농촌에는 산불 감시원, 마을회관시설 점검원, 경로당 회계원, 마을회관 청소일, 이장, 면사무소 농협의 임시직원 등 일자리가 많다. 이런 일자리에 대해 자격 조건과 배정 기준 등을 투명하게 운영한다면 추가예산이 없어도 농촌 완전고용제를 시행할 수 있을 것이다. 대부분의 농촌 지역은 빠르게 쇠퇴하고 있고, 머지않아 사람이 살지 않는 지역이 될 가능성이 크다. 우리 국민이 살지 않는 땅은 더 이상 우리 땅이 아닐 수 있다. 한국처럼 주변에 강대국이 많은 나라는 그럴 가능성이 더 크다.

　다섯째, 비싼 집값과 집세, 엄청난 사교육비 등 고비용 구조를 완화해야 한다. 한국은 집값과 집세, 사교육비뿐 아니라 식료품비 등의 생활 물가가 비싸다. 중하위 소득자와 자신의 월급만으로 살아가는 사람들이 살기 어려운 나라이다. 그렇기 때문에 높은 자리에 올라간 많은 사람들이 법인카드를 사적 용도로 쓰는 모양이다. 또한 한국에서는 고소득자로 맞벌이를 해도 좋은 지역에 자기 집에 없으면 살기가 팍팍하고, 아이를 낳아 경쟁에서 살아남을 정도로 키우기 위해 들어가는 사교육비를 감당하기 어렵다. 집값, 집세와 사교육비 부담이 출산율 저하의 주요 요인 중 하나이다. 이에 대한 정책 방향은 집을 소유하는 것에 대한 지원보다 세입자의 임대료 보조를 강화하고, 의사·교수·공무원 등 교육을 통해 얻어 지는 직업이 주는 보상 수준을 낮추는 것이다. 농업을 포기하지 않고 비싼 식료품비를 낮추려면 농수산물의 가격 지지보다는 직불금처럼 농·어업인에 대한 직접 지원을 늘리는 쪽으로 방향을 전환해야 한다.

마지막으로 기후위기와 같은 전 지구적 현안에 대해 적절한 대책을 강구하고, 번영의 기반이 되는 민주주의와 시장경제의 원칙이 후퇴하지 않도록 하는 것도 아주 중요하다. 이들 과제는 인류 생존의 기초일 뿐 아니라 국가 번영과 국민의 안녕을 좌우하는 요소로서 영향력이 커지고 있기 때문이다.

참고문헌

강응천 외. 2013. 『세계사와 함께 보는 타임라인 한국사 5: 1945-2010』. 다산
　북스.

강준식. 2002. 『다시 읽는 하멜 표류기』. 웅진닷컴.

경제기획원. 1961(단기 4294). 「제1차 경제개발계획(안)」.

국세청. 1996. 『세정 100년 약사』.

김기원추모사업회 엮음. 2015. 『개혁적 진보의 메아리』. 창비.

김낙년 편. 2012. 『한국의 장기통계: 국민계정 1911-2010』. 서울대학교 출판
　문화원.

김낙년. 2016.12. 「한국의 개인소득 분포: 소득세 자료에 의한 접근」. ≪한국
　경제의 분석≫, 22(3): 147~208.

김두얼. 2017. 『한국경제사의 재해석』. 해남.

김병준·정대영·홍종학·이일영. 2012. 「2013년 이후 무엇을 먹고 살까」. ≪창
　작과비평≫, 155호.

김호연. 2018. 『역사로의 초대』. 울산대학교출판부.

대한민국 국회. 2025. 『한국사회 불평등의 현주소, 대한민국 불평등 종합보고
　서』. 불평등 해결을 위한 과학적 연구기반 TF, 국회연구조정협의회 공동연구.

대한민국 기획처. 1954. 「한국경제 부흥계획서」.

대한민국정부. 1962.1. 「제1차 경제개발계획 개요」.

라이시, 로버트 B.(Robert B. Reich). 2011. 『위기는 왜 반복되는가』. 안진환·
　박슬라 옮김. 김영사.

로고프, 케네스(Kenneth S. Rogoff)·라인하트, 카르멘(Carmen M. Reinhart).
　2010. 『이번엔 다르다』. 최재형·박영란 옮김. 다른세상.

박광준. 2018. 『조선왕조의 빈곤정책』. 도서출판 문사철.

박상하. 2008. 『경성상계』. 생각의 나무.

박석무. 2012. 『다산 정약용 유배지에서 만나다』. 한길사.

박영구. 2008. 『한국 중화학공업화 연구 총설』. 도서출판 해남.

박진주·김낙년. 2011. 「해방 전(1907~1939) 소비자물가지수 추계」. ≪경제분석≫, 제17권 1호.

박현채. 1978. 『민족경제론: 박현채 평론선』. 한길사.

백용호. 1993.12. 「금융실명제: 주요내용과 기대효과」. 국민경제교육연구소.

베스타, 오드 아르네(Odd Arne Westad). 2025. 『냉전』. 유강은 옮김. 서해문집.

비숍, 이사벨라 버드(I. B. Bishop). 2021. 『조선과 그 이웃 나라들』. 신복룡 역주. 집문당.

손해용. 2011. 『한 권으로 끝내는 한국경제사』. 중앙북스.

신용하·권태환. 1977. 「조선왕조 시대 인구추정에 관한 일시론」. ≪동아문화≫, 14.

안병직 편저. 2024. 『한국경제사』. 율곡출판사.

이규성. 2006. 『한국의 외환위기』. 박영사.

이범. 2003. 『한국은 그 한국이 아니다』. 백산서당.

이재준. 2012. 『문명의 수레바퀴 그리고 이탈』. 백산서당.

이헌창. 2021. 『한국경제통사』. 도서출판 해남.

인정식. 1937. 『조선의 농업기구분석』. 백양사.

정대영. 2011. 『한국 경제의 미필적 고의』. 한울.

정대영. 2013. 『동전에는 옆면도 있다』. 한울.

정대영. 2015. 『한국경제 대안 찾기』. 창비.

정대영. 2018. 『관점을 세우는 화폐금융론』. 창비.

정대영·장광수. 2021. 『성장과 일자리, 해법은 있다』. 백산서당.

정진아. 2017. 「장면 정권의 경제정책 구상과 경제개발 5개년 계획」. ≪한국사연구≫, 176.

조선은행 조사부. 1948. 『조선경제연보』(1948년판).

조선은행 조사부. 1949. 『조선경제연감』(1949년판).

주경철. 2008. 『대항해 시대』. 서울대학교출판문화원.

쥐베르, 앙리(Henri Zuber)·마르탱, C. H.(C. H. Martin). 2010. 『프랑스 군인

쥐베르가 기록한 병인양요』. 유소연 옮김. 살림.

차명수. 2015. 『기아와 기적의 기원: 한국경제사, 1700~2010』. 도서출판 해남.

최윤재. 2002. 『큰손과 좀도둑의 정치경제학』. 나무와숲.

피케티, 토마(Thomas Piketty). 2014. 『21세기 자본』. 장경덕 옮김. 글항아리.

한국18세기학회 편. 2007. 『위대한 백년 18세기』. 태학사.

한국사연구회 편. 1981. 『한국사연구입문』. 지식산업사.

한국사연구회. 1998. 『우리는 지난 100년 동안 어떻게 살았을까』. 역사비평사.

한국은행. 2000a. 『한국은행 50년사 별책』.

한국은행. 2000b. 『한국의 금융·경제연표: 1945-2000』.

한국은행. 2005.11. 「은행산업의 구조조정 (영문 설명자료)」.

한국은행. 2011. 『국제금융기구』.

한국은행. 2011. 『한국의 금융제도』.

한국은행. 2014. 『한국의 국민계정』.

한국은행. 2016. 『한국의 외환제도와 외환시장』.

한국은행. 2018. 『고용구조변화와 정책과제』.

한국조세연구원. 2012.12. 『한국세제사 제1편』.

한비자. 2007. 『한비자』. 김동휘 역해. 신원문화사.

허성관. 2018. 『개성상인의 탄생』. 만권당.

홀튼, 로버트 J.(Robert J. Holton). 2019. 『지구적 불평등』. 나익주 옮김. 한울아카데미.

황인혁. 2018.2 「영양 접근성과 질병환경이 조선인 신장에 미친 영향분석」. 서울대학교 경제학부 석사학위논문.

Mankiw, N. Gregory. 2006. *Macroeconomics*. Macmillan Learning.

찾아보기

지은이 ｜ **정대영**

서울대학교를 졸업하고 1978년 한국은행에 들어가 34년간 근무했다. 2012년 퇴직 후에는 송현경제연구소를 열어 경제 연구와 집필 등에 매진하고 있다. 한국 경제의 구조적 문제를 찾아내고 현실성 있는 대안을 제시하기 위해 활동가와 기업인, 언론인과 정치인 등 다양한 사람을 만나고 있다. 2018년에는 충남 내포 지역의 도고산 자락으로 이사해 경제 연구와 농사를 병행하고 있다.

지은 책으로 『신위험관리론』, 『한국 경제의 미필적 고의』, 『동전에는 옆면도 있다』, 『한국 경제 대안 찾기』, 『관점을 세우는 화폐금융론』, 『백낙청이 대전환의 길을 묻다』(공저), 『한국의 술, 100년의 과제와 전망』(공저), 『성장과 일자리, 해법은 있다』(공저), 『소설 이존창, 인간의 길』과 동 소설의 영문 번역서 등이 있다. 이 중 『한국 경제의 미필적 고의』와 『동전에는 옆면도 있다』는 각각 2011년과 2013년 《시사IN》이 선정하는 '올해의 책'에 꼽혔다.

한국경제사

ⓒ 정대영, 2026

지은이 ｜ 정대영
펴낸이 ｜ 김종수
펴낸곳 ｜ 한울엠플러스(주)
편 집 ｜ 배소영

초판 1쇄 인쇄 ｜ 2026년 4월 20일
초판 1쇄 발행 ｜ 2026년 4월 27일

주소 ｜ 10881 경기도 파주시 광인사길 153 한울시소빌딩 3층
전화 ｜ 031-955-0655
팩스 ｜ 031-955-0656
홈페이지 ｜ www.hanulmplus.kr
등록번호 ｜ 제406-2015-000143호

Printed in Korea.
ISBN 978-89-460-8448-3 03320 (양장)
     978-89-460-8449-0 03320 (무선)

※ 책값은 겉표지에 표시되어 있습니다.